走 生命的 学问 祈盼 明日的 教育

大夏书系·名家谈教育

黄克剑

论教育·学术·人生

黄克剑◎著

亦 咏◎编选

上海 著名商标 ECNUP 华东师范大学出版社

全国百佳图书出版单位

图书在版编目（CIP）数据

黄克剑论教育、学术、人生/黄克剑著. —上海：华东师范大学出版社，2013.8
ISBN 978 - 7 - 5675 - 1175 - 0

Ⅰ.①黄…　Ⅱ.①黄…　Ⅲ.①教育工作—文集　Ⅳ.①G4 - 53

中国版本图书馆 CIP 数据核字（2013）第 203703 号

大夏书系·名家谈教育
黄克剑论教育·学术·人生

著　　者	黄克剑	
编选者	亦　咏	
策划编辑	朱永通	
审读编辑	卢风保	
封面设计	戚开刚	

出版发行　华东师范大学出版社
社　　址　上海市中山北路 3663 号　邮编　200062
网　　址　www. ecnupress. com. cn
电　　话　021 - 60821666　行政传真　021 - 62572105
客服电话　021 - 62865537
邮购电话　021 - 62869887　　地址　上海市中山北路 3663 号华东师范大学校内先锋路口
网　　店　http://hdsdcbs. tmall. com/

印 刷 者　北京密兴印刷有限公司
开　　本　700×1000　16 开
插　　页　1
印　　张　17
字　　数　278 千字
版　　次　2013 年 11 月第一版
印　　次　2013 年 11 月第一次
印　　数　6 100
书　　号　ISBN 978 - 7 - 5675 - 1175 - 0/G·6814
定　　价　39. 80 元

出 版 人　朱杰人

（如发现本版图书有印订质量问题，请寄回本社市场部调换或电话 021 - 62865537 联系）

目　录

代序　我记忆中的母校和师长

（一）

1952 年秋天，我在汧河边的杨家沟小学读书了。

杨家沟小学设在一个不大的关帝庙里。现在还朦胧地记得刚进学校时看了很久的关帝的塑像，那模样是肃穆、威严但似乎并不可怕的。不算太大的庙宇，有正殿、后殿和偏殿，雕梁画栋，五彩缤纷。同村子里的那些房子和窑洞比起来，这里显然算得上是另一个世界。我很快就喜欢上了这里的壁画，在不大的几面墙上，差不多画着大半部《三国演义》。这是我最早看到的连环画：一幅画接着一幅画，每个画面都是一个动人的故事。画面之间并不用线条作分界，融进画里的山石、城垛、云雾、水波起着间隔上下左右大小不等的画面的作用，整个一面墙壁甚至几面墙壁看上去又是一幅大的彩绘。孔夫子的庙通常是被称作"文庙"的，按理相推，关帝的庙大约就可以叫它"武庙"了。我是在"武庙"里开蒙的，可启蒙的老师却要文弱得多。他叫王发兴，是当时这所学校唯一的一位老师。在由关帝庙的偏殿改成的一间教室里，他教着全校仅有的两个年级的三十多个学生。

应当说，我的启蒙老师的课讲得并不怎么动人，但他在课堂上讲的"太阳和风比本领"的故事还是很好听的。那故事是课文里有的，经老师连说带比画地一讲，儿时懵懵懂懂的心里像是有一道光闪过，这之后再也没法忘记。故事的情节很简单，说的是风和太阳赌输赢，看谁能把一位匆忙赶路的人穿在身上的大衣脱下来。风对太阳说："你输定了，看我的吧。"于是风用足了气力朝着行人刮过去。结果，那人被风一吹，觉得身上冷，反倒把大衣越裹越紧了。风吹累了，不敢再说大话。这时太阳说："还是让我试试吧。"它从云层里悄悄露出脸来，笑眯眯地把暖暖的光照在行人身上，不一会儿，走路的人热得出汗了，倒是他自己动手把大衣脱了下来。这故事我一记就是近六十年，我在心里不知复述了多少次，每一次都会回味到一些有意思的东西。也许王老师早已忘掉我这个在老师和同学面前总有点怯生生的样子的学生了，可我到现在还记得他讲故事时的神情。

后来，杨家沟小学添了一位新老师。新老师像是姓顾，是一个刚从师范学校毕业的年轻人，他教我们音乐、图画和体育。从他来了后，这座很有了些年头的关帝庙里，开始出现了口琴的声音。在二年级第二学期"六一"儿童节快要来的时候，顾老师把我叫到他的住处。他告诉我说，他打算成立一个三十人的歌咏队，到张家崖小学去参加全区小学的歌咏比赛，并选中了我做歌咏队的指挥。我说："我不会打拍子。"于是他就在靠墙放着的一面大鼓上用粉笔画了正反相背的两个"6"字，让我两只手顺着笔画作练习。练了没多久，我就可以一边哼着歌，一边有节奏地挥动手臂了。第二天，我开始站在歌咏队前学着做指挥。唱的是"六月里花儿香，六月里好阳光"那支歌，还有《团结就是力量》。那一年的歌咏会办得很热闹，在这之前，我从来没见过那么多孩子聚在一起唱歌的场面。比赛的结果是张家崖小学——十多所小学中唯一一所完小（完全小学）——得了第一名，杨家沟小学得了第二。那时，老师和同学们都很高兴，回校后老师奖给我一支铅笔和一本用一角五分（那时叫一千五百元）钱才能买到的练习簿。

（二）

上完二年级，我转学到了张家崖小学。这学校在一座比杨家沟的关帝庙大得多的二郎神庙里。二郎神的塑像早就没有了，我是从残留的壁画上看到他的模样的。大约是更古老的缘故，这个长了三只眼睛的神有着比附近的关帝庙还要大的住所，而当地的人们对他的膜拜一点也不下于对关帝的崇敬。

二郎神庙里的壁画也有我喜欢的，比如那上面骑着五色神牛、样子有点像关帝的黄飞虎，还有那个踩着一对冒火的轮子像一个再也长不大的孩子的哪吒。姜子牙手持杏黄旗、打神鞭指挥若定的神态，广成子祭起翻天印逼退闻太师的场面，都画得栩栩如生；老子在壁画中成了太上老君，那上面讲的不再是"道可道，非恒道"的"隐君子"的道理，而是一个顶级的斗法者"一气化三清"的诡异故事。

在张家崖小学，许多事就像走路时留在地上的脚印，很快就被遮盖或变得模模糊糊，但有些事还是忘不掉。记得是三年级的第二学期，有一天下午，班主任仝怀金老师拿了一份图书目录到班上来，说是学校的小图书馆那天下午对三年级的学生开放，每个人都可以借一本书看。仝老师告诉同学们，谁想借什么书，自己从书目中选，选好后由他统一办理借阅手续，借出的书允许看一节课时间，看完后再由老师把书收在一起，还给图书馆。我是第一次借图书馆的书，看着书目中陌生的书名，眼花缭乱，不知该选哪一本。后来，在老师的催促下，我选了一本叫"狡猾的士兵"的书。匆忙中选这本书，可能唯一的理由就是书名有点怪吧。不一会儿，书到了我的手上，我急不可耐地打开就看，连书的作者是谁都没顾得上看一眼。书中的故事很快就吸引了我。

从前，有一个落单了的士兵，走得又渴又饿，就到路边的一个小村里去找吃的东西。他到了一个老太婆的家里，恳求老太婆给他一口饭吃，老太婆很吝啬，推说家中什么吃的都没有。饥肠辘辘的士兵正在无可奈何时，突然看到屋子的角落里放着一把斧头，心中一下子有了主意。他对老太婆说："老奶奶，你家中不是有把斧头吗，我可以用斧头来做汤，那汤味道很不错的，想不想尝尝？"老太婆从来没听说过斧头也可以煮汤，很想知道这是怎么回事，于是就把斧头递给了士兵。士兵把洗干净的斧头放进锅里，加上水就煮了起来。煮了一会儿，士兵用勺舀了一点尝了尝，咂咂嘴说，多好喝的汤啊，可惜没有菜，要是有点菜就更好了。老太婆一听连忙拿来了菜，士兵把菜放进锅里又煮了起来。接着，他又尝了尝，咂咂嘴说，比刚才又好喝了，就是缺点马铃薯，能加点马铃薯，那可就太香了。老太婆听了，二话没说，又把家中的马铃薯拿了来。马铃薯差不多煮熟了，士兵在锅里放了点盐，一尝，忍不住叫起来：老奶奶，你就要喝到最鲜美的汤了！不过，要是再有点奶油，那可就是什么汤也没法比的了。馋得流口水的老太婆赶紧再去拿奶油，她简直就是一路小跑了。……汤终于做好了，士兵请老太婆坐下来一起喝汤，老太婆一边喝，一边没完没了地夸这美味的斧头汤，夸那位竟然会用斧头做汤的士兵。

斧头汤的故事真像一道奇特的汤，一个小学三年级的学生还品不出太深的味道，但它有后味。在往后的许多年里，我还会不时地品尝它，而且，真的是越品越觉得有味。可是不知道为什么，张家崖小学的图书馆在那次以后再也没有对学生开放过，而像《狡猾的士兵》这类书，在我小学毕业后，也再没能借到或买到过，更不用说像小时候那样有滋有味地去阅读了。

（三）

1958年，我小学毕业，考取了离家三十多里的周原中学（原宝鸡市第十八中学）。周原中学是一所典型的农村中学，起先也在一座神庙里，后来才有了四周都是耕地的新校舍。从家到学校，要爬好几道坡，穿过好几个村子，还要经过一条十多里长的荒僻的崖沟。那沟叫老虎沟，传说五代时的名将李存孝曾在这里打过虎。沟并不很深，但很少有人过往。一到秋天，沟两岸连成片的玉米和高粱高高地长起来了，风一吹，常有一种河水暴涨那样的使人心动神摇的声音在沟中回荡，气氛分外瘆人。我在那沟沿的小路上走了三年，有时和一两个伙伴一起走，有时落单了，就边走边吼那学得半生不熟的秦腔戏为自己壮胆。我会唱《二进官》中的段子，也唱《周仁回府》中的段子，但唱得最多的还是《苟家滩》中王彦章唱的那段戏词——"王彦章打马上北坡，新坟更比旧坟多。新坟里埋的汉光武，旧坟又埋汉萧何。青龙背上埋韩信，五丈原前葬诸葛。人生一世莫空过，纵然一死怕什么……"

初中生活是难熬的，三年的时间显得格外漫长。刚到校的那一年，我和我的十多个远路的同学，寄宿在学校附近的一间简陋的土坯房里。那房子原是一个生产队的马厩，我们把那里收拾干净，在地上打起草铺，它就变成了我们的宿舍。起先，这所刚办起来的中学还没有学生食堂，学校只在校园的一个角落里为我们寄宿的学生砌了个烧开水的灶。寄宿生每星期回家一次，星期六下午离校，星期日下午返校，从家中带来足够一星期吃的面饼和窝头。我和我的同学们就这样每天啃窝头，喝开水，做无偿的建校劳动，上那常常安排得很紧的各种课。在初中的三年里，寄宿生的用水都是学生自己轮流从井里打上来的。学校所在的那个村子，井深三十六丈，我们按当地人的做法，用一百多米长的牛皮井绳，在绳两端分别拴一只桶，摇着辘轳一上一下地汲水。十几岁的中学生们，仿佛从来就不知道什么是劳累，每天除打好第二天的用水，做完那份建校劳动，上完一天的课外，我们有时还得去掏麻雀窝或下夹子打老鼠，来凑学校规定的"除四害"的数字。每天晚上，寄宿生要到教室里上两个小时的晚自习，在用墨水瓶改做的煤油灯下做数理化作业，整理听课笔记，背诵《卖炭翁》、《石壕吏》、《茅屋为秋风所破歌》……

当然，"大跃进"的风很快就吹进了学校。"天上没有玉皇，地上没有龙王，我就是玉皇，我就是龙王，喝令三山五岳开道，我来了"一类"新民歌"，是作为语文课的补充教材进到课堂的，《"卫星"齐上天，跃进再跃进》这样的《人民日报》社论是当时规定的政治学习的必读材料。随着粮食亩产"放卫星"的高潮告一段落，那时，人民公社化不久的农村开始了"全民炼钢"活动。学校响应"把以钢为纲的群众运动引向更高阶段"的号召，于十月下旬至十一月初停课，组织学生到三十多里外的渭河河滩上淘铁砂。十三岁的中学生对一切都是既好奇又充满激情的，况且，这一代中学生向来是相信自上而下的宣传的，我们把"炼钢"同时看作"练人"。俗话说"沙里澄金"，我们虽说是从沙里澄铁，可把这铁看得比金还贵重。看着一星半点的铁砂澄出来，慢慢堆成愈来愈大的黑色的沙丘，我们总会把它同那登在报上、写在墙上的年产钢1080万吨的目标关联在一起，至于这些铁砂最后到底去了哪里，炼出了多少钢，却是我们这些热心而劳累的淘铁者谁也没有想过的。

然而，就在我们这些中学生为了政治考试去收集和记诵那些愈来愈多的写在各种书报上的"大跃进"的业绩时，饥饿带着死神的阴影淹没了人们过于亢奋的热情。像铺天盖地的洪水，它冲决了数字的堤坝，不顾一切地向老人、妇女、儿童和中学生们扑了过来。一场无处逃避的劫难似乎在人们为一个又一个的"卫星"喝彩时就已经注定了，中学生的更大不幸只在于他们正处在人的一生中最需要食物滋养的时刻。

持续的饥饿是一种临界体验，只有一直被饥饿追逐的人才知道人的最大惶恐是什么。1959年后的两三年中，全民族都在挨饿，但我敢说，那些年，最饿的还是常年种粮食的农村人。饥饿使生活变得单调而苍白，周原中学在我这里没有留下多少可以娓娓道来的故事。我在学业上依然很勤奋，几年中得过好几张奖状，但那几乎是饿着肚子从老师手里接过来的。1961年夏天，我从这所此后一再让我记起饥饿的学校毕业了。我考上了虢镇中学。于是，我不再走老虎沟，而是在另一个方向上同样走三十里路去我的出生地上高中。

（四）

虢镇中学的校舍是由县城的城隍庙改建而成的，我去上学时，它已经有了近三十年的校史。在这所聚集了不少很有才华的教师的学校里，我度过了我的学生生涯中最愉快的三年。这里的纪律不像周原中学那样刻板，但秩序并不坏。学校的校长在几年中换了好几任，并不总是喜欢露面的教导主任李渭水先生是这所能够让学生较多地自由思考的学校的真正主持者。在我看来，他是一位算得上教育家的人。他从不在学生面前发火，说话总是慢条斯理，很有逻辑；站在他面前听讲话，心里舒展而宁静。他给我们班代过几节代数课，从讲课看得出他的数学修养和人生修养。

1961 年入校的高中学生分两个班，我在二班。班主任换得很勤，担任时间最长的是张业秦老师。她大学毕业不久，为我们上政治课。她的课讲得很有条理，普通话说得很动听，满是抽象概念而又近于公式化的"社会发展简史"和"辩证唯物主义"经她一讲，常常会有许多有意思的东西冒出来。她并不用"阶级"、"阶级斗争"一类术语做学生的思想工作，也并不总是板着面孔对学生作道德、理想、纪律方面的训话。她从没有刻意引导学生按某个标准程式去模塑自己，但她带着严重的关节炎病跟学生一起唱歌、跳舞、办墙报、参加歌咏比赛，却无意中把一种热爱生活、鄙弃雕饰、忠实于自己心灵的品格示范给了学生。

在学业修养上，对我帮助最大的是两位数学老师，一位是上代数课的谢子藩老师，一位是教我们立体几何学的强维敏老师。他们把我带到了对数学入迷的境地。我在他们和其他几位数学老师的启迪与指导下，从能够收集到的各种习题集中找难题来做。每解出一道难题，尤其是人们通常说的那种偏题、怪题，我总会得到一种精神上的满足，那情形就像猜出了一个悬了很久的谜语一样。记得每当星期六下午回家和星期日下午返校时，我常会在上路前记好一道足够难的数学题，然后一边不慌不忙地走那三十多里路，一边在头脑里作假设、绘图、画辅助线。不用动手，凭着内心的那个画来绘去的图象或一层又一层的运算，往往在到家或到校前就能把难题解开，并做好验算。在高中的三年里，我们那个年级先后进行了三次数学竞赛，三次我都得了第一名。人在年轻时，是需要一种人生自豪感的激励的，这对于一个心神志忐、常伴有一种莫名的焦虑感的人尤其重要。那曾经强烈地激发过我的兴趣和灵感的数学，虽然我曾打算选择它而它终究没有选择我，但高中时代的数学竞赛的往事，却长久地给了我一种向着更高的人生境界求索的自信，并且，那在以后越来越模糊了的算式和图象，也以一种特殊的理解或感悟的方式，默默地养润了我后来深陷其中的人文思考。

1963 年的春天，高中各班都在为学校将要举办的"五一"文艺会演作准备，当时是王根水老师做班主任，他提议我们高二（2）班排演一个自编的节目。班委们七嘴八舌地议论了一番后，决定把编写节目的事交给我和王自贤同学去做。自贤是我的好友，我们在周原中学时就是同学了。他写得一手很俊雅的字，其作文更常被老师作为范文在课堂上评点，同他一起编节目我当然是很乐意的。可那次实在不巧，不知是他家中有事，还是他突然病了，这件事最后落在了我一个人身上。真可以说是初生牛犊不怕虎，我居然用课余时间在一周内编了一出独幕眉户剧。剧名叫"在小队会上"，说的是某个地处河湾的村子遭了涝灾后，另一个生产队的社员在会上讨论要不要援助和怎样援助邻村人的故事。情节并不复杂，但要表现的人物内心冲突较大，剧中人在配有唱腔的争辩中述说自己的心曲，展示各自的气质。初稿写好后，我在一天下午把它交给了王老师。王老师一边看，一边不紧不慢地哼着配上去的眉户调。整幕剧看完后，他笑着朝我眨了眨眼，一抬手猛地朝我肩膀上一拍，说了一声"好！"这时，一直站在旁边像听候审判的我才长长地出了一口气。"五一"时，这出戏搬上了舞台。文娱委员王莉（女扮男装）和高让同学扮演剧中的两个主要人物，另有几个同学配戏，而拉板胡、二胡的是学习委员谭全芳和刘定元、司周勤同学，戏演得热热闹闹，大家都很高兴。

像在初中时一样，我很懂得发愤，学习成绩一直很好。饥饿总算过去了，一个乡下的少年对县城中学的食宿条件已经感到非常满意。我的精神状态比以前什么时候都好。但新的苦恼也在悄悄地酝酿。当我到了十七八岁的年龄时，这苦恼已经影响到我的心灵的安顿。父亲的历史问题历史地成了我的问题。由于血缘的原因，我要对我还不存在的时候所发生的事情负责，这仿佛已经是注定了的命运。其实，父亲只是做过黄埔军校的学生，后来也只是做了国民党军队的一名下级军官，而且，这一切主要发生在国共合作的抗日时期。

高考一个多月后，我接到新疆兵团农学院的录取通知书。接着，我便得着一个确凿的消息：在高考前的政审中，父亲的已经成为历史的军职被无端地一下子提升了好几级——我是作为一个黄埔出身的旧军官的儿子去新疆上大学的。不过，无论如何，我仍然为自己能继续上学而庆幸。早在前一年的初春，"阶级斗争，一抓就灵"的口号就已经出现在显眼处的墙壁上了。很快，以"四清"为内容的"社教"运动开始了。在高考已经相当看重政审的背景下，像我这种父辈有历史问题的人能被一所大学录取，显然是十分幸运的了。

（五）

还在上小学时，就学会唱《我们新疆好地方》了。到了新疆，感动我的第一首新疆味十足的歌是《送你一束沙枣花》。这歌是在一次规模不大的"迎新晚会"上由高年级同学唱给新生听的，它让我一直记到现在。

我是水利专业69届的学生，刚入校那年水利专业还没有从农学系分出来。记得是入校第一周的周末，农学系水利专业的师生聚会，68届的同学唱了这首歌。那歌词中有这样的句子：

坐上大卡车/戴上大红花/远方的年轻人/石河子来安家/来吧，来吧，年轻的朋友/亲爱的 同学们/我们热情地欢迎你/送给你一束沙枣花/送你一束沙枣花/不敬你香奶茶/不敬你哈密瓜/敬你一杯雪山的水/盛满了知心话/来吧，来吧，年轻的朋友/亲爱的 同学们/我们热情地欢迎你/送给你一束沙枣花/送你一束沙枣花……

曲调的旋律欢快有致，但我还是听得出几分飘忽不定的纤郁的底蕴。那可能是少小离乡者的心绪的流露，唱者、听者最有可能在这里发生情思的共鸣。水六八的同学大都能歌善舞，唱《送你一束沙枣花》时，有人打手鼓，有人挥舞萨巴依，全班男女都穿半新不旧的军装，那洋溢其间的异域风情，自始就笼罩在颇见谨约的军旅氛围中，分外能传示一种只是在后来才慢慢品味出来的"兵团"韵度。

正像胡杨和红柳，沙枣是新疆最有特色的树种之一，而它结出的涩中带甜的果实尤其别具一种象征意趣。从北疆到南疆，沙枣树几乎无处不有。《送你一束沙枣花》的歌让我此后分外留意这风沙之乡耐寒耐旱的植物，而每每看到沙枣林，闻到沙枣花那略带醇酒味而不失大雅的野香，又总会勾起我对第一次听到这首歌时的情境的回味。1969年初夏，我毕业离校，去了南疆开都河畔的一个军垦农场，在又一个常有沙枣树陪伴的地方一待就是九年多。再后来，我就离开了新疆。从那时到现在，许多年过去了，太多的往事都淡漠了，而沙枣树和那首把"年轻人"和"沙枣花"关联起来的歌却一直收藏在我的记忆中。它时时告诉我，我也曾年轻过。

当年的母校，管理体制差不多是半军事化的，学校的全称是中国人民解放军新疆军区兵团农学院。院、系、年级配有政委、协理员、助理员，兵团政委张仲瀚兼农学院第一政委，副司令员陶晋初兼农学院院长。学校的名称和机构配置隐然告诉人们，来这里上学的人既是学生，却也是一名允诺加入农垦队伍的准军人。

我做了二十年的学生，从发蒙识丁到就读研究生，遇到过一个又一个可亲可敬、笃守师道的老师。每当回忆到他们，伴随着感戴之情，心中总会浮现出年少时间学受教的许多故事。但大学时代为我留下的那份师生情结毕竟有些不同，对师长的倦倦怀念里不免会生出几分忧悒和伤感。

算起来，大学时聆听老师们授课的时间最多不过两年。两年中为水六九班上过课的老师有：黄震寰（画法几何）、王志成（高等数学）、杨树成（高等数学）、阮家谔（理论力学）、王扩疆（有机化学）、凌可丰（俄语）、关致邦（俄语）、申震中（政治）、戴本浩（政治）等。老师们所授课的内容忘记很久了，但他们讲课的神态、表情至今仍历历在目，而黄震寰、凌可丰老师留给我的印象尤其深刻。

黄老师，一张清瘦的脸，眼光祥和而有神，1964年时他还不到五十岁，但额头的皱纹和黑白参半的头发已经同人们称他为"老教授"的那个"老"字很配称了。他用一口方言很重的上海普通话讲课，把"夹角"读成 gā gē，把"连线"读成 lī xī，把"延长"读成 yǐ zāng……我们班的同学大都来自陕西和四川，起先几乎一句也听不懂。于是，他就不断在黑板上写，耐心地把那些画法几何术语一字一字写下来。久而久之，师生间有了一种默契，他边说边比画，开始讲得轻松起来，我们也连听带猜，越来越能跟上他的思维和讲解节奏了。其实，一学期的课细细听下来，你就会发现，黄老师不只学养深厚，他的口头表达也是很见逻辑功力和措辞技巧的。他写一手漂亮的长仿宋体字，这对于他，真可以说是字如其人——那字一笔一画写得工整、规范，而从整体上看去，却又透出一种风雅，一点也不呆板。在同学或其他老师面前，他很少逗乐的，但笑起来会像孩子那样无拘无束，真率可爱。

凌老师，一副银边眼镜后面一双大大的眼睛，衣着考究而庄重，流利的普通话里略带点南方的尾音。她看上去无忧无虑，其实仍是那种弱女子型的人。她的俄语说得比她的普通话还要好听些，很有乐感，尤其是常常出现在单词中的弹舌音"P"，她的发音轻松、准确、自如，很有点莫斯科人的风致。记得在第一堂俄语课上，她叫了几个同学读课文，那大约是想摸摸底，但同学们的口语显然让她失望了。我们这个班的同学多数人来自农村，只是在上高中后开始学外语，上大学前可以说是将入门而尚未入门的水准。心里有数后，她便分外注意对我们进行发音、朗读和对话的训练。她有足够的耐心，一遍一遍地领读，一句一句地示范，那情形与教中学生没有什么两样。她也许真把大学生当中学生教了，但她显然没有意识到这些人已经比中学生难教多了。中学生有高考之虞，这足以督促他们；大学生却不再有升学的压力，他们正在把主要的精力投向他们将要从事的专业。

黄震寰、凌可丰老师都不属于那种防范心理很强的人，这在一定意义上正可以说是心理健康的表现。但在异常情形下，他们受到的伤害往往会比别人更大些。差不多两年后，"文革"发生了，他们各自有了突如其来的麻烦。尽管昭昭日月终究还是还了无辜者清白，可当日遭逢的肤受之诉，曾是怎样的难堪其辱啊！师道是师者的尊严所在，也当为民族之斯文所系，往者或不可谏，来者犹且可追，但愿不可再少的斯文于天下永垂不坠，亦愿天下人为师者常留一份不可再少的敬信之心。

（六）

似乎是一种宿命，大学本科毕业后我一次次离开校园，却又一次次返回校园，并最终委心于以传道、授业、解惑为天职的教师生涯。在有了一段不算太短的从教经历后，我终于渐渐明白：一个人只有做了教师，才可能对他先前的学生时代真正有所自觉，而一个人只有在懂得了学生之所以为学生后，才有可能由晓悟师者之所以为师者而更切近地理解自己当年的师长。

很多年之后，在一次新生开学典礼上我曾以一个老教师的身份这样致辞："在孔子说了'后生可畏'的话后，这条古训一直流传至今。我愿引这条古训警示自己，也愿借这一古训规勉在座的年轻的同学们：你们只有像康德说的那样，在步入学术殿堂时先期被一种'神圣的战栗'充塞，然后将这持续的'战栗'不间断地调整为对于学业的'庄严的注意'，你们这些'后生'才有可能让你们的前辈们在足够长的时间里感到'可畏'。"当过后不久我得以从容留心这些话时，心中不禁为之一动——那对近在眼前的诸多后生的殷殷祈望，不也正含蕴了对久在念想的师长们的不尽追忆吗？

古汉语中有一"敩"（xiào，又音xué）字至可玩味，它有"教"、"学"二义，而其指归则在于"觉"。《说文解字》释"敩"："敩，觉悟也。""教"而"学"，"学"而"教"，其以"觉"或"觉悟"述说着教育的机缄，喻示着学术的微妙，也申解着人生的奥赜。师生的缘契或当尽摄于此，人文传承之命脉亦正当系属于此。

黄克剑

辑一 ｜ 回归生命化的教育

"教育的话题沉重而充满希望"

　　教育的话题沉重而充满希望，我们从这里祈想明日。

　　在诸多累于外骛的措辞黯然失色后，教育再度返回到人生的亲切处寻找它的元始命意。比起政治、经济等有恃于某种力量感的领域来，教育有其超功利的一度。这一度使教育有可能独立于世俗的"力"或"利"以留住那份审度与成全人生的从容，并由此确定自己无可替代亦未可推诿的职志。教育当然不会对来自政治、经济的多方祈使置之不理，但重心自在的教育永远不可萎缩其批判而超越的性状。它以自己的理念相应于政治、经济的理念，却并不充任当下政治、经济的仆役。它的职责的多维度只是因着人生价值的多维度，它的当有内涵最终取决于人生的当有内涵。如果说政治依其本分在于为社会厘定一种合理的秩序以实现人生所期许的"公正"价值，经济依其本分在于为族类提供更佳的生存境遇以成就人生所趣求的"富强"价值，伦理依其本分在于指示一种天人之际、人人之际的和谐关系以践履人生所默祈的"和谐"价值，艺术依其宗趣在于借重审美形式创造另一种世界以陶育人生所向往的"美"的价值，道德依其主旨在于反省中的人自律地提升心灵境界以涵养人生不可稍缺的精神内向度上的"善"的价值，那么，教育的职分便在于诱导人的价值自觉，把握好多维度的价值间的张力以陶冶人的生命。我们期待中的明日的教育是意识到自身职分的教育，凭着这职分，它不必屈从于任何外在的威压，只是一味地致力于如何在人生价值的恰当分际上成全一个又一个健全而富有个性的人。

　　不执着于某一畸变了的功利价值而以诸多价值之生命主体——人——为鹄的的教育，必定要求教育过程的生命化而非知识化。教育的知识化是知识在教育中对于活生生的人来说的外在化，教育的生命化则意味着自觉到生命价值之真谛的人对蕴于知识中的智慧的统摄。"知识就是力量"（培根语）这一几乎成为几百年来人们信守不移的格言的论断，其实自始就带着一个时代的偏狭的印记。随着"力量"被非批判地崇尚，人们把"征服"和"竞争"视为人生的常态。"知识"既然只是被关联于"力量"，求知便可能游离人的生命本真而为急切的功利所驱遣。这一时潮下的教育的知识化即是教育的功利化，功利化的教育在使人异化为功利的工具时，使自身降格为工具的工具。教育的尊严的凭借是人的尊严。由知识化教育向生命化教育转变的底蕴在于人的真实生命的复归。知识化教育把人淹没在种种程式化的知识中，生命化教育则把知识归结于创造性的智慧，把智慧归结于时时处在价值抉择中的人的灵动的生命。正像世界上找不到两片相同的树叶那样，真正灵动的生命只属于一个个永无重复的个人。因此，教育的生命化在一定意义上也正可说是教育的个人化或个性化，生命化或个性化教育格局中的人不再是对于教育程序来说的"偶然的个人"（马克思语），教育在尊重人的个性并依其个别的天赋把受教育者培养为"有个性的个人"（马克思语）之外别无目的。这种教育把每个人都视为一个运思和创意的原点，把每个人都视为一个智识和灵感的凝结中心。它不在个人与所谓社会间畸轻畸重，对于它来说，社会的盎然生机仅仅在于社会得以最大限度地成全每个活生生的心有存主的个人。

——摘自《对明日教育的瞩望》

（原载《明日教育论坛》总第 1 辑，福州：福建教育出版社，2001）

心灵三"觉"

生命化的教育并不弃置或轻蔑知识，它只是力图使逻辑化、体系化了的知识与新的生命主体创思、立命（确立生命祈向）的生长点相契接，由生命主体既有的知识而拓辟出别一种格局中的生命的深度。这里，个性化的创思、立命的生长点的萌生是教育的要旨所在，与此相应的施教方式则在于切近个我心灵的诱导。古汉语中的"敩"字兼有两义，亦"教"亦"学"，无论以"敩"（xiào）称"教"，还是以"敩"（xué）称"学"，其义皆归于"觉"。这个有趣的字源学上的事实透露着古人施教从学难以尽喻的心曲，它启示我们这样拟议可托望于明日的教育的意境：生命化教育的归趣，倘一言以蔽之，亦可谓为"觉"境的求达；此"觉"略可分为三个层次，一为人文本体之"觉"，一为生命个性之"觉"，一为灵思创发之"觉"。

所谓人文本体之"觉"是指对人生的终极意义的觉解与体悟。人有此一"觉"，才得以生发人生的元始信念。而有了未可轻易摇夺的元始信念，人才可能有价值取向上的清醒决断和人生道路上的自主选择。人是这世界上唯一能够反省其生命并就此究问天人之际的存在，他以其有终极关切而能超越自己经验的当下，以其不为经验所囿而从相接于感官的感性的真实询问那虚灵的真实。教育自始就该正视人的这一潜在的穿透世俗的心灵眷注，启迪受教育者在对待性的世界（人以对象化活动获得对象性存在的世界）中心存一份忧患意识，在非对待性的世界（人的内在的精神世界）中自勉于良知烛引的高尚追求，使人在不懈奔竞的形而下的生命运作中默默葆有一种进退从容的形而上的境界。古人所谓"学以致其道"，其谛义乃在于"觉"以"致其道"。此"道"自始就不是此岸或彼岸的一种实体，而是被把握在人的本然而应然的人文祈向上的虚灵的真实之境。学以致"道"涵盖了学以致用却并不委落在过分逐求功利的实用上，"道"由此也可理解为希冀中的人生的诸多价值无所偏颇地达于极致。学当然涉及人对自处于对待性的世界中所必要的智识与能力的致取，也意味着人在反观自照中对非对待性的世界（亦即纯粹的心灵世界）的发现与掘进。对"学"本身即人之所以为人的凭借之一的觉悟是教育与人的生命相接的契机，受教育者倘没有这一"觉"的策勉便不可能有真正向学的内驱力。

所谓灵思创发之"觉"，则是指一个人的独立决断的精神性状或隐有创造之机的精神端倪的萌朕与觉醒。这一"觉"与知识的博闻强记间没有确定的当量可计算，但它的不期而至不能没有足够的知识作准备；它并不是寻常生命流程的溢出物，但没有拙真而深切的生命体验便永远不会遭逢那乍来的灵感。严格地说，灵思创发之"觉"既然不可能程式化，它便很难由先觉者像传授知识那样逻辑地输送给后觉者。真正称职的教师，决不会把受教育者紧紧拴系在知识的因果之链上，但他会以淹贯在知识中的智慧去启迪受教者，使受教者凭着智慧出入于知识而不为知识所累；他会诱导受教者以自己的生命体验逼近那些留在创造性成果中的前人或时贤的生命的真迹，由先觉者的"觉"的既成现实诱发后觉者的有着现实化冲动的"觉"。

无论是人文本体之"觉"，还是灵思创发之"觉"，都是切近个体生命、个体心灵的。生命化教育对上述"觉"境的开启，在于使每个受教育者能够以富有个性的方式学以致"知"、学以致"道"；只有个性自觉的体"道"者才能以活的生命祈向人文本体之"道"，也只有有知识的个性化才会有以个性化为特征的精神创造。生命化的教育并非以原创性的智慧苛求每一个人，但创造机制的生成既然总是一个过程，而且每个个人参与和完成这个过程的潜能又都未可轻易否认，那么，教育从一开始便应对人文本体之"觉"与灵思创发之"觉"在每个受教育者那里的可能发生存有信心。

"觉"的境地非理辨或逻辑之路可通，它与濡染、熏炙、陶冶、潜移默化等心灵相感方式的机缘更近些。但无论是人文本体之"觉"、生命个性之"觉"，还是灵思创发之"觉"，虽可说是人终其一生修身治学的要津所在，更多地诉诸课堂教学的中小学乃至大学教育于此却并非没有方便之门。近年来，由王永、余文森、张文质诸先生在福建各地中小学倡导的"指导—自主学习"教改试验，即引导学生入"觉"境以立人求学的有效门径之一。新的教学方式认可了学生在教学中的主体性，"自主"使先前纯粹被动于某一权威知识体系的受教育者有了以自己的个性契入知识的主动。被一向作了定论既在而理致一元预设的教学内容，现在打上了学生富有个性的理解的烙印，依附性的记忆与背诵也更大程度地为寻求新思路的心智的自我发动所替代。教师的角色依然是重要而受尊敬的，不过，这时他不是作为权威知识体系的唯一权威阐释者，而是作为能够以自己的灵思感动、启悟学生的灵思的个性丰盈的个人。"指导"意味着学生以其学习上的主动要求教师以更大的主动与之配称；"指导—自主"所蕴含的教师"指导"与学生"自主"间的可能的张力，给了双向度——而非传统的由"教"而"学"的单向度——的教学以全新的生命。

——摘自《对明日教育的瞩望》

教育的职志在于立人

　　教育的职志在于立人，但立人并不是把一个活生生的个人绳削为某种模式化了的"人"的例证。把对每个人——因而一切人——的成全，始终视为目的而不只是手段，是教育的本然命意。

　　人文教化的一个永远耐人寻味的事实是：前人在为后人留下可资承继的文化遗产的同时，又赋予了后人一副副有着大体相应的承继能力的身心。人文的赓续不同于天然的绵延，真正的人文继承是不可能没有创造的性状生发于其中的。创造意味着一种能动，一种对既得文化遗产的超越，这超越的契机隐伏于每个活生生的人同被继承的文化遗产的张力中。教育既然是对以社会方式而又以个我形态存在着的人的成全，它便应当在尊重文化遗产的族类属性的同时也给予受教育者的个性以相当的尊重。把文化遗产程式化乃至把程式化了的遗产绝对化，是对受教育的个人的偶然化，然而，文化遗产的生机的获得只能托望于"有个性的个人"，而不是那种"偶然的个人"。

　　"指导—自主学习"教改试验，本质上是涉及整个教育视界的教学观的一种转换。这转换的深刻而切近的意义在于：传统教学法中实际上被当作"偶然的个人"的受教育者，现在正被改革中的教学方式真正认可为"有个性的个人"。

　　初中学生尚未形成富有个性的人生视界，但这并不意味着可以忽视他们的已见端倪的个性趣向。知识的汲取似乎以记忆和模仿为能事，其实更重要的却是理解。理解总是某种理解结构中的思维活动，而理解结构的形成与更新往往须有智慧的参与。对于没有自己的理解结构的人来说，因灌输而得到的知识难免成为外在的负累；在生命智慧终于隐而未显的情形下由模仿而获致的理解结构也绝不会有创发的机制。"指导—自主学习"教学法使学生的学习由被动转为主动，这一转，转出了学生的无可推诿的主体责任心，也转出了先前可能处在压抑或非觉醒状态的那种自决、自断的智慧。这期间，教师的作用并没有因此有多少淡化或削弱，相反，学生由接受型的静态从学到参与型的动态趣知，要求教师出于更高的境界给予他们以智慧的理解结构层面的指导。学生的主动逼使教师以更大的主动与之配称，"指导—自主学习"教学法把知识授受引向智慧的启迪，而这智慧的启迪又牵动着整个生命的投入。

　　"指导—自主学习"教学法尚在探索中。诚然，它在德化、尤溪、长汀、龙岩、安溪、宁德、南平、长泰以至福建更多的县市已经初见成效，但这项教改试验的倡导者、参与者们却宁可把它的可能要大得多的辐射力蓄养在一个又一个的个案中。审慎与希望同在，"指导—自主学习"教学法也许正因着这审慎中的希望，又添了几分含蓄、动人的魅力。

　　　　　　　　　　　　　　　　　——摘自《教育的职志在于立人》

天职观念与虚灵的真实

天职观念不能从关于"天职"的一个定义说起，那样讲太刻板，那是知识化的讲法，不是生命化的讲法。我想先举一个例子，这例子中包含了关于天职的生命化的理解。2003 年 10 月，武汉市一所重点大学的一名硕士生打电话给我，说是想报考我的博士生。这个学生很坦诚，他来北京旁听我讲的"先秦诸子"课，一个月后，他对我说他很希望能做我的学生。他告诉我，他报考博士生主要不是考虑学历或文凭，而是出于学术兴趣。他说，学术对他有一种吸引，并且他也说，他能够从我这儿找到他所要找寻的东西。听了他的话，我这样说："你有学术兴趣，这对于你日后走学术研究的路非常重要。兴趣是人生最自然的向导，它会引着你作人生道路的选择，会使你在自愿选择的一条路上走得更远些。但是你想过没有，以学术为志业，学术兴趣的重要是不待说的，不过，单凭兴趣是不够的。兴趣往往经不起挫折，遇到意想不到的压力或诱惑，兴趣就可能动摇。"于是，我接下来为他讲了一个故事：有一部名叫"孟菲斯号"的美国影片，这影片说的是"二战"期间一架名叫"孟菲斯号"的轰炸机执行战斗任务的事。当时，这架轰炸机所在的飞行中队奉命去轰炸德国人的一个重要军事目标。其他飞机在匆匆投完弹后就返航了，唯独这架"孟菲斯号"还在轰炸目标的上空盘旋。机组的七八个成员意见不一，有的人说，其他飞机都飞回去了，还是赶快把弹投下去返回吧，但机长很执着，他坚持在瞄准目标后再投弹。那天，军事目标上空雾很大，能见度很低，而敌人的防空火力又很猛，瞄准目标非常困难。就这样，飞机一次次俯冲，又一次次升起，当它终于准确无误地击中目标后，飞机也受了伤。在这时，机长对全机组人员说："现在为我们自己飞行！""现在为我们自己飞行"这句话，我的理解是，在这之前，他们没有权利为自己飞行，没有权利考虑自己的安危。我对那位想报考我的博士生的学生讲述这个故事，其实就是要告诉他，从事学术研究要有把它视为自己的天职的思想准备。什么是天职？"孟菲斯号"的机长把命中军事目标视为自己和整个机组人员的天职，他虽然没有把"天职"两个字说出来，但他在这次行动中把天职观念生命化了。什么是天职观念？天职观念意味着对某种神圣的职分的富于生命感的体验，有了它，人便能由衷地守住与某种神圣的职志关联在一起的生命的重心。做好一件艰难甚至危险的事，除了不可少的兴趣，往往需要足够强的生命力的支持，这种生命力来自一种精神、一种境界，我称它为天职观念。无论从事什么职业——当然是正当而值得的职业——都需要天职观念；教师应当视教学育人为天职，有了这一份天职观念就有了自己立于教育事业的生命的根。

再举一个例子，这是我自己亲身经历的事。2003 年春天北京闹"非典"，高潮到来时我正好上完一门听课人数较多的课，接下来是一节小课。那时人心惶惶，气氛很压抑，不少博士生、硕士生的课都变相地停了，我的这门课能不能上下去一下子成了问题。4 月 22 日那天我按时授课，开讲前我说了一段题外话。我说我二十多年前看过一部名叫"冰海沉船"的黑白影片——这片子在前些年重拍了，重拍后的彩色片名叫"泰坦尼克号"——影片中有一个镜头让我终生难忘：船上的乐队在船往下沉时一直没有中断奏乐，奏乐持续到乐师们无法站立、与船一起沉没为止。我对我的那些学生说我大概要像沉船上的乐师那样把课上下去，只要有一个学生到课堂，我的课就不会停，哪天果然教室空了，我再挟着皮包回家。结果这么一讲，讲出了一种气氛，修这门课的学生除两个人中途请假外，其他人，包括那些来旁听的博士生、硕士生，在北京"非典"最严重的那段时间都坚持上课了。这件事现在回味起来仍会勾起许多感想，但当时说那番话说得很自然，并没有太多刻意的成分，那时只是觉得像我这个年纪而又被人称作"知识分子"的人遇到"非典"一类事就惊慌失措，那生命状态就太不堪了。现在仔细琢磨，其实支撑我和学生的精神的，就是一种天职观念。沉船上的乐师们在船沉没的最后一刻还在奏乐，那是出于乐师的天职，我和学生从这个故事中汲取的最大教益也正是它唤起了我们的天职观念，尽管当时并没有把这两个字说出来。真正说来，北京闹"非典"时，最危险的是处在抗病第一线的那些医生们，他们并不是不知道"非典"的可怕，但他们的天职观念使他们的精神获得了一种升华，他们用升华了的精神使自己从容、镇静，在灾厄面前置生死于度外，守住了人所当有的那一份高贵。

讲天职可以用一种知识性的讲法，但重要的是让它生命化。这几年，福建不少中小学在做生命化教育的教改实验，许多人都希望对生命化的提法给出一个简洁、准确的解释。我以为，对定义或界说太执着，就有可能使生命化蜕变成一个知识性的概念，不过，如果一定要对生命化——这个我在大约十年前提出的话题——作一种一言以蔽之的说明，我可以说，生命化就是生命的在场。什么是生命的在场？举个例子说，比如关于谦虚。如果有人写了一本《论谦虚》，到处请人鼓吹，让媒体炒作，说这书写得如何如何高明，如何如何前无古人，后无来者，这样"论谦虚"的人一点都不谦虚，他论谦虚便是生命不在场，谦虚同他的生命状态毫无关系。当然，真正的谦虚也不是那种有意想给人留下一个谦虚印象的行为，而应当是一种生命情调或精神境界的自然而然的流露。老子说"上德不德，是以有德；下德不失德，是以无德"，他讲的就是这种生命在场而自自然然的道理。我再打个比方来说什么是生命化，各位可当作一个小笑话听听。如果有人写了一部多卷本的《论沉默是金》，想想这会是一件多么富于滑稽感的事。作者是主张"沉默是金"的，他却用一部多卷本的鸿篇巨制来论证它，他的生命和他的主张完全是脱节的，这就是生命不在场。老子倡导"不言之教"，他写了五千言的《道德经》不过是"强"（勉强）为之"言"，并且一开始他就说了"道可道，非恒道"这样的话，提醒你千万不要把自己用以领悟"道"的真切生命困在论"道"的言词上。禅宗一向看重在真实的生命体悟中明心见性，因此主张"不立文字"，从不以烦琐的知识性的谈论为能事。我这样把老子和禅宗提出来说一说，不是要大家去信奉老子的学说或禅宗的佛旨，而是要以此说明生命化就是真实的生命践行同践行者的所言所信的一致，就是让自己信从的道理活泼泼地展现在自己的生命中。我这里不给生命化下定义，也不给只有在生命化中才有价值可言的天职作界说，因为一下定义，那圆融、本真的意味可能就会从字词的缝隙中滑落掉，被纠缠于逻辑的理智的热情蒸发掉。人有时能够把自己交出去，把利害、生死置之度外，并因为自己的生命同某种值得献身的事业融会在一起而生出任何外在力量都不可摇夺的神圣感，这时我们说这人有了天职观念。天职是一种担待，一种承诺，一种对至上的事业追求的担待，一种自己对自己生命的分量的承诺。

天职观念与对某种理想境地或理念状态的企慕或向往关联着。我说的理念与时下许多人说的理念的意趣不同，它源于古希腊哲学家柏拉图。大约十年前，讲理念还是很犯忌讳的事，因为在不短的时间里，柏拉图学说是被中国学界的主流指摘为客观唯心主义的，而理念正是这被判为"唯心主义"的学说中最可透露其底蕴的范畴。为了澄清误解，我曾写过《柏拉图"理念论"辨正》一文——写这类论文在当时还是多少担着点风险的。现在情况不同了，"理念"这个术语一开禁就被用得很滥。我要说明的是，我从柏拉图那里借了来用的理念是指一种极致状态，一种完满而无以复加的境地。这样讲理念，大家一定会觉得很抽象，我只好举个例子供各位去体会。我相信大家都学过欧几里得的平面几何学。平面几何关于圆有这样一个界定：在一个平面上，一个动点环绕一个静点作等距离运动留下的轨迹。这个界定给了我们一个圆的理念或理想状态的圆。我们平常会看到许多经验形态的圆，如衣服上的纽扣，水杯的杯口，太阳、月亮在天幕上的轮廓等，这些所谓的圆严格说来都是不圆或不那么圆的。最圆的圆，或圆满到无以复加地步的圆是几何学上的那个圆，它只在我们的心目中存在，我们却永远无法把它画出来或造出来，因为在经验的现实中我们无法找到一个几何学意义上的绝对平面，也无法得到几何学意义上的没有宽窄、厚薄因而没有面积和体积的点——无论是动点，还是静点。几何学上的圆不可能获得经验的或感性的存在，但它却不能说是虚假的。它是一种真实，一种虚灵的真实，经验中的圆圆到什么程度只能以它为标准来衡量。我们可以称这个几何学上的圆，即其圆周率为3.1415926535……这样一个无限不循环小数的圆，是圆的理念；从圆的理念，我们可以去体会一般意义上的事物的理念的意味。对于理念，我还可以举一个例子来说明，比如医生治病。医生治病的过程可以用四个字扼要地加以概括，这就是"对症下药"；绝对对症下药的那一点在我们的祈想中是存在的，就像几何学上的圆在我们的心智中存在一样，但没有一个现实的医生能够分毫不差地做到这一点。但要不要朝这一点去努力呢？一个医生有没有对这一点的祈求因而是否愿意尽其所能逼近这一点，对于他的从医生涯会是大有干系的。如果他心里有这一点，自觉地用这一点去督勉自己，他就会不断地提高自己的医德和医术，可能最终成为一名医道高明的医生；如果他以为这一点终归是没有人能达到的，何必苦苦去逼自己呢，于是不再向着那个虚灵的目标用心，他便可能最终沦为一个庸医。与医生应有医道的理念一样，为人师表的教师不能没有传道、授业的理念境界。理念形态的教师是所有现实的教师都无法企及的，正如几何学上的圆对于所有现实中的圆那样。但是一个教师心中有没有这个理念在起作用，可能会使他判若两人。当教师的理念吸引着我们的追求、督责着我们一步一步地向着那个虚灵而真切的境地走过去时，我们提高着自己的为师的品位，升华着自己做人的灵魂。教师的天职观念，植根在这种理念中，没有理念作为一种理想和信念发动于我们的心灵，所谓天职观念终究无从说起。一个有教师理念、有天职观念的人是以教育的担当者自任的，他重心自在，以自立于心中的那个趋之弥高的标准策励自己，不使自己的生命情调囿于任何他人的褒扬和讥贬。不用多加解释，我这里所讲的天职观念与基督教一类宗教所称道的那种天职有着微妙的差异。宗教的天职观念是以一个须得他律地崇奉的权威（神、上帝）为前提的，我推崇的天职观念却是人从其内在良知的自觉处自本自根地生发和提升出来的。教师的理念自在于我们的心中，它为我们的天职观念提供了一个无须外求的支点，这支点是无待于外部条件的，因而是任何外力都不能攫夺的。孔子说过"三军可夺帅也，匹夫不可夺志也"。为什么说统领三军的帅可以夺？因为帅是有待于外部条件的，条件改变了，帅可能就会被夺了。帅总要有人任命或有人认可，也总有三军可以统领，如果任命、你认可你为帅的人不再任命你或认可你了，你这个帅就被夺了；如果你带领的三军被打垮了，你成了阶下囚，或成了落荒而逃的光杆司令，你这个帅也就被夺了。志却不同，它存在于一个人的心中，对外部条件没有依赖，从根本上说，它是无待的，所以一个有志之人，只要自己不改变初衷，自己不背叛自己，志是谁也夺不走的。以理念为支点的天职观念就是"匹夫不可夺志"的那个"志"，我们做教师的有了这个志，这个观念，我们就在自己身上找到了教育事业的无须夸示于外的神圣感，找到了生命而事业、事业而生命的最后寄托。

连着理念之根的天职观念富于理想，有着超功利的品格。正因为这一点，天职观念也往往带给人一种沉重的悲剧感。所谓"悲剧感"，是借着美学上的术语来说的一种痛切的生命感受。孔子当年周游列国，传布自己体悟到的人生、天地之道，有人讥笑孔子，说孔子这样做是"知其不可而为之"。如果对"知其不可而为之"向着积极方面作一种解释和理解，从这说法反倒可以引出对那个"知其不可"却偏要"为之"的人的肯定和赞叹。只要他的所为是值得的，是可以在终极意趣上找到依据的，他在"知其不可"的现实条件下不以一时的可能成功与否为念，只是苦心孤诣地竭尽全力去做，这行为不仅不可以迂远相讥，而且正应该以"崇高"这样的赞词予以嘉许。能这样做的人没有天职观念是不可想象的，因为"知其不可而为之"须有极高的境界的召唤，须置当下的生死利害于不顾，须有非凡的生命强度作支持。但既然为一个时期的现实所不允可，这崇高的行为也就有了悲剧感。一个有良知而视健全的教育探索为其天职的教师处在滔滔利欲淹没一切的现实情境中，如果他想找回点化、润泽生命这一教育的本然旨趣，他就是在做"知其不可而为之"的事，他也因此会使自己的生命多少染上悲壮的色调。《明日教育论坛》每一辑的封面上都写着这样两句话："教育的话题沉重而充满希望，我们从这里祈想明日。"其实，这话语中就隐含着深刻的悲剧感。"沉重"却又"充满希望"，由这种情境向着"明日"作"祈想"，能不为教育的悲情所动吗？

在对天职观念从道理讲了上面许多话后，我还想引孔子和苏格拉底这两位教师的楷模说一说天职观念。孔子是中国的第一位教师，苏格拉底是西方的第一位教师。我这样说"第一"，不仅是指在时间意义上，主要的还是一种价值判断。就是说，中国古代的孔子和西方古代的苏格拉底堪称教师的第一代表，他们以自己的生命情调和所领悟到的人生、宇宙之"道"或哲学道理，勾画了具有天职观念的教师的典型形象。苏格拉底是古希腊哲学和整个人文意识孕育出来的人物；他当然是一位哲人，却也是古代西方最伟大的一位教师。苏格拉底之前的希腊哲学以寻问宇宙的始基为主题，隐蔽在"万物的始基是什么"这种提问方式后面的是哲学家们对人类命运的关切。最早的古希腊哲学家泰勒斯说万物的始基是"水"，接着阿那克西曼德说万物的始基是"无限（者）"，阿那克西美尼说万物的始基是"气"，毕达哥拉斯说万物的始基是派生了"数"的"一元"，赫拉克利特说万物的始基是"火"……德谟克利特说万物的始基是"原子"。没有哪两位哲学家对万物始基的认定是一致的，但所有这些哲学家们都在就始基说话。始基是什么？始基被认为是万物由它产生、万物消解后又回归到它的那种东西。阿那克西曼德曾经道破了始基的秘密，他说："万物由之产生的东西，万物又消灭而复归于它，这是命运规定了的。"后来，赫拉克利特也说："火产生了一切，一切都复归于火。一切都服从命运。"哲学家们寻究宇宙万物的始基，说穿了，那是在问讯人类和人类生活在其中的这个世界的命运，再说得直白一点，就是在追问人类和人类生活在其中的这个世界到底从哪里来，又会到哪里去。命运的问题是人类的终极性问题，只要人类存在就不可能不对命运有所思考，我认为这是人类的一重终极性的眷注。到了苏格拉底时代，希腊哲学有了一个很大的变化，用苏格拉底的话说，以前的哲学家们探究万物的始基、宇宙的秘密，眼睛总是朝外看的，他们对万物的始基是什么这个问题作出的回答都是独断的、无法使人置信的。他一反前人的思考方式，开始"求援于（人的）心灵的世界，并到那里去寻找存在的真理"。他打过一个比方，说过去的哲学家们究问万物的始基就像瞪着眼睛看日食——直盯着日食看，眼睛会被刺伤，还看不清楚。现在他有一个办法，就是打一盆水来看日食在水中的投影，这样既可以看得清楚，又不至于伤了眼睛。他的这个办法用在哲学上就是反观人的心灵，发现人都有爱"美"、向"善"、慕"大"（伟大）之心，再从人都有关于"美"、"善"、"大"的观念这一点出发，由经验形态的"美"、"善"、"大"的观念推设出不受任何个人经验局限的那种所谓"美本身"、"善本身"、"大本身"——借用他的学生柏拉图的术语讲，就是"美的理念"、"善的理念"、"大的理念"。用"美的理念"、"善的理念"、"大的理念"衡量我们每个人所具有的"美"、"善"、"大"的那些观念，就会发现我们心灵中的"美"、"善"、"大"的观念的不足，因此，被唤起了心灵自觉的人们就会以"美的理念"、"善的理念"、"大的理念"为标准鞭策自己修养身心。由此，苏格拉底把哲学关注的焦点移到人生意义的启迪和人生境界的提升上来了，所以他说他的使命就在于"人的心灵的最大程度的改善"。人生的意义问题是人类的又一重终极性的眷注。苏格拉底在西方最早把这一重终极眷注提示给了人们，使西方人开始自觉于人生价值的选择，并真正开始确立关于世道人心的教化。正是在这个意义上，20世纪一位名叫雅斯贝斯的德国哲学家，称古希腊出现苏格拉底的那个时代为西方的"轴心时代"。

苏格拉底之所以称得上是西方的第一位教师，不在于他教给了人们多少技术性的知识或谋生的才能，而在于他唤起了人对"美"、"善"、"大"等价值的自觉，使人们开始眷注人生的意义并由此而求达"人的心灵的最大程度的改善"。与苏格拉底在西方人文教化史上的地位大体相当，比苏格拉底早出现八十年左右的孔子做了中国人文教化的最早的立教者。孔子作为中国的第一位教师不仅是私人办学的首倡者，而且是人的心灵境界自觉的最有影响的启示者；首倡私人办学意味着教育之于政治的相对独立，对人的心灵境界自觉的启示则宣告了中国的"轴心时代"的到来。如果说苏格拉底前后古希腊哲学主题的转换在于从"命运"到"境界"，那么，正可以说，孔子前后中国人文眷注的重心的位移在于由"命"而"道"。孔子之前的古代中国人对生死利害攸关的"命"最为看重，从孔子开始，人的精神所趋被引向人之所以为人的"道"。中国古人对"命"的顾念很可以比拟于古希腊人对"命运"的信从，不过，古希腊人所信从的"命运"是一种"不可挽回的必然"，中国古人所顾念的"命"则更多了些偶然的因素。信从"命运"使古希腊人寻问宇宙万物的始基，对"命"的顾念使中国古人更经心于"人谋鬼谋"的卜筮。用于占筮的《易经》的卦爻辞通常由两部分组成，前面大多是作为示例的典故，后面是吉、凶、休、咎一类断语，它帮你决疑，指点你如何趋利避害。孔子之后，《易传》依孔子的思想对《易经》作了定向诠释，诠释乾卦、坤卦的象辞有了这样的句子："天行健，君子以自强不息"、"地势坤，君子以厚德载物"。先前的利害关切现在被引导到人的精神境界的反省。借乾卦来讲"自强不息"的精神，借坤卦来讲"厚德载物"的境界，这是把对"命"的顾念引向对"道"的领悟。《论语》有"学以致其道"和"吾道一以贯之"之说，前一句是孔子的弟子子夏说的，后一句是孔子亲口说的，孔子所要倡立的"道"不是一种独断的设定，而是对内在于人心的所谓"仁"的精神性状的升华。"仁"在人的自然天性中有它的根，这根就是人皆有之的"恻隐之心"或恻隐之情，孟子所谓"恻隐之心，仁之端也"讲的就是"仁"的这个根。孔子的"道"可以挈要地称作"仁"道。就"仁"的根深藏于人的天性自然而言，孔子说"仁远乎哉？我欲仁，斯仁至矣"（"仁"离我们很远吗？只要我们愿意要它，它就在我们自己身上）；就"仁"在它所指示的那个价值方向上可能达到的最高境地或它的极致状态而言，孔子又说"若圣与仁，则吾岂敢"（如果称我为圣人或仁人，那我怎么敢承当呢）。这样的"仁"之"道"，从人的自然天性中开启了一种人生价值上的应然，相对于"命"，把人的终极性眷注导向内在的心灵境界的提升。中华民族的人文教化从此有了一种虚灵而真实的精神性状，它是民族的脊梁终究得以挺立不屈的底蕴所在。

孔子一生不得志，苏格拉底甚至被以"不信神"和"蛊惑青年"的罪名处死，但他们都把点化、润泽人的生命或"人的心灵的最大程度的改善"视为自己立学施教的当然职志。什么是天职观念？什么是教师的天职？孔子、苏格拉底以他们的全部人生对此作了最耐人寻味的回答。如果说孔子、苏格拉底这样的教师还不是教师的理念或理念意义上的教师，那么，至少可以说他们是迄今最堪称作教师之表率或范型的教师。

——摘自《天职观念与范本教育——在泉州市第二实验小学的演讲》
[原载《福建论坛》(社科教育版) 2004 年第 3、4 期]

直面经典与范本教育

　　人文教育的契机不在于逻辑思辨或道理上的条分缕析，而在于通过范本的直观达致心智的觉悟。一个人想学着写小说，他是不能从写小说的道理入手的，鲁迅先生就说过千万不要去看《小说法程》那一类书。学绘画、学书法通常总是从写生、临摹开始，教绘画或书法的老师所能讲出的道理是相当有限的，这些道理只对那些在写生或临摹中心有所动、神有所悟的学生起作用。有一次我为中文系的研究生上课，引了《唐诗三百首》序言所说的"熟读唐诗三百首，不会写诗也会吟"两句话让学生作解释，研究生们很不以为然，在他们看来，把这么简单易懂的话拈来问他们不是太小看他们了吗？于是，有一个学生站起来随口就说："这两句话的意思是，如果你把唐诗三百首读熟了，即使不会写诗，也总能朗朗上口地背诵几首。"从字面上看，她这样解释好像也没有错，但这两句话真像她解释的那样，那也就没有太大意思了。要说，这两句话还是很值得玩味的。它可能讲的是学写诗的路径：一个人如果能熟读唐诗这样的经典作品，即使他起先不会写诗，也慢慢地能吟写几句了。学写诗，不在于要懂多少写诗的道理，而在于多读多看多体会那些上乘的诗作，久而久之，蕴藏在心中的那种诗情或灵韵就会被召唤或诱导出来。我们的教育方式，如果做个简单的归结，不外乎两种：一是道理教育，一是范本教育。学书法、学绘画、学写作往往从摹仿和领悟开始，当然是摹仿和领悟那些最值得摹仿、领悟的作品，这种教育，我称之为范本教育。道理教育在人文方面常常显得苍白无力。如果让李白、杜甫讲写诗的体会和道理，我相信人们听后还是不会写诗，或者无论如何也不能写得像李白、杜甫一样好。电脑可以按程序操作，写作不能按程序操作。中小学的语文教学在相当大程度上是一种范本教学，道理绕来绕去最终还是要落在范本教育上。

文学作品的阅读、欣赏和写作当然不是没有道理可说，但说道理不过是辅助性的手段，重要的是如何使道理在把人引向范本时真正起作用。一个真正懂得写作的语文教师指导学生作文，不是教给学生写文章的套路，而是诱使学生直面生活，直面经典。所谓直面生活，就是让学生敞开心灵，不受束缚地用他的生命触角去感受生活，用他自己最情愿的方式把亲历亲证的生活感受说出来。所谓直面经典，就是直接去读古今中外的经典作品，读这些作品就是跟一个又一个范本照面，跟提供这些范本的一个又一个活生生的灵魂照面。这照面是无言的，却是神交的，神交的过程就是接受范本教育的过程。这样直面生活、直面经典的教育是受教育者的生命始终在场的教育，换句话说，是生命化的教育。我主张，人文意识的熏陶和人文学科的教育主要应当是范本教育，但这并不是说范本教育对于科学方面的教育没有意义。科学创造的契机通常是非逻辑的。乍看起来，科学道理很有逻辑性，很有条理，但认真反省一下，你就会发现，一个科学系统的第一命题的获得绝非逻辑推理的结果。它跟我们称作灵感的那种东西关联着，而灵感是无从诉诸逻辑的。就像绘画、书法、诗歌创造中灵感的闪现一样，任何科学的体系在它最富创造性的端倪处，其灵感的闪现都不是出于侥幸的偶然，它所需要的学养的积累当然离不开教育，这教育有许多逻辑道理的参与，但从根本上说，仍是范本教育。一部科学史，所显现的是思维范式的更替，我们看到的是一个科学体系的范本替代另一个科学体系的范本，从牛顿的经典力学无法逻辑地推演出爱因斯坦的相对论。范本接范本的科学史表明，从创造的意义上说，科学领域的教育最具有决定性的依然是范本教育。不过，我在今天这个场合讲范本教育，主要还是就人文意识和人文学科的教育而言的。

人的精神的传承不像赛跑中的接力棒的传递那么直观，得到前人真传的后人往往是以提供一个新的精神范本的方式出现的。没有哪两位富有创造性的画家画出的画是一样的，没有哪两位卓越的诗人写出的诗的格调会全然一致。每一个可能的范本都是个性鲜明、独一无二的，而正因为每个个性突出的范本都独一无二，从这些范本的更替或接续的过程反倒能领略到精神传承中某种一以贯之的东西。包括书法史、绘画史、诗歌史在内的文学艺术史，哲学史，以至整个人文创造的历史，所能告诉我们的都是这样：有着内在关联的精神创造或精神创造的历史传承，总是实现于一个又一个独一无二的范本的。如果我们真正看到这一点，我们教学生就不应该教他们千篇一律的套路，而应当尊重他们的个性，让他们的个性更好地与各种精神范本的个性交游，从而寄希望于他们以自己的个性和积累的学养为精神创造的历史提供新的范本。

尼采是一个愤世嫉俗的哲学家，几乎对有史以来的人类文明没说过几句好话，但他毕竟不能不给自己留一点希望；这希望是寄托于"超人"的，但"超人"可能却要从"赤子"说起。他说："赤子是纯洁和无怀的，是一个新的起始，一个游戏，一个自转的轮，一个初始的运动，一个神圣的肯定。""赤子"是一个"神圣的肯定"，人成其为人是从"赤子"开始的，人要成为真正的人应当持续地拥有"赤子"的那一份"神圣的肯定"。我在这里岔开尼采的说法，向着我的思路上作一点引申。我以为，从"赤子"到成人，要持续地拥有那份"神圣的肯定"不能不借重于生命化的教育。我们这些做教师的人的全部工作都是从一个不能放弃的希望做起的，这个希望就是追溯"赤子"——人生的源头——处的那种对于人不失为人的"神圣的肯定"。

最后，我想着重强调这一点，就是范本还可以理解得更切近些。不论我们自己愿意不愿意，我们这些被孩子们称作"老师"的人一举一动都在做着学生的范本，学生时时刻刻都在模仿或评判着你。可能这种模仿和评判会是无意的，但无意的模仿和评判往往更具有生命化的特征。现在，德育在许多学校都是不成功的，其之所以不成功就是因为德育被弄成了道理教育。德育是最应该生命化的，它却被作了强制或半强制的知识化处理，结果当然是沦为一种说教。也许我们忽略了真正在学生那里起教育作用的是什么，尤其是在德行方面起教育作用的是什么。我们成年人每天都在为孩子们提供一个又一个好的、不好的和坏的做人的范本，从家长到社会上的所有人。而且，说句实在话，在现在这种唯功利是图、欺诈虚伪成风的社会环境中，孩子们从他们的视野中能得到的好的范本真是太少，不好的和坏的范本又真是太多。如果从范本教育的眼光看过去，这种情形怎么能让人不担心呢？范本教育是生命的翻译和心灵的引渡，孩子们到底能从我们这些成年人身上翻译和引渡些什么呢？孩子愈是小的时候愈会把父母和自己的老师看得很神圣，也愈会在有意无意中把父母和老师当作效仿的范本，想到这一点，我们这些从事教育的人难道不该有几分生命的紧张感和心情的沉重吗？的确，范本教育是个全社会的问题，我们每个中小学和大学的教师在教育上所能做的事情是相当有限的，但看到或意识到范本教育的重要性及紧迫性对于做好我们自己有限的那一份工作是大有关系的。至少，我们自己应当在做人和求学方面做一个好的或比较好的、富于个性化的范本，另外，我们也比其他行业或领域的人们更有义务对孩子们周围的人、对整个社会时时作一种提醒。这所谓"更有义务"，是因为我们背负着教育的天职。

——摘自《天职观念与范本教育——在泉州市第二实验小学的演讲》

什么是"生命化教育"

导言：生命化教育——对人的可能健全的生命的成全

　　使人沦为政治工具的教育是政治化的教育，使人受驱使于狭隘功利目标的教育是功利化的教育，而真正与教育的那份神圣感、亲切感相称的教育，其旨趣应在于对人的可能健全的生命的成全——这样的教育可称作生命化教育。生命化教育并非不关心政治，不关心人生中的功利，它只是要分外申明这一点：人活着不是为了做"政治的动物"（亚里士多德语）、做功利的仆役，而任何政治的、功利的谋图最终却是为了人，为了使人获得一种更富于人的尊严、人的价值的存在。

　　生命化教育以尽人的生命的天赋为职志，它尊重每个人的重心自在的生命；生命化教育重在对人的生命自觉的引导，它承认每个人自己是自己生命的主宰，因而最终把自我教育——每个人都是自己最切近、最持久、最具责任感的教育者——视为教育的中心环节。

　　生命化教育的最后信念在于：人是自由的。借用马克思的话说，即"一个种的全部特性、种的类特性就在于生命活动的性质，而人的类特性恰恰就是自由的自觉的活动"。"人是自由的"，意味着人自己是自己的理由，自己担待自己的生命，因而人必须功过自承、境界自成、运命自受。

　　生命化教育由自由理解人的生命的真谛时，认为人的自由显现于其生命的两个向度：对待（有待）性向度和非对待（无待）性向度。这两个向度在错落中相关联，在非线性因果关系中相互成全。

　　成全是生命化教育的关键词之一。我在《回归生命化的教育》一文中提出过："教育的天职"在于"成全那些受教育的个体生命以最有效的方式汲取既有的类文化的成果"，"把他们（受教育者）成全为合于他们天性而又富有人文教养和创造精神的人"。把教育表述为一种成全，首先有一层顺其自然的意思，就是说，教育不能违拗受教育者的天性自然。但顺其自然天性并不是消极放任，成全的进一层意思还在于从"自然"中引发出"应然"来，以对受教育者作必要的人生价值导向。此外，成全还有一层意思，那就是对受教育者的可能大的自主性的倚重，就是说，教育最终在于启迪受教育者的自我成全。

人的生命的两个向度与人生的两重价值

任何有其现实性的生命存在都是对象性的存在，就是说，它必须有某种境域作为自己的生存对象，才可能获得现实的存在。树以一定的土壤、水分、阳光为存在对象，鱼以适宜于它游泳、觅食、繁殖的水为存在对象；同树和鱼一样，自然界的一切植物、动物无不以某种自然条件为生存对象因而都是对象性的存在物。就任何一种有生命的存在物都不能没有它的生存条件或生存境域因而受制或受动于这种生存条件或生存境域而言，人与其他既有的生命存在物并没有什么不同，但在迄今为止的所有生命存在中，人是唯一对这种存在达到自觉并能够以对象化的方式获得其生命现实的存在物。

所谓"对象化"是指人把自己的目的、意向以相应的能力实现或物化在他的生存对象上。人不是以现成环境条件为生存对象，而是以按自己的方式改变了的环境条件为生存对象，因此，人不是那种有着一般的对象性存在的受动于自然境域的存在物，而是以对象化的活动获得其对象性存在的"受动"而"能动"的存在物。人"受动"而"能动"于自然，使人和自然的关系从根本上与动植物和自然的关系区别开来。与这种人与自然的关系相应而同时存在的，是人与人的不同于动植物相互间关系的关系，人与自然的关系同人与人的关系的一体存在构成人的"社会"。正像人"受动"而"能动"于自然，人也"受动"而"能动"于社会，人由此成为"受动"而"能动"的社会存在物。人作为"受动"而"能动"的社会存在物的存在是一个历史的过程，在这过程中，人"受动"于历史，人也"能动"于历史，所以，人又可以说是"受动"而"能动"的历史存在物。

人作为"受动"而"能动"的社会历史存在物，不断以其对象化的方式更新着他的对象性存在，这使人的生命情状永远处在一种非可限定其底止的动态中。像晦暝中一闭燃烧不住的活火，人的生命之光以怎样的方式辐射到怎样的远处，人也便在怎样的远处获得自己怎样的境域，这境域的边缘是模糊而隐约可辨的，它并非不可穿透，但穿透既得的边缘只是达到了新的边缘，而新的边缘又在可穿透中。人的这一生命向度是因人与其生存境域的关系而有的，或者说，人的这一生命向度是伸展于人同其生存境域的关系中的，因此可以称作人的生命的对待（有待）性向度。

此外，人的生命也还有其非对待（无待）性的一面，这便是人的道德的自我完善，心灵的自我督责，人格的自我提升，境界的自我超越。这后一生命向度是人的生命活动在反观自照的内心世界的展示，是精神的自我审视和自觉反省。唯其不受制于生存境域而使人的人格、品操、境界、信念不为变迁中的境域所支配，它相对于生命的对待（有待）性向度可以说是生命的非对待（无待）性向度。无论人在他的生命的对待（有待）性向度上怎样"能动"，这"能动"永远是一种"受动"的"能动"，人总会"受动"于或受制于他生存于其中的人化的自然、社会与历史，但在非对待（无待）性向度上，每个人都是可以自作主宰而不受外在境域制约的。

人的对待（有待）性的生命存在与人的非对待（无待）性的生命存在构成广义上的人的生命的文化存在。人的生命存在之所以是一种文化存在，不是因为大自然的赐予，而是由于人自己，由于人自己创造了自己。在自己是自己的生命存在方式的理由的意义上，人的存在当然可以说是真正"自由"而非"他由"的存在。不过，在对待（有待）性的生命向度上，人的"自由"的实现总是相对的，因为人的任何一种"能动"的行为无不在"受动"的条件下，而在非对待（无待）性的生命向度上，人的心灵的反观自照可以超越外在条件的牵累，也只有在这时，才能在某种绝对的意趣上谈得上有真正的"自由"。

"自由"——单就其本意在于自己是自己的理由而论——是无色的，但人生的自由之光透过人生追求或心灵向往的三棱镜，却折射得出类似于太阳的光谱那样的价值的谱系。这谱系大略为："富强"、"正义"、"和谐"、"趣真"、"审美"、"向善"、"希圣"等。"富强"是人所祈求的可证之于物质的感性世界的价值，"正义"、"和谐"是人所祈求的可证之于人的政治秩序、伦理（包括人伦和天伦——人与自然之伦）关系的价值，"真"、"善"、"美"、"圣"等，则意味着人为了开拓自己的生命视野、陶养或润泽自己的心灵境界而对更虚灵的价值的祈求。如果就人的生命的两个向度而言，这种种价值又可分别辐辏于人的身心的"幸福"和境界的"高尚"。

一个健全的人是在生命的两个向度上有其两重价值追求的人，他应该培养足够的能力求取自己和自己的族类（民族而人类）的"幸福"，与此相应，他也当以"自律"（康德语）、"自正"而"自化"（老子语）的方式陶养自己"高尚"的心灵。生命化教育是对人的可能健全生命的成全，它的目标在于启示人实现其人生的两重价值以求达"幸福"和"高尚"的一致。"德"、"福"的配称一致，用德国哲学家康德引自古希腊人的一个概念作表达，即"至善"，这"至善"也通着中国古人所说的"明明德"、"新民"而"止于至善"。

生命化教育须从随顺人的生命自然说起

生命化教育是随顺人的生命自然的教育，它的最初的根据是从人的生命自然中找到的。它不在人的自然天赋之外有所奢求，但它珍视每个人的自然天赋中的一点一滴。所谓人的自然天赋，是指人来到这个世上时大自然赋予人的资质、赋予人的种种潜在的可能性。人不是天生就会游泳的，但大自然赋予了人游泳的潜在资质，或者说，人有游泳的自然天赋；正是因为这份自然天赋，任何一个体格正常的人通过后天的练习都可以学会游泳。与这种情形相反，大自然从来就没有赋予人徒手飞翔的资质，这一份自然天赋的缺乏注定了无论哪个人后天怎样练习飞翔，他绝不会在某一天徒手飞上天空。教育是对人的既有自然天赋的诱导，是对人的生命自然中的潜在可能向着其现实化的成全。生命化教育以认可和掘发人的自然天赋为前提，它只是在一般地肯定教育与人的自然天赋的这种关联外，更多地关注到每个人秉受于大自然的资质的差异。因为从生命化教育的眼光看，正像世界上没有两片相同的树叶，人类中没有两个完全相同的人，教育所要成全的是一个又一个活生生的资禀各异的人，而不是抽象的"人"。

需要补充说明的是，赋予人以种种资质、种种可能性的大自然是愈来愈人化着的自然，当然，这人化永远有它可能的界限。一位哲人说过："不仅五官感觉，而且所谓精神感觉、实践感觉（意志、爱等等），一句话，人的感觉，感觉的人性，都只是由于它的对象的存在，由于人化的自然界，才产生出来。""人化的自然界"的提法是对那种把大自然置于人的历史活动之外的自然观念的矫正，它使自然和人的历史活动的界限不再像通常人们理解的那么清晰了，但这不清晰意味着问题在一个更深的层次上的复杂化，或对一个本来就复杂得多的问题的更深的洞见。不过，这涉及一种全然异样的哲学视野，这里不便向着纵深展开讨论，我们的主题是生命化教育，话说到这个分际上已经足够了。

生命化教育以随顺人的生命自然为起点，然而，随顺自然并不是消极地囿于自然，更不是迁就和放任人的自然欲求。孟子是主张性善论的，但他毕竟看到了"人之所以异于禽兽者几希"。"几希"是说很少，人与禽兽不同的东西并不多。教育所做的事情就是让受教育者觉悟到人身上这点不同于禽兽的东西，并就此珍视它，提高它，借着它把人成全为人而不致使人落在与禽兽一样的生命层次上。无论是就人的心性而言，还是就人的能力而言，生命化教育重视"人之所以异于禽兽者几希"，把那点"几希"的东西由自然向着应然作一种提升，使人顺其生命自然向有着自然之根的应然作一种超越。

随顺人的生命自然还意味着教育对于每一个人来说都是一个顺其自然的过程。犹如花木栽培必须适时而因地施宜，生命化教育主张教育过程合于生命过程。从儿童到成年，任何时期、任何方式的教育都应与受教育者的生理、心理状况相配称，不可延宕时日，也不可揠苗助长，就是说，生命化教育摈弃任何戕害人的自然天性的做法。

生命化教育是个性化的教育

近几年来，人们由对应试教育的反省，开始提倡"素质教育"，但纯洁、朴雅以至高尚的生命"素质"的培养从来就是以个性的认可为前提的。物，当然各有其特殊之处，但对于物来说无所谓个性；人有了可借以反观自照的心灵，因此，唯有人才有个性可言。对人的可能健全的生命的成全，是对人的生命的盎然生机聚焦于其上的人的个性的成全。

对个性的尊重本身即意味着对每个人的价值主体地位的尊重，也就是对每个人在作价值选择时的那种独立判断的尊重。对每个人的价值主体地位的尊重，一方面固然在于把每个人都视为一个权利主体，另一方面也在于把这作为权利主体看的个人同时视为一个在心灵境界上求达升进的自律者，而且，重要的是，也因此把每个受教育者都看作一个有权利、有自觉或潜在自觉性的自我教育者。

个性不是指个人身上那些偶然的怪癖或嗜欲，尊重个性并不是放纵个人一己之私念任其为所欲为。正像前面所说的教育应当随顺人的生命自然，其随顺自然要从"人之所以异于禽兽者几希"那里说起，讲个性也要把"人之所以异于禽兽者几希"作为出发点。真正说来，那种虽然存在于个人身上却总能够引起不为经验所局限的心灵的共感的精神性状，才是我们所肯定和提倡的个性。没有哪两位书法家的书法艺术是雷同的，书法的个性只是在堪被称为书法艺术时才有意义。可以说，我们每个人刚刚开始学习写字时，写出的字都是独一无二的，如果停留在这个层次上说个性那是没有多大意义的。《唐诗三百首》中选辑的每一首诗都是有个性的，写这些诗的每一位诗人都是有个性的，这样说个性之所以有价值，是因为在认可诗这一公认的艺术形式和诗人作为公认的语言艺术家的前提下。生命化教育之所以看重和张扬个性，是因为任何一种有价值的文化创造都同个性关联着。创造不可能没有灵感的触动，而灵感之光总是由相当强的生命个性发出的。

生命化教育是蓄养生命创造力的教育，它把人类的文化积累视为新新不已的创造，而正是创造把类文化与活生生的个人的个性牵系在一起。可以断言，创造是类对于赋有个性的个人的嘱托，这两者间微妙关联的机奥在于：个体创造的锋刃必当契接于类的刃体，创造所必要的力只有从类那里才可能获得它的那种厚重感，但由类而来的厚重感的真实意义总在于个体生命创造的锋刃所向——有了这锋刃所向，类的精神储备才有了它的活生生的向之凝聚的精神重心。

每个人身上都有一定程度的创造的潜力，这潜力被掘发出来变为生命创造的现实只有经过个性的出口或通道。生命化教育对受教育者的个性的看重和培养，是同它对作为更新人的生命机制的创造力的看重和培养一致的。

生命化教育的全部韵致在于心灵之"觉"

1993 年 3 月，我在为柏拉图的《政治家》一书写的译序中曾说："知识若没有智慧烛照其中，即使再多，也只是外在的牵累；智慧若没有生命隐帅其间，那或可动人的智慧之光却也不过是飘忽不定的鬼火萤照。"当年7月，《教育评论》杂志特约记者张文质先生在就"教育的价值向度与终极使命"问题采访我时，我对教育的使命作了这样的概括："在我看来，教育所要做的事可以放在三个相贯通的层次去理解，即授受知识、开启智慧、点化或润泽生命。"这些说法是后来我明确提出"生命化教育"这一概念的契机所在。就是说，生命化教育的中心命意即在于把知识的授受归结于智慧的开启，把智慧的开启归结于人的生命的点化或润泽，而"开启"、"点化"的意味如果用一个词一言以蔽之，那便是"觉"或"觉悟"。

西方人中的第一位教师、古希腊哲学家苏格拉底从不以教给别人某种技能或知识为能事，他的所谓"精神助产术"实际上就是启迪人的心灵获得一种"觉"或"觉悟"的方法。中国古人一向重"觉"，老子倡说"不言之教"，孔子主张"默而识之"，他们的学说——无论是老子的"道法自然"之"道"，还是孔子的"人能弘道，非道弘人"之"道"——都在于开导人的心灵，使人在生命价值或心灵境界上有所"觉"或有所"悟"。古汉语中有一"教"字是耐人寻味的，它有"教"的含义，又有"学"的含义，但不论以"教"讲，还是以"学"论，本意都在于"觉"。从"教"这里得到一种启发：我们可以把生命化教育的全部韵致归结为人的生命存在和心灵境界之"觉"。

我把生命化教育所当致力的生命之"觉"大略分为三个方面：一是人文本体之"觉"，一是生命个性之"觉"，一是灵思创发之"觉"。

人文本体之"觉"是指对终极意趣上的人生价值的觉知或了悟。中国的古圣贤老子、孔子都教化人们以"致道"为务，而"道"却是可以体悟而不可言说的。老子、孔子心目中的"道"，都是从"天人之际"说起的，"道"的指归也都在于对人生境界或人生的某种终极性道理的指点和引导。"大道不称"，"大辩不言"，"道"的微妙既然不是知识性的逻辑推理可以言说和明了的，致"道"之"教"或致"道"之"学"也就只能凭借心灵感通或"默而识之"那样的生命之"觉"。

如果说人文本体之"觉"主要在于人生终极价值取向的确立，那么，所谓灵思创发之"觉"则重在那种富于创造性的智慧的开启。灵思创发之"觉"是指有着创造冲动的精神性状的发萌，或一种蕴蓄既久而在一朝骤然照亮精神天地的智慧之光的闪现。艺术创造或科学发现都不是逻辑推理的结果，在看似纯属偶然的心智觉醒中隐藏着生命的某个敏感点被吸引和激发的消息。灵思创发的这一"觉"与记诵下来的知识的多寡之间没有确定的当量可计算，但智慧绝不是知识贫乏者的宠儿。生命化教育就是要在知识的授受中着力促发受教育者最初的那个智慧敏感点的生成，并精心保护和陶养它，这是以"生命化"为宗趣的教育与所有训练考试技术的教育及以狭隘功利追求为最后动力的教育的泾渭之别所在。

与人文本体之"觉"和灵思创发之"觉"密不可分的是生命个性之"觉"。人失其我，无所谓"觉"，因为"觉"总是在一个个个性确然的心灵中发生的。人类的精神创造，人类的生命意识，都是切近个体生命、个体心灵的，它们在一个个活生生的生命个体中呈现，并因为一个个活生生的生命个体的运作才被激活。生命化教育视教育对象为一个个独一无二、相互不可替代的个人，它既然从一定意义上可以称为个性化的教育，它始终不可忽略的便是如何引导受教育者对立于本己生命的健全个性的反省。

生命化教育的主导途径是范本启迪

教育当然要诉诸语言以喻说道理，但"道可道，非恒道"，最深微、最能切中肯綮的理趣是无从言传的。称述一道可口菜肴的味道之美足以使任何语言都苍白无力，更不用说以语言去表达创造的灵感或心灵在精神境界提升中的感悟了。生命化教育是以心灵之"觉"为它的韵致所在的，因此，它的主导途径便不在于逻辑思辨或道理上的条分缕析，而在于通过范本的直观达致心智的开悟。

其实，人文方面的教育是这样，科学方面的教育未尝不是这样。科学发现的第一个亮点的获得往往是非逻辑的，这一点与绘画、书法、诗歌创作中灵感的骤然涌流并没有质的差异。一部科学史，分析起来，不过是后起的思维范式取代先前的思维范式的历史，而先前的思维范式往往在相当大程度上都做过后来的思维范式的范本。范本接续范本的科学史表明，从创造的意义上说，科学领域的教育最具决定性的依然是范本教育。

生命化教育对个性的看重和对范本的看重是互为因果、可以相互说明的：只有"有个性的个人"才可能真正具有原创性，才会从先前的范本那里汲取灵韵并因此造就新的范本，而任何范本都是个性突出却又有着典型性的，这些富于个性的范本从一定意义上说无非就是那些"有个性的个人"将其生命个性向着一个特定的创造维度的对象化。据说，中国第一部堪称史书的著作《春秋》是孔子对鲁国史官留下的纪事文献笔削、修纂而成的，它为此后中国史书的编撰提供了第一个范本，所以，南宋学者王应麟有"历代国史，其流出于《春秋》"之说，清代史学家章学诚也说"二十三史，皆《春秋》家学也"。与《春秋》的范本意味相应，贯穿这部史书的精神中渗透着孔子的富于人文教养的生命个性。孟子称孔子"作《春秋》"："其事则齐桓晋文，其文则史。孔子曰：'其义则丘窃取之矣。'"所谓"其义则丘窃取之"，即是说《春秋》中所隐含的价值命意或具有终极眷注意义的价值判断是由孔子个人赋予的。生命个性与范本的内在关联在史学领域如此，在文学、艺术领域更是如此。个性见之于范本，意味着个性创意的独特性与总能够获得公意认可的所谓文本的典型性的一致，这是显现人类精神传承的文化史的精蕴所在，也是生命化教育以范本教育为主导途径的理由所在。比起智慧的开启来，人格品操或心灵境界的点化对于范本的倚重要更直观、更显著些。通常所谓的德育之所以在许多学校、许多社会教育机构是不成功的，是因为它被弄成了一套可操作于课堂讲授的千篇一律的道理。德育是最应该生命化的，一旦沦为强制或半强制的说教，其结果只会适得其反。其实，正像审美情感的陶冶不必从"什么是美"的训导开始，而只需去写生自然或临摹书画那样，德性操守的涵养、培植原只在于受教育者的心目中和践履中是否有师可范。所谓范本，诱导受教育者直面这些可视为生命范本的人物，自觉与这些人物神交，以使他们在与这些人物的切近灵魂的对话中纯化自己、提升自己。这是一个从容而自然的陶养、濡染、潜移默化的过程，而不应诉诸那种操作化、程序化了的宣教或训诫。

结语：一个隐喻——视受教育者为有待成全的艺术品

什么是生命化教育？在作了上述近于烦冗的阐释后，这里可以用一个隐喻对它作某种直观而又不失神韵的归结。这个隐喻在《回归生命化的教育》和《天职观念与范本教育——在泉州市第二实验小学的演讲》都曾提到过，现在只需引述如下：

我们教育孩子要把每个孩子都当作有待成全的艺术品，而不要把孩子们视为需要统一加工的标准件；标准件是划一的、模式化的，艺术品是个性化的，是在个性化中讲求精神相通的那种高品位的。当然，把孩子当作艺术品并不意味着孩子的被动。一般艺术品的命意出于艺术家的匠心，人这件艺术品最终要靠自己成全自己、自己完成自己；我们当教师的人所要做的事主要不是按自己的意图或设想——哪怕是极有创意的意图或设想——去塑造学生，而是诱导学生从好的范本中获得启示，从而主动地自己塑造自己。

　　如果要用一句话对何谓生命化教育作出回答，我们正可以如是说：生命化教育是把受教育者视为有待成全的艺术品的教育。

——摘自《什么是"生命化教育"》

教育的价值向度与终极使命

张文质（以下简称张）：陆游论诗有所谓"功夫在诗外"的说法，苏东坡也有过"不识庐山真面目，只缘身在此山中"的感叹。我想，您虽然没有直接在教育界服务，但您也许注意到了，市场经济的潮流正冲涤和改变着社会文化的各个领域，教育也正处在一种历史性的抉择之中，可否谈谈您对这可能的重大抉择有什么展望和评估？

黄克剑（以下简称黄）：首先我要说一下教育的使命。在我看来，教育所要做的事可以放在三个相贯通的层次上去理解，即授受知识，开启智慧，点化或润泽生命。这后一方面也可以理解为确立人的生命的价值向度，陶炼人的虚灵的精神境界。

张：这些话听起来似曾相识，但细细品味，还是陌生得很。请您铺展开来，说得详细些。

黄：从知识层上谈教育似乎不会发生理解上的困难，不过，一旦教育落在知识的授受上，这时作为前人的符号化了的理智的知识，便可能构成今人的活的心灵的牵累。然而不管怎么说，教育的最直观、最可感的部分毕竟是知识的授受，关涉教育方面的话仍须从这里说起。

知识是面孔冰冷的，无表情的；有时人会觉得知识以其神奇的魅力向人发出微笑，其实这微笑是由人的心灵发出而由知识再反射给了人自身。数学、物理、化学、生物、天文、地质等自然科学方面的知识是这样，所谓社会科学乃至人文学科的知识也并不例外。当我们说马克思于1818年5月5日出生于普鲁士莱茵省的特里尔城时，或当我们说严复译述的《天演论》在1898年问世于中国时，那些有着足够的文化教养而又敏感于历史脉息的人们，当然可以从这时间、地点、人物、事件中捕捉到深长而诱人的人文意味，但那时间、地点、人物、事件之所以能够持久地唤起一切有心人的心灵中的某种消息，就在于它们自身是无臭无味而不着色于任何一种好恶迎拒的情采的。

记得"文革"时讲"儒法斗争"，从先秦一直讲到当代，历史上的政治人物，甚至思想、学术、文学、艺术方面的人物，都按划一的绳墨毫无例外地被分派在所谓"儒"、"法"两大阵营。"儒"、"法"的知识被寡头的、以虚幻的"阶级"姿态表达的好恶迎拒绑架了，施行这粗暴的劫持的是一种"势"，而与这"势"相辅为用的是一种"利"。知识被拥进了"势利"的怀抱，知识也就被彻底亵渎了。现在的几近"全民经商"的潮流似乎在以另一些方式做着同样的事，所幸服务于教育的人们也并不都那么"势利"。知识的品格的贞立要靠活生生地存在着的授受知识的人的有所自贞的品格，一切同知识有缘的人们，应当珍爱这可贵的际遇，万不可太"势利"了！

此外，我想说的是，知识并不像一堆可随意抓取的散钱那样，由授者凭兴致计点一定的数量施予受者。知识的分门别类，意味着每一门类的知识都有着它成其为它的某个常住而可资循守的标准。对这个标准的自觉和依这个标准把一类知识提摄为一个系统，需要某种逻辑理性或知解理性。逻辑理性或知解理性是一种"冷慧"，它毫无热情，只是一门知识的由此及彼的内在关联。我们不能以"势利"可能带来的打着好恶迎拒印痕的态度来代替或限制逻辑理性，或者说，我们不能以外在于知识的断制取代内蕴于知识的律则。我说这番话当然涉及教科书的编写，每一门学科的教科书都应当有愈来愈契合于其学科命意的"冷慧"贯注其中，这样，这门学科才会有不为"潮流"、"时尚"、"势利"所动的相对独立的格局。至于所谓"新学科"，当然是要及时确认的，但新学科的确立是件极严肃的事，须得借助"冷慧"（而不是由"势利"鼓动起来的"热情"）对它作为一门"学科"而至于"新"的标准作出论证。少了"冷慧"的论证功夫，趋时逐利而一窝蜂出现的"新学科"，便可能只是知识学科意义上的"假冒伪劣"。

张：您刚才把逻辑理性称作一种"冷慧"，这是否已经由知识的授受涉及智慧的开启？

黄：刚才我由逻辑理性而说的"冷慧"，还不是关联于教育的更深层使命的"智慧"。我是在创造的意趣上规定"智慧"的内涵的，它与其说是逻辑理性的延长，不如说是逻辑理性的一种中断。逻辑推理无论怎样娴熟圆通，都无法把人带进创造的境地。在知识和真正的创造之间隔着一层不薄不厚的心智的膜，穿透这一层膜需要智慧的锋芒。智慧当然可以说是心智从知识中的冒起，它有待知识的酝酿，却并不牵连在既有知识的逻辑纠结中。想想看，究竟多少熟记在心的定理、公式的总和才能相当于找准出路而一举破解难题的那一点灵感？多少知识的积累才能把一个人送到神思创发的那一境界？这当中似乎并不能找出一种当量或有比例可依的关系来。

事实上，师生间以理性方式进行的授受也许仅仅适用于遵循逻辑理性的知识，但教育的更深长的意味显然不落在知识上。知识不能驭之以智慧便只能是死的知识，死知识并不润泽心灵，它会成为人的外在的负担，或者成为附庸风雅的人们的精神的饰物。要使知识活起来，在授受知识的同时便不能不着意于真正的智慧的开启。一个高明的建筑设计师并不能把他在设计中冥会到的那种诀窍教授给他所乐意教授的人，一个才气横溢的诗人也完全无法把自己敏于情韵的那根神经剖露给入选为他的传人的人。但从一个有智慧的人那里获得智慧毕竟是可能的，这可能存在于言论所永远无从穷尽的默识、体会和冥证中。默识、体会、冥证的功夫显然比掌握知识所必要的逻辑理性的运作更艰苦，但让人的内在天赋发出智慧之光却总少不了这一层精神的攀登。这是人以理性为自己提出的非理性课题，教育在这里所要做和所能做的则在于引导受教育者在逻辑理性的边缘进入对示范或楷模的默识、体会和冥证。用以鞭策和衡量学生致学的"分数"，在知识层面上显然更有效准，而智慧往往不受分数的羁勒。眼界不凡的教师能觉察到学生智慧的暗流，而旨趣高卓的教科书却能用语言向学生启示言外的智慧的消息。

智慧诉诸创造，在技艺性的实用层次可能带来功利效果，但智慧的趣向并不归落在世俗的功利上。以所谓实用或所谓经济效益作为判别智慧高下的准衡，是对智慧的势利化。势利化了的智慧在局度上只能称作通常意义的"聪明"，人一旦入了"聪明"的圈套而不自觉，那他的智慧的源头也就枯竭了。当今文苑中人有"玩文学"之说；"玩"，以其轻佻的口吻示人以洒脱的审美，但在掩不住的矫情后面却是过重的"势利"的黏滞。影视界也有人在"下海"之际宣言，自己在先前的界域中业已证明过而无须再作证明，"下海"才是她的新的自我确证。新的自我证明的选择诚然显现了选择者的令人感佩的勇敢，但见于影视的表演倘果真被作为真正的艺术，那所谓已被证明而无须再作证明的话是可以轻易说的吗？贝多芬在写完第几交响曲之后能够说自己无须为音乐上的创造再作证明了呢？凡·高在画完哪一幅画之后能够说自己无须再耗费自己的天才绘画了呢？富有创造力的令人神往的智慧出入功利的实用是潇洒自如的，它并不为功利所牵系。在智慧的纯正的向度上，智慧永远不会把自己封限在一个所谓功果圆熟的目标的设定下。

教育的神圣职责在于不断向人们启示和提示智慧，它不必太急功近利以致在可能的误导中让智慧乖离自己而成为惑于势利的"聪明"。

张：我很希望您在"教育的使命"的话题上就生命的点化或润泽说得更透彻些。

黄：我所说的生命，是指人的生命表达过程中所透出的某种格位、情趣、境界或所谓气象。气象比人们通常说的气质要虚灵些，很难用语言作诠解，但它的真切意味可以呈现在人的通之于心的感受和体会中。"气象"是汉语中别具韵致的一个词，当我们谈论某个人的人格气象时，那可以说是在对这个人从精神上作一种通体的把握，它是那样的虚灵，却又是如此的真实。这虚灵而真实的东西，我在这里相对于知识和智慧把它勉为其难地称作生命。不用更多的解释，我所说的生命属于精神的范畴，它的命意不在生物学、生理学上，也不在一般意义的心理学上。

教育，说到底它的使命只在于对人的整体发展的一种成全，而人的整体发展提挈起来也可以说是人在自己的对象世界和内在世界中赢得自由。我所说的自由，不是一个相对于纪律的概念，也不是一个相对于必然性的概念，而是一个高格位的人文概念。它的本始而终极的意涵是，自己是自己的理由，自己是自己的主宰，功过自承而不把命运推诿于自己的践履省思之外。

不要以为我这样说话不免迂远而不着边际，其实，看似玄涩的道理往往就在回头一顾的浅近处。大自然对人的生活方式和生活范围有所限定，但人所遇到的界限不是确定的，人能打破既有界限而获得新的界限，新的界限又在被打破之中。人在自然面前的非奴隶状态的存在是由于人自己，换句话说，人自己是人的不同于动物的独特的生命方式的理由，人自己在这种生命方式中做着自己的主宰，这便是所谓自由。诚然，这只是人的自由在人与自己的对象世界或外部世界的关系中的显现，而人的自由还有见之于自己内心世界的一面，那便是道德的自我完善，心灵的自我督责，情趣的自我提升，境界的自我超越。这是人的独特的生命方式在纯精神领域的展示，在这里，自由体现为一种"自律"、"自得"、"自贞"的原则，它把人和动物最后区别开来。

在自由的内外两个向度上，人对人生的终极意义有两个方面的贞取：一是身心的幸福，一是境界的高尚。幸福是就关联着人的肉体感官欲望的满足和与之相伴的心灵感受而言的，它的实现离不开人与外部世界的对象性关系；境界的高尚则是就人的精神格局（简称人格）而言的，它决定着人的虚灵的"气象"。对幸福和高尚的求取，是人立于自由所当有的价值祈向；这两种价值取向及其关联引伸出人的种种美好的理想。然而人只有在不是为幸福而幸福，亦即不黏滞于幸福时，才能赢得真正的幸福，同样，人不为高尚的信条所囿时也才能求得真正的高尚，于是由这不黏滞、不拘囿或不执着的要求，便生发了涵淹在幸福和高尚祈向中的逍遥或潇洒原则。这两种祈向、一个原则是人的生命追求的永恒主题。

教育负有对受教育者作人生价值取向的点拨的责任，这关乎人的生命形态、人格气象的确立。教育进到这个层次已经属于所谓"教化"。幸福、逍遥、高尚都是人在终极意致上的一种价值，缺一不可，而且它们都必须以认可人的自由为前提。人的自由意识的自觉，意味着对每个人的生命趋进都属于目的范畴而不可慢视为手段或工具的命题的认可。有这一层自觉，关联于幸福、高尚价值及所谓逍遥原则的教化便不应当是"他律"的强制或灌输，而应当是对依"自律"方式体认人生价值的所谓价值或意义觉悟的导引和尊重。

张：您可否对赋有某种历史感的传统教化说说自己的看法？

黄：我可以就此岔开去把话题引得远些，但这涉及民族文化的整体反省，问题要复杂得多，我只能在一个我自认为较重要的思维向度上极简略地说几句。我们现在的中学课本上有一篇标题为"鱼我所欲也"的课文，这是从《孟子·告子篇》中节选出来的。其中说道："鱼，我所欲也；熊掌，亦我所欲也。二者不可得兼，舍鱼而取熊掌者也。生，亦我所欲也；义，亦我所欲也。二者不可得兼，舍生而取义者也。"孟子的这些话并不难懂，但讲授语文课的教师们可能很少有人将其提到儒家教化的高度来理解。我们通常说的传统教化，从主导方面看也可以归结为儒家教化或所谓孔孟之道。孟子由"鱼肉"、"熊掌"的比喻引出的对"生"与"义"的择取态度，是儒家对人生的幸福价值和人生的高尚价值的经典态度。就是说，在儒家看来，幸福（关涉"生"）与高尚（涵盖于"义"）都是"所欲"的对象，都是所当追求的，但在遇到"二者不可得兼"的两难选择时，儒家才不得不"舍生取义"，也就是割舍幸福而选择高尚。儒家的这种人生态度是很好理解的，中国历史上许多可歌可泣的人物都是由这种人生价值取向陶冶出来的，这在民族英雄一类人物身上显得格外突出。诸如文天祥、史可法、张苍水这些人，他们并不是不愿意活下来，不是不愿意要人生的幸福，但他们在"生"（幸福）与"义"（民族的大义，一种高尚价值）二者不可得兼时，断然为自己选择了"舍生取义"。从鸦片战争、甲午战争直到抗日战争，中华民族的无数英烈没有一个人会认为"生"（幸福）是不可"欲"的，但在"生"与"义"、幸福与高尚间只能选择其一时，他们"舍生取义"，选择了"义"，选择了高尚。当然，不同时代、不同情境中的"生"（幸福）和"义"（高尚），都会有个性殊异的内涵，我在这里是从作为终极价值取向的幸福和高尚的一种具永恒性的虚灵而贯通的意涵上说的。

另外，我要特意指出的一点是，儒家总的来说是对人生的幸福价值缺乏积极进取态度的。对于幸福，儒家是来而不拒，但也并不着意追求。这种态度落在个人那里，很有衬托高尚价值的悲剧感，但落在整个民族文化上，便可能产生某种"偏至"。鲁迅曾这样写到孔子，他说："中国的一般的民众，尤其是所谓愚民，虽称孔子为圣人，却不觉得他是圣人；对于他，是恭谨的，却不亲密。"鲁迅的这种说法中当然有一层阶级分辨，但他所说的一个事实却是大体不错的，这就是"一般的民众"对于孔子"是恭谨的，却不亲密"。问题只在于对这个事实如何理解。在我看来，"一般的民众"对于孔子不是"不觉得他是圣人"，而是对孔子这位圣人相当虔敬。"一般的民众"是企慕孔子的高尚境界的，但也有避苦求乐而获致幸福的愿望。人们对有神通（"力"的奇迹式的显现）的神灵有所祈求，是因为神灵的神通可以使人们避祸趋福，于是便会有一种"亲密"感产生。孔子没有神通，甚至"不语力"（"力"是取得"幸福"的重要前提），这自然不会使"一般的民众"对他有所祈求。孔子从道德的向度上点化人生，"一般的民众"当然会由对圣人德行的"仰之弥高"而有对孔子的真诚的"恭谨"的，但孔子并不为人们承诺关联到感官欲望的"好处"，这使芸芸众生无从对他们"恭谨"的圣人表示更多的形之于感性的"亲密"。孔孟之道是"成德之教"，这种教化所成全的主要是德行的高尚，而不是幸福的致取。

不过，无论如何，至少在孔孟那里，儒家是不鄙弃人的幸福追求的，它只是不在幸福上更多地着意。孔孟由"义利之辨"而来的"舍生取义"的命意在后儒那里演衍出"存天理灭人欲"的信条，是儒家教化的一种片面化——尽管这种片面化有其可理解的力挽败坏的世风的人文背景。我在这里要指出的是，由"存天理灭人欲"导致的高尚价值或道德价值的寡头化，只是儒家教化的"偏至"，还不能说就是儒家教化的败坏，败坏儒家教化的是统治者或权势者利用道德价值的"寡头化"而将之"他律化"。儒家教化原是基于一种自律原则，所谓"自律"，重在良知的自觉，而"他律"则是来自权势者的意识形态强制。道德的"寡头化"、"他律化"使儒家为人的心灵所提撕的人格境界的神圣感落于"乡愿"（在伪饰中失其本真）；儒家教化的被败坏，影响到整个中国文化的健全发展。20世纪初叶的"五四"运动，就其文化底蕴而言，原不过是对被"他律化"、"乡愿化"了的儒家教化的批判。现在不少人说"五四"是"反传统"，是"断了民族文化之根"，其实这样说并不确切。不论"五四"主流知识分子曾有过怎样激切的口号，他们以其真切的生命为民族文化所做的依然是对传统的某些正面价值的泽润。他们对"自由"、"个性"的意趣的抉择恰是对败坏儒家教化的道德"他律化"的鄙弃，也恰是对孔孟之道本有的道德自律原则的厘清，而他们的"人生的目的是求幸福"的命题又正可以看作对"成德之教"的儒家教化的某种偏失的救治。当然，"五四"有"五四"的偏颇，正因为这一点，我们又应当对一个同"五四"保持某种张力而被人们称作"当代新儒学"的文化意识流派给予足够的敬意。

我的话显然荡得太远了些，其实收回来时，你也许已经发现，我就教育的生命层次所要说的话都已经说完了。如果把我上面的似乎漫无边际的议论收摄在一起，也许用得着我的一位年青的学友对我的思路所作的归结。他说，知识的授受可归入"教授"的范畴，意致落在"授"字上；智慧的开启可归入"教导"的范畴，意致落在"导"字上；生命方向的点拨可归入"教化"的范畴，意致落在"化"字上。我所要借历史教训再作申达的是，生命的"教化"切忌某一价值取向的"寡头化"，而且，无论哪一种价值取向——幸福或是高尚——都千万不可"他律化"。教育是对发自人的生命之根的人性的成全，而不是依照某种外在原则对活的心灵的羁縻或强制。

——摘自《教育的价值向度与终极使命》

（原载《教育评论》1993 年第 5 期）

回归生命化的教育

张文质（以下简称张）：克剑先生，1993 年 5 月，我曾以"教育的价值向度与终极使命"为题对你做过一次采访，那是受了《教育评论》的委托。时间过去将近八年了，上次访谈的余音仿佛还没有散去。在又一个百年——也是又一个千年——开始的时候，我想借《明日教育论坛》的出版，带着八年前的话题再次打扰你，但愿你有一个同上一次一样的好兴致。

黄克剑（以下简称黄）：谈教育，就是谈未来，对未来不能漠然无动于心的人总会寄希望于教育的。我可能是那种舍弃希望就难免精神失重的人，你完全不必担心我对教育话题的那份亲切感。有人说，更多地眷顾教育，正表明对未来命运的不那么自信。这话也许有几分道理，不过，我还是情愿换一种说法。在我看来，既然人只是在观念中描摹出未来的图景后才依照这被企盼的未来去规划现在，那么，对牵连着未来的教育的看重，应当说也是人对当下人文境况的焦虑或忧患的自觉。

张：的确，教育从来就不是一个轻松的话题。何况，我们所处的时代早在 19 世纪、20 世纪之交就被更多的敏感于世运的思想家们视为文化危机的时代了。文化危机是人类的作茧自缚，走出这危机却又只能靠人类自己。一个多世纪以来，哲学家、教育家们，就教育所说的许多话都是带着这个背景的。记得上次访谈中你曾说："教育所要做的事可以放在三个相贯通的层次上去理解，即授受知识，开启智慧，点化或润泽生命。"我想，你把"点化或润泽生命"看作教育当有的深层命意，除开对前贤有所借鉴外，可能也多少受了时代问题的刺激。你是否可以把你所说的生命的意味表述得更详尽些，并就此对上一次的访谈作一种义理上的延伸呢？

黄：其实，把教育归结为对生命的点化或润泽，这同我 20 世纪 80 年代后期以来由人生体悟切入人文思考是密切相关的。1992年2月，我在《两难中的抉择》一书的后记中写了这样一段话："治学的底蕴原在于境界。有人凭借聪明，有人诉诸智慧，我相信我投之于文字的是生命。"生命被作为一种治学的境界点出来，是关联着切己的人生体验的，它借一个饱经屈辱和波折的学人的心灵剖白，诉说着人文学术赖以存一线脉息的那点真谛。1993年3月，我为柏拉图的《政治家》一书的中译本作序，其中说："知识若没有智慧烛照其中，即使再多，也只是外在的牵累；智慧若没有生命隐帅其间，那或可动人的智慧之光却也不过是飘忽不定的鬼火萤照……读柏拉图或者正像读孔孟一样，需要有'得意忘象'的功夫；文字最表层的'知识'对于为知识输入活力的'智慧'原只是一种'象'，同样，涌动在智慧中的'生命'才是智慧的真正的'意'。文字中寓着哲人的灵魂，它须得当下的运思者的灵魂去呼唤。对于那些认定古哲的灵魂早就死去的人来说，那灵魂果然是死了；对于那些确信那灵魂就在意境的'灯火阑珊处'的人来说，它竟或就会在你'蓦然回首'的刹那如期而至。"这可以说是我对所谓以生命治学的一种释意，也是我第一次由"得意忘象"喻说生命在"知识"、"智慧"中涵泳的那种分际。这之后，差不多过了两个月，便有了你我的那次访谈。我是因为有了治学的那点体悟而找到一己的教育视野的，把"知识"的授受、"智慧"的开启归结于生命的点化或润泽，这对于我是极自然的事。"知识"处在教育的边缘，它的内在根据可寻索到"智慧"；"智慧"的运用必有一定的价值取向，而价值取向何以如此或如彼确定却可能追溯到生命的本真——人的生命成其为人的生命的初始理由。

张：对人成其为人的"初始理由"的申述，也许是纯正的哲学语言才能胜任的，但我还是希望你能说得更浅白些，好让我和那些跟我一样不曾受过专门的哲学思维训练的人都听得懂。

黄：好吧。我想，我可以从《圣经》中的一个故事说起，你和我都不是基督徒，完全不必执着于这故事所述说的那些神迹。我们只把它当作寓言，看看它在人生的源头处究竟说了些什么。那故事说，上帝在造了天地万物后也仿照神的形象造了人。起先只造了一个男人，后来又从这男人身上抽出一根肋骨造了女人，这便是人类的始祖亚当和夏娃。上帝把亚当和夏娃安置在一个叫伊甸的长满果树的园子里，让这对无知无识的人过着无忧无虑的生活。如果这样的生活持续下去，也许心如止水的他们会长生不死、与天同寿的。

但有一天，变故终于发生了。一条蛇爬到夏娃跟前说："这园子中有一棵树上的果子分外好吃，你们不想尝尝吗？"夏娃知道蛇说的是哪棵树，但她显然记得上帝从一开始就对她和亚当的嘱告，就回答说："上帝说过了，园子中的各种果子都可以吃，就是那棵树上的果子不能吃，吃了我们会死的。"蛇说："那是上帝在骗你们。你们吃了那果子眼睛就会亮起来，就能和上帝一样分辨善恶，哪里会死呢？"夏娃终于经不住蛇的怂恿，吃了那棵树上的果子，并摘了一个果子给亚当吃。亚当和夏娃吃了果子后，眼睛果然亮了起来，开始有了善恶意识。上帝发现后就把他们赶出了伊甸园，并用发火焰的剑守住了通往长生之树的路。从此，人类始祖不得不耕田、织布，辛苦劳作，而且，生命也有了大限，死成了人的注定了的结局。犹太教和基督教都是用这个故事告诉人的"原罪"的起因的，但如果不拘泥于这一点，从那故事中我们也可以得到另一种启迪。我们完全可以这样说，人真正成其为人是从亚当、夏娃吃下那棵树的果子的那一刻开始的，先前的伊甸园中的亚当和夏娃虽有了人的形体，却还没有人的心灵，这正像他们看似神的副本——神照着他的形象造了人——却并非神一样。从吃下禁果的那天起，有两件互为因果的事与此后人类的生命相始终：一是这生命的代代延续一直伴随着"善恶"的"分辨"，二是每个个体生命都毫无例外地结束于"死"。"善"与"恶"——其意味在于内涵丰富得多的"好"与"坏"——属于价值范畴，"分辨善恶"即是价值选择，这选择是由人自己作出的。就人自己选择自己的价值取向因而自己对自己负责、自己是自己的理由而言，人在本始的意义上可以说是自由的。与这自由相比，伊甸园中的亚当、夏娃以上帝的指令为自己的存在理由，那是"他由"。人的生命，必至于"死"，依神学的解释，这"死"是人类始祖偷吃禁果所要付出的代价，用《圣经》上的话说，即"罪的代价是死"。但以人文的眼光看，"死"的阴影倒是增加了"生"的厚度，"死"使生命变得异常可贵，而这可贵又使有"死"的人的价值选择变得分外迫切而紧要。生命的大限也是对有生的人的价值选择的督促，"死"由此提高了"生"的质地，也深化了生命自由的富有悲剧感的内涵。

张：《圣经》的故事被你转换为一种哲理，以这种方式从本体意义上说人的生命，既有趣，又有深度。如果我领会得不错的话，你是由人自己"分辨善恶"、自己选择自己的价值——因而自己对自己负责、自己是自己的理由——引出人的自由，并由自由来阐释人的生命的，被这样认定的人的生命的自由，似乎没有多少规定性。规定性太少就不好把握，不过你这样谈人的生命、人的自由，一定有你的道理，我愿意继续听下去。

黄：任何规定都是一种限定，由人的生命本始所说的自由要空灵得多。但无论如何，自由本身的价值内涵已经确定了下来，这便是人在任何时候都应当自己主宰自己，自己做自己的主人，而不应让自己沦为自己的产物——物质的产物和精神的产物——或外在的权威的奴隶。人的文化创造是人的"知识"、"智慧"的对象化或客观化，人对自己的文化创造的驾驭也正是对自己的"知识"和"智慧"的驾驭。一旦人的文明成果，人的"知识"、"智慧"成了疏远人甚至压迫、奴役人的东西，人便应该返本复始，应该去回味自己生命的那种自由的性状。这样，人才可能在由"分辨善恶"而引出的复杂得多的人生进程中不至于自失于迷途，不至于忘却了人生的本真。"善恶"的"分辨"在人这里，绝不是一次性的，每一代人中的每一个人的生命情调都系于这种价值选择、价值决断。就这一点而言，可以说，每个人都是自由的。个人的自由与人成其为人的自由的一致在于：自由对于个人一如自由对于人类，并不是随心所欲或为所欲为，个人只是在他的价值抉择体现了人的本然而应然的生命祈向时，其生命状态才可称得上是自由的。所谓"人的本然而应然的生命祈向"是难以诉诸语言的确切表述的，但这生命祈向的未可置疑正像人的生命自由本身的未可置疑一样。《周易·系辞》说过："形而上者谓之道，形而下者谓之器。"古今中外的一切哲学，其作为致"道"的"形而上学"，实际上都或直接或间接地对人的本然而应然的生命祈向有所探求。对生命祈向的本然而之于应然，我当然也应该说说自己的看法的，不过，还是推后些再说吧。这里，我想首先提请注意的是，正是个人的自由与人成其为人的自由的一致，才使教育对于人来说成为可能。试想，如果个人的价值判断、价值选择纯粹是偶然的，并无可借以鉴别和评判的标准可言，我们将凭什么对一个又一个受教育者在生命深度上作价值引导呢？伊甸园中那棵富有象征意趣的"分辨善恶"树，所结出的果子绝不会有两个是全然相同的，但它们终归还是被交盖着的枝干连在同一条根上。伊甸园的故事无意为教育说点什么，但它留给我们的一个启示是，"分辨善恶"必有某种可从人们变化着的认同中探寻其真蕴的价值标准，这标准是教育最终成为可能的依据。此外，那意味着个体生命之大限的"死"，甚至也要求和成全着教育，它使教育对于人类生命在人文意义上的相续变得迫切而必不可少。

张：看来，用不着担心你的散逸的谈论会跑题。想不到从伊甸园的故事也会讲出教育的道理。我发觉，你以一种轻松的方式所谈的其实是教育的一些"元问题"，或者说是教育的一些本体性的问题。

黄：我要说的是，教育的使命不是出于外在的规定，它生发于人的生命之根。无论教育在成为具有独立价值的文化领域后变得怎样的千头万绪，从事教育的人都不应忘了它最初的生命情结。人们也许对教育的时潮所趋更留意些，我却愿提醒那些有缘赶在潮头的人们一刻也不要忘了向着教育的生命本源的回溯。向着源头活水的回溯是对教育本当葆有的生命意识的再度体认，回溯中的趋进也许更能显现生命的神圣和庄严所派生给教育的那份神圣和庄严。在教育日益被技术化潮流卷裹的时下，如果一定要我把自己的教育观作一种一言以蔽之的概说，我倒情愿把我所主张的教育称为生命化教育。教育的生命化首先在于使教育向着人的生命本真的回归，因此这被倡说的教育也可称作"回归生命化的教育"。

张："回归"的说法给人的印象是向着一度曾有过的比较理想的教育形态的返回，我不知道你所说的"回归生命化的教育"有没有这一层意思？

黄：我所说的"回归"是本体意义上的，不是时间意义上的。生命意味上的"回归"，也可借用当代新儒家学者的术语"返本立大"——返回人性之根本，确立人生之大端——去理解。不过新儒家的"返本立大"主要归落于道德这一生命的内向度上，而我所谓的"回归生命"则是从生命的内外两个向度说起的。"返本立大"的哲学根蒂是"道德形而上学"，"回归生命"的理境拓展所凭借的是"价值形而上学"。"道德形而上学"是道德价值一元论，是以"极高明"——因而形而上——的道德境界为诸多文化价值的一本源泉的一种心性之学。当代新儒家第二代学者唐君毅有一段话说得极有代表性和典型性，他说："一切文化活动，皆不自觉的，或超自觉的，表现一道德价值。道德自我是一，是本，是涵摄一切文化的理想的。文化活动是多，是末，是成就文明之现实的。"依这样的见解，诸如科学、民主等"文化活动"只不过是道德的派生物，而道德作为"一"，作为"本"，其价值被确认为科学、民主等"文化活动"所可能实现的价值的最后依据。这是把人生两个向度上的价值——道德价值是人的生命内向度上的价值，科学、民主等是人的生命外向度上的价值——混为一谈了，同这混为一谈相应，新儒家倡扬所谓"返本开新"之说。在新儒家学者看来，道德是"体"，科学、民主等是"用"，按"体用不二"的逻辑，从道德中可以引申、开发出现代形态的科学、民主。另一位新儒家代表人物牟宗三，为了解决"返本开新"的难题，曾提出"曲转"（由道德之"本"曲折地转出科学、民主之"新"）、"曲通"（由"本"曲折地通向"新"）、"自我坎陷"（从道德中开出科学、民主是道德的"自我坎陷"）等概念，但他的竭尽心智的逻辑努力，并不能对新儒家陷入的难堪的解除有所助益。"道德形而上学"在"返本开新"处的失误是根本性的，新儒家学者无从自解的一个学理上的死结在于，他们把不同向度上的人文价值执着在一个单一的向度上了。

张：你对当代新儒家的"道德形而上学"的批评涉及许多专业知识，我能听出些韵味来，但词语的隔膜仍使我觉得有点朦胧。好在这不是中心话题，你引出新儒家来作品评，大概是为了借着一种比较而诉说你的"价值形而上学"的初衷。我更感兴趣的是，你如何从"价值形而上学"述说"回归生命化的教育"，下面的话你可以讲得更从容些，也更尽致些。

黄：与"道德形而上学"把全部问题收摄到道德价值上去说不同，我的"价值形而上学"的枢纽性概念是自由。对自由，我不愿依逻辑表达的惯例先为它下一个界说，我只愿会心者通过我婉转的描述去默识我赋予它的意味。我在前面已经说过，就人自己"分辨善恶"、自己选择自己的价值取向因而自己对自己负责、自己是自己的理由而言，人在本始的意义上可以说是自由的。人的自由见之于人与自然、人与人的关系，是他对"富强"、"正义"、"和谐"以至"趣真"、"审美"等价值的求取，以这些价值为精神重心，人分别创辟了人化的自然、政治、经济、伦理、科学、文艺诸文化领域；人的自由见之于人的反观自照，是他对"道德"（心灵的纯真、善良、高尚、圣洁）价值的求取，由于这一价值之光的烛照，人有了他的内在的精神世界。现代人都懂得人活着是为了求"幸福"，其实人们还应当懂得人怎样才配享"幸福"。当我们说只有纯洁、善良、正派、高尚的人才配享"幸福"时，实际上已经涉及"幸福"价值之外的人生另一重价值，这配享"幸福"的价值是"道德"价值。"幸福"的价值在相当大程度上是和"富强"、"正义"、"和谐"乃至"趣真"、"审美"诸价值相应的，一个人处在贫弱状况下固然有欠"幸福"，而感受不到"正义"或失去了物我、人我关系的和谐和没有了"趣真"、"审美"祈求的人，也必定不能算是"幸福"的人。"幸福"价值的赢得，除开追求"幸福"者的必要努力外，尚需要外部条件或机遇的成全；就它受制于外部条件因而对境遇有所依赖而言，它是"有待"的。"道德"价值是另一种情形，它意味着人的灵魂的自我安顿、品操的自我督责、人格气象的自我提升。它可以不因外部条件的改变而改变，或者说，人完全可以并应当做到在境遇起落不定、前景未可预知的情形下大节不亏、品操如一；就它可以不受制于外部条件因而对外部条件无所依赖而言，它是"无待"的。追求"幸福"是人当有的权利，涵养"道德"则使人升进于趣之弥高的精神境界。"幸福"与"道德"未可相互替代，"有待"与"无待"非可以因果相推，这是权利和境界在人生祈向上的错落。人的生命怎样，人的教育也怎样，教育的本分原在于点化和润泽人的生命。"幸福"的获致不能没有求达"幸福"的能力，培养这能力固然是教育的不可推诿的职志；"道德"的陶冶有待唤起心灵的自觉，因此，"道德"修养的引导也构成唯人生是归的教育的另一向度。无论是"幸福"，还是"道德"，其最终价值都只在于人的生命的健全。所谓生命化教育，当然意味着创获"幸福"的能力——从种种外在制约中争得人的生命权利的能力——的训育，和"道德"心性升华、提撕所必要的自律——一种必要的、内在制约——意识的养成，却也意味着与生命的内外向度相应的教育的两个向度间的分际的确定和领悟。

……

张：在教育为浅近功利的科学所衰渎的今天，个性的失落已经是一个十分严重的问题。你把个性之"觉"作为生命化教育所推重的生命之"觉"的一个层面，并把它同人文本体之"觉"和灵思创发之"觉"相提并论，这既新颖，又有深意。但我觉得，甚至有必要把个性问题单独提出来作更充分的讨论，不知道你认为如何？

黄：我很理解你对个性在教育中的消解的担忧。几十年来，被政治化、功利化了的教育一向是轻蔑和压抑个性的，个性在相当长的时间里甚至成了一个用以鉴定人的缺陷和问题的贬义词。在号召人们做"驯服工具"的政治导向中，个性不再有保留的理由，对不容置疑的权威和由权威颁布的"真理"的绝对"拥护"和"服从"被要求为个人最必要的政治素养。在我们有可能对过往的历史作相当有限的反省的今天，更多的人也许已经清醒地看到扼杀个性的一个理所当然的后果是创造力的衰微——这在文学艺术创作和人文学术研究方面显得分外突出，但重要的还在于，个性的被辱没也带来国人的人格素质的萎落。近几年，人们开始倡说"素质教育"，然而朴真以至高尚的生命"素质"的培养从来就是以个性的认可为前提的。

我所谓的生命化教育，倘转换一个角度，也可以说是个性化教育。在这种教育观看来，施教者和受教者或先觉者和后觉者都是一个个活生生的个人，教育不是用划一的笔墨、划一的教材和方法把受教育者加工成划一的标准件，而是尊重受教育者各自独特的天赋、气质、秉性、趣味，以对于他们各自来说最恰当的方式把他们成全为合于他们天性而又富有人文教养和创造精神的人。当然，标准件是一个比喻，这比喻的一个可引申的批判性内涵在于，人在标准件式的加工中实际上是被当作物来处置了。物无所谓个性，无所谓自身的权利和目的，它只对于加工者来说有价值，这价值是加工者赋予的。相对于标准件，我也可以对个性化教育所祈求的产儿打一个比喻，这产儿可以想象为不以工具价值相衡量的艺术品。真正的艺术品都是独一无二的，又都在审美的意趣上有着可普遍传达的典型性。每个人都是某种不可重复、不可替代的艺术品，而这不可重复、不可替代的个性中却又凝聚了可为人们鉴赏、称叹因此流贯于人际的类（人类）的精神。这里，对个性的尊重本身即意味着对每个人的价值主体地位的尊重，而对每个人的价值主体地位的尊重，一方面固然在于把每个人都视为一个权利主体，另一方面也在于把这作为权利主体看的个人同时视为一个在心灵境界上求达升进的自律者。所谓人文素质，所谓人格，只有从这里谈起才不至于流为一种教条式的空论。此外，个性的伸张本身也意味着对可能大的创造精神的标举，事实上任何一种真正的创造都毫无例外地出自某一从类的历史那里获得精神生机的个人。创造是类对赋有个性的个人的嘱托，这两者间微妙关联的机奥在于：个体创造的锋刃必当契接于类的刃体，创造所必要的力只有从类那里才可能获得它的那种厚重感，但由类而来的厚重感的真实意义总在于个体生命创造的锋刃所向——有了这锋刃所向，类的精神储备才有了它的活生生的向之凝聚的精神重心。

张：不过，我觉得，即使撇开个性与人文素养的陶冶和创造机制的生成的关系不谈，个性本身也是有其生命本体意义上的价值的。我很看重你的这个观点：物无所谓个性，唯有人才有个性可言。如果这个观点大体不错，那么，一个直截了当的推理就是，对人的个性的成全即对人本身的成全。"成全"这个词语是我从你这里借来用的，每当我听到你用它来述说教育的一种风致，比如你之前说"教育的天职"在于"成全那些受教育的个体生命以最有效的方式汲取既有的类文化的成果"，"把他们（受教育者）成全为合于他们天性而又富有人文教养和创造精神的人"等，我总有一种亲切感。其实单是从这个用语，也多少可以体会到你所主张的生命化教育的生命意味了。总之，"成全"在你这里用得很讲究，你能不能就此再作点解释呢？

黄：的确，我对术语的选用是比较经心的。一如"自由"、"觉"，"成全"这个词是我申论生命化教育的关键词。我把教育表述为一种成全，首先有一层顺其自然的意思，就是说，教育不能违拗受教育者的天性自然。如果按事先构想的模式让一个受教育者削足适履，那就不是成全人，而是对人作标准件式的加工。强硬的政治化教育或急功近利的技术化教育属于以纯然的他律强加于人的教育，它以对人的外在的强制性的加工把人降格为一种政治或狭隘功利的工具。生命化教育却不同，这种教育始终把受教育者视为价值主体，始终珍视他发自天性自然的那种主动权，因此生命化教育在其起点处也可以叫作"遵从自然的教育"。但顺其天性自然并不是消极放任，成全的进一层意思还在于从自然中引发出应然来以对受教育者作应然的导向。这种引申于自然的应然不悖于自然，却又是对局守于原初天性的那种自然的一种超出。中国古代的圣贤们很懂得这一点，孔孟从"恻隐之心"这一天性自然的端倪中提撕"仁"、"圣"——尽"恻隐之心"、尽恻隐之性以达到极致——之应然，又以此应然导引人的天性自然，其教化从本真处看应当说是对人的一种生命化的成全。当然，我们后人对孔孟等古代圣哲的教化并不是不可反省、检讨和补正的。譬如，权利要求对人来说也是发乎天性之自然的，对这一要求作自然而应然的疏导在孔孟那里便不曾达到足够的自觉。不过，从自然中提撕一种应然并以此为祈向而升华自然，古人毕竟为我们作出了示范，这示范以最切近的方式为我们解释了何谓之成全。此外，成全还有一层意思，那就是对受教育者的可能的自主性的倚重。成全固然应是施教者对待受教者的一种态度和方法，但从根本上说，它也应更大程度地被理解为受教者的自我成全。生命化教育中的受教育者被比喻为不可重复、替代的艺术品，那只是相对于非生命化教育对人所作的标准件式的加工而言；通常的艺术品是由艺术品的作者命意的，生命的艺术品最终须得把自己作为艺术品成全的人自己命意。在生命化教育的某些环节或局部，施教者的"指导"似乎更主动些，但从整体或全局上说，施教者的"指导"的主动目的仍在于唤起受教育者自主成全自己的主动。

张：把成全最后归结为受教育者自主地自我成全，这与你由个性的伸张而突出教育当有的生命趣向的主张是一致的。对你就个性和自我成全所说的许多话，我是心悦诚服的。但我也注意到你的另一些说法，比如，你在前面分析《圣经》中伊甸园的故事时就说过"'分辨善恶'必有某种可从人们变化着的认同中探寻其真蕴的价值标准，这标准是教育最终成为可能的依据"，而刚才，在讲成全的第二层意思时，你又说了"从自然中引发出应然来以对受教育者作应然的导向"之类的话，这些话显然更多地在强调某种人皆可以奉为共法或举为共识的东西，这与你所谓个性、自我成全的说法该不会有抵触吧？

黄：我明白你的意思，你是担心某种可认同或应认同的价值标准的确立会淡化个性的追求或重新使加工标准件式的教育取代生命化教育的自我成全。我确实像看重个性那样看重可作为人的本然而应然的生命祈向的价值标准，这二者在我这里不是打成一个矛盾的死结，而是构成一种生命的张力。作为人的本然而应然的生命祈向的价值标准也是标准，但它不同于标准件之为标准件的那种标准。前一种标准是虚灵的、非可先定的，它有着生命的根荄因而作为祈向以导引生命向上提升却并不羁勒生命；后一种标准是受制于后天的狭隘功利的，因此它往往带着功利的局限而冒充人生的全部。前一种标准永远在诸多"有个性的个人"的探索、鉴别中，而这被探索、鉴别中的灵动的标准却又系着诸多个人的人生信念；后一种标准通常由某一或某些被夸饰为神圣从而偶像化了的经验的权威者制定或颁布，它以人的工具化把人生引向畸形。

真正有审美价值的艺术品都是有其个性的，这个性独一无二而不可重复和替代；同时，真正有审美价值的艺术品又都是合于一个无从界说而只能默识冥证的审美标准的。一百幅有着独创性和典型性的山水画绝不会有任何线条或色彩的重复，隐然有一个审美标准蕴含其中，然而，这标准不可能从既有的画中归纳出来，而第一百零一、一百零二幅堪叹之以美的山水画的出现也绝不是因为它遵循了某一可表之于语言的先定的技法和创意规则。我所说的那些自我成全的人的个性与我所说的作为人的本然而应然的生命祈向的价值标准的关系，正如一幅幅出于画师独创的山水画与默然流贯在这些画并将默然流贯于更多的有着新创意的山水画中的那个审美标准的关系。艺术品的独创性或个性与虚灵的审美标准的张力把艺术创造引向无限的远处，同样，自我成全的人的个性与作为人的本然而应然的生命祈向的人生价值标准的张力，把人在生命化教育中的自我创造引向无尽的未来。

张：你的这个比喻十分精彩，至少，到现在为止，我想，我只能作一名生命化教育的信从者了。但愿我还会带着一些新发现的问题再度请教你，不过最好不是在又一个八年——这么长的时间——之后。

黄：谢谢你的信赖。希望《明日教育论坛》能带给我更多的"明日教育"的消息。

——摘自《回归生命化的教育》
（原载《明日教育论坛》总第 2 辑，2001）

市场化·人文视野·信仰

那是 1993 年夏天，算起来都快十四年了。当时文质受福建教育评论杂志社的委托，对我作了一次关于教育问题的采访。那次访谈一开始，文质就把市场经济这样一个背景性话题提了出来。市场经济冲击着各个文化领域，教育当然也不能避免，在这种情境下，教育应该作出什么样的抉择？我们对这种抉择可以有什么样的展望和评估？我回答他说，教育应当有自己的使命，教育要做的事，应该放在三个相贯通的层次上去看，这三个相贯通的层次就是授受知识、开启智慧、点化或润泽生命。生命化教育的"生命"概念就是从这儿出来的。我当时确实也没有想得很多。现在，生命化教育经历了这么多年，有了这样一个规模，有这么多人热心地以这样一个题目做教育方面的试验，我很受感动。当时我提出教育的使命应当落在这三个层次上，因此整个访谈也就由此展开。现在看来，当时并没有对"市场经济影响下教育应该如何作出回应"这个问题作出直接回答。时间过了将近十四年之后，我想借这样一个场合对文质那时提出的这个问题作点补充性的回答。为什么当时没有作出直接性的回答呢？因为尽管有了一段时间的酝酿，市场经济到 1993 年已经成为一种潮流，中国社会文化的各个领域都被卷裹进去了，尽管有这样一种势头，但当时市场经济在中国毕竟还只是刚刚开始，很难预料它可能会给我们带来什么样的后果，我感到这件事是大事，我也很难在市场经济刚刚形成一个潮流的时候作出某种恰当的评估——我的确有一种担心，我当时讲教育的使命正是出于这种担心。由于是正面讨论教育的使命，后来访谈发表时标题就变成了"教育的价值向度与终极使命"。那时我就想，教育应该先守住自身的重心，至于市场经济可能会产生一种什么样的影响，我们还是谨慎一点儿好。当时就是这么想的。今天，时间已经过去十几年了，结果已经看得比较清楚，我想直接就此说一说自己的看法。

如果浅白地说，市场经济可以说是一种较彻底的交易，交易用通常的话说就是做买卖。如果就市场经济这样一个特征来说，那就给我们提出了一个问题：一旦市场经济作为一种潮流，冲击到各个社会文化领域的时候，会不会把它所遵循的那种原则，即交换的原则，普泛地推行到社会文化的其他领域去？今天看来，它的确已经把它的原则强加到社会文化的其他领域中去了。当我们说人生价值的时候，"价值"这个概念，其实是从市场交易的"价值"概念转用来的。它实际上是一种隐喻，这种隐喻潜在地包含着一种危险。不过，我们通常在谈人生价值的时候，总是超出市场经济领域商品交换那个意义上讲的所谓"交换价值"的。尽管如此，"价值"这个概念既然是从市场交易中借来的，我们讲价值问题就有可能受市场经济的影响，我们在社会文化的各个领域所探讨的价值就都有可能受到交换意识、买卖意识的影响。事实上，人生有很多应该实现的价值，并不像经济领域中所涉及的直接跟财富相关的价值那样。比方说政治领域。从一般意义上说，政治领域应该体现的价值是"公正"或者"正义"。政治其实不需要做更多的事，它应该做好一件事，这件事是它的本分，那就是为整个社会提供相对公正或者说富于正义感的一种秩序，这种秩序或制度能够使老实人少吃亏，使那些狡诈的人没有更多的机会。如果政治应该体现的价值是"正义"，"正义"价值就不能像商品价值那样在交易中去实现。"正义"当然是有价值的，但是它不能通过一种交换形式体现出来。再比方说其他文化领域。如果要简单地说，一言以蔽之地说，文学艺术领域应该实现的主要价值是"美"，伦理领域应该实现的价值是"和谐"，道德领域应该实现的价值是人格的"高尚"或者"善"，这种"美"、"和谐"、"善"的价值是不可通约、不可交换的。再比方说学问或学术领域，它所追求的是"真"的价值，这种"真"的价值同样不像商品所具有的价值那样可以用于交换。如果说得浅白一点，有许多东西是不能拿去买卖的，如灵魂、人格、友情等。市场经济一旦把它的原则作为一种普遍原则强加给社会文化的其他领域，它就僭越了，它就做了依它的职分所不该做的事情。如果再进一步说，人毕竟跟动物不同，人是从一个尽可能的高处俯瞰现实的，他不仅有现实的关怀，还有一种终极的关怀。这种终极的关怀，我们也可以称之为信仰。信仰所体现的实际上是人生的一种"神圣"的价值。人活着还是需要一种神圣感的，这种神圣感跟"真"、"善"、"美"

这些价值一样，跟"和谐"、"正义"这些价值一样，都不是经济领域那种交换价值所遵循的原则所能体现的。市场经济有它的规则，但这种规则只在经济领域里是有效的。一旦超出这种限度，它就僭越了。市场经济的原则僭越了它的职分，普泛地推行到社会文化的其他领域，我们称之为市场化。一旦市场化，其他社会文化领域的价值的实现就会受到相当大的影响，就会变态、扭曲以至于生机萎缩。在市场经济成为一种潮流之前，我们曾经有过计划经济时期，计划经济后面起主导作用的是政治意图。政治的原则按说是要体现正义或公正，但政治一旦把它的原则强加给社会文化的其他领域，公正或者正义这个价值也就变质了，而其他社会文化领域的价值的实现也会受到压抑，会因此而萎缩其生命力。比方说文学艺术。文学艺术领域所应实现的价值主要在于"美"，如果按照过去通行的要求，文学艺术批评的第一标准是政治标准，那美便可能呈一种畸形而遭受屈辱，其结果是不言而喻的。在中国差不多三十年左右的时间里，作家的精神状况和文学作品的状况我们都看得很清楚。实际上文学艺术领域在萎缩，成了政治领域的附庸，文学艺术本身应该体现的价值没有体现出来。同样地，在市场经济条件下，一旦把市场经济原则强加给社会文化的其他领域，其他文化领域所当体现的价值也会因此被扭曲，其生命力也会萎缩。

近十四年过来了，市场化的问题显然愈来愈趋于严重。它明显地影响了教育，而且正把它的原则——市场交换原则——愈来愈粗暴地强加给教育。实际上，教育应该做的事情相当程度地被亵渎，教育应该承担的使命相当程度地被歪曲，已是一个不争的事实，这一点经过十多年以后各位都看得很清楚。当时文质来采访我，问题是从市场化角度提出的，但我并没有直接回答，我只是回到教育本身来说话，今天就算是我对这个问题作了补充性的回答。归结起来，我上面说的不外乎这个意思：市场经济有它自己的规律和原则，包括教育在内的社会文化的其他领域也都有各自应该遵循的原则，市场的原则不是一个通行的原则，教育应该从教育本身去发现它应该奉行的原则。今天，我们可以这么说，如果教育要体现什么原则的话，那么它所应该体现的原则就是：如何让每个活生生的人把天赋的能力尽可能充分地由潜在而凸显出来；让每个人都尽其人的职分，既不失人成其为人的某种在心灵感通处维系着的水准，同时又都能成全自己的个性。我曾经在一次演讲中打过一个比方：我们每个人就像一件艺术品，艺术品的特点就在于它有某种趋向美好的共性，但这种共性不像机器生产的标准件那样只限于整齐划一，这种共性是富有诗意的，很难用语言表达，而同时艺术品又都富有个性，没有个性的艺术品不成其为艺术品。以书法为例，如果单讲个性，我们从一开始学写字，每个人写的字就都不一样，都有个性，但这种所谓个性是没有意义的，事实上只有从书法艺术的角度来看我们每个人写的字的时候，在这种前提下谈个性，这个性才具有价值。我们前面说的那种个性也许仅仅对于如刑事侦查这类情形来说才是有价值的，倘把写字当作一种艺术来看，那种个性是没有价值的。艺术品既有其通性又各具个性，正是在这个意义上，我们说每一个人都是一件艺术品。当然，人这件艺术品毕竟跟通常的艺术品不同，一般的艺术品是由艺术家命意的，人这件艺术品的最终命意者却是每个人自己，就是说，每个人所受的教育，最终会集中到一点，集中到一个决断上来，会让每个人为自己的生命选择一个方向，选择一种方式，教育所起的作用只是为这种选择提供某种条件和背景，但它代替不了每个人自己的选择。关于生命化教育的这个话题，我今天就说到这里，它只是我对当年文质采访我时说的那些话从另一个角度所作的补充。

第二点我想讲的是，教育应该为受教育者提供一个什么样的人文历史视野。为什么我要把问题归结到这一点？因为我在大学里任教多年，在指导硕士生、博士生时发现他们往往会有一种根深蒂固的思想印迹，这便是从传统教科书那里得到的似乎不容置疑的人文历史观念。这种人文历史观念，既独断而又似乎有着某种权威性，要想把它改变过来，需要花很大的功夫。这个问题，它在大学里面，在社会上已经显得比较突出，所以我今天要略微展开地说一下。

至少，从中学开始，我们的教科书就在为我们灌输一种观念，这观念便是所谓社会发展"五阶段论"。这个观念，几十年来，至少我想差不多半个世纪吧，在我们这个民族是根深蒂固的。它的确是很成问题的，它影响到我们的种种判断，这不是一个具体的对某个问题的判断问题，涉及我们对社会、历史、文化乃至人生理解的理解结构，而为它所笼罩的这个理解结构至今未引起更多的人的反省或检讨。社会发展"五阶段论"是从俄国传过来的，用一句大家都熟悉的话说，就是"十月革命一声炮响，为我们送来了马克思主义"。这句话说得很形象。但是俄国人送来的这个马克思主义，或者说中国人从俄国人那里所接受的马克思主义，跟马克思本人的学说距离是很大的。

按照社会发展"五阶段论"的解释：任何一个民族，它的社会历史的发展，无论有多少特点和个性，都会有一个共性，都会遵循一个规律，那就是一个阶段不落地经过原始社会、奴隶社会、封建社会、资本主义社会，并将进到共产主义社会。这样的话事实上马克思从来没有说过。马克思的确在1859年写的《〈政治经济学批判〉序言》里说过这样的话："大体说来，亚细亚的、古代的、封建的和现代资产阶级的生产方式，可以看作是社会经济形态演进的几个时代。"当然马克思的奋斗目标，未来的理想社会，可以称之为共产主义社会，这个是没有问题的。现在要分辨的是，"亚细亚的、古代的、封建的和现代资产阶级的"这种说法怎么变成了社会发展的"五阶段论"。其实从马克思的说法到社会发展"五阶段论"有个很大的思维上的误区。马克思所说的"亚细亚的"，主要是指亚洲古代的社会生产方式，他所说的"古代的"主要是指古希腊、罗马的生产方式，而所谓"封建的"，是就欧洲中世纪的生产方式而言，至于所谓"现代资产阶级的"，则比较清楚，没有问题。马克思说这话，即便从字面上也可以理解，古希腊、罗马的社会形态并不是由亚洲的社会形态发展过去的，同样，中世纪也并不是古希腊、罗马社会的直接产物。如果按照一条线说，任何民族都要经历社会发展的五个阶段，那么"亚细亚的"肯定要发展到"古代的"，或者说古希腊、罗马的社会形态，然后再发展到欧洲的封建制社会。但很显然，马克思并没有说亚洲民族必然要经过这么几个社会发展阶段，也没有说过古希腊、罗马的社会形态是从"亚细亚的"发展过去的，他没有这个说法。

马克思的思维方式其实受黑格尔的影响很大。黑格尔的历史观有一个有趣的特征，他认为，世界历史并不是由某一个民族的文明独立展示的，而是由若干个他称之为"世界历史民族"的民族像接力赛那样一个接一个地不期然而合力完成的。按照他的说法，精神的太阳就像物质的太阳一样从东方升起，朝西方转去。世界历史民族是被历史精神或世界精神选中了的民族，起先世界精神在东方选，然后向着西方选，越来越偏西。在黑格尔的《历史哲学》中，第一个世界历史民族是埃及，接着是古希腊、罗马和日耳曼。黑格尔对世界历史民族的规定是这样的：这个被选中的世界历史民族的文明有自己的兴起、高潮，然后到一定的时候会衰老，会死亡，有一个上升然后衰落的过程，它的鼎盛时期代表着世界历史的一个阶段。埃及的文明恰好符合这样一个特征，希腊的文明也符合这个特征。不过问题在于，既然精神太阳像物质太阳一样从东方升起，从东方往西方转去，那么中国和印度是最东方的，谈世界历史就不能不提到中国，不能不提到印度。黑格尔在《历史哲学》里讲到中国时说，中国这个民族很独特，两千多年前就达到了它现在这个水准。对这句话你可以从中华文明的源远流长去理解，由此当然会引出一种自豪感，但黑格尔说这句话，显然带有讽刺的口吻。那意思是说，两千多年过去了，中国还跟两千多年前一样，这样一个民族不符合世界历史民族的特征。黑格尔谈世界史、谈历史哲学的时候，是从中国谈起的，但他并没有把中国当作第一个世界历史民族，在他那里，第一个世界历史民族是埃及。埃及民族作为第一个世界历史民族，一个最重要的象征就是它的狮身人面像。这个狮身人面像按照黑格尔的解释，象征着精神从自然里面诞生：狮子的身子象征着自然，而人的脑袋象征着精神，精神还没有完全从自然里挣脱出来，但已经开始伸出头来，矫首四顾。他讲的埃及就处在世界精神刚刚诞生的阶段。紧接着埃及衰落了，希腊文明开始成为世界上最引人注目的一种文明。在埃及有活力的时候，希腊还没有显现出它的生命力来；希腊兴盛起来的时候，埃及已经衰落了。同样地，当希腊衰落时，罗马开始兴起。对希腊文明的特征，黑格尔也是用一个象征来说明的，这就是斯芬克斯之谜。在《俄狄浦斯王》这个悲剧里，有一个蹲站在峭崖边上给路人出谜语的怪物，这个怪物叫斯芬克斯。它狮身人面，却比埃及的狮身人面兽多了两只翅膀。它给过路的人出谜语："什么样的东西早晨四条腿走路，中午两条腿走路，傍晚三条腿走路，腿越多的时候走得越慢？"后来这谜语的谜底被俄狄浦斯猜中了，他说这是"人"。接下来，希腊文明衰落，罗马文明兴起；再接下来罗马文明衰落，日耳曼文明兴起。按照黑格尔的比喻，希腊文明处于人类的青年时期，所以希腊文明是由一个历史青年和一个文学青年来表征的。历史青年就是亚历山大，亚历山大在青年时就建立了横跨欧、亚、非三大洲的亚历山大帝国。文学青年就是《荷马史诗》里面一个引人注目的文学形象阿喀琉斯。这个人是希腊的第一勇士，母亲生出他以后捏着他的脚后跟放在冥河的神水里浸泡，因此长大以后刀枪不入，但是手抓的脚后跟那个地方是他的致命弱点，那里神水没有浸到。后来，在太阳神的帮助下，特洛伊的王子用箭射中了他的这个地方，他因此而死。罗马文明处在人类的中年，这是一种没有诗意的文明。日耳曼文明处在人类精神的老年，按照黑格尔的解释，精神的老年和肉体的老年不同，精神的老年意味着成熟。黑格尔的这个描述表达了西方中心主义，尤其是日耳曼中心主义。说到这里，我们可以把黑格尔的历史哲学作个简单的概括，即在黑格尔看来，所谓世界史，是由一系列世界历史民族代表人类创造的，那最早代表人类的是埃及，接着是希腊，再接着是罗马，最后是日耳曼民族。有些民族像中国、印度，尽管也创造了他们自己的文明，但这样的文明显然还不足以纳入世界精神的视野。至于另一些民族，如非洲的黑人、北美的印第安人，甚至于斯拉夫人，就更是与世界精神无缘了。黑格尔以世界精神选中的世界历史民族描述的世界历史有一个显著的特点，那便是，埃及、希腊、罗马、日耳曼等文明是非连续的，不是埃及文明发展为希腊文明，也不是希腊文明发展为罗马文明、罗马文明发展为日耳曼文明。

马克思的历史观尽管对黑格尔的历史哲学作了批判性改造，但有一点是相通的，那就是马克思虽然对不同的社会形态按照一定顺序作了排列，但这个排列并不是某一个民族注定了的历史发展的若干阶段。黑格尔的历史观有一个中心命题，就是"历史是自由意识的进展"。他认为：东方人只有一个人是自由的，那就是极权制中处于最高位置上的那个人；希腊、罗马人已经知道少数人是自由的，这少数人是处于统治地位的贵族；到了日耳曼时代，到了欧洲的近代，所有人都知道自己是自由的。他用自由意识的进展把若干世界历史民族串成一个系列，但这个系列显然是由不同的民族组成的，并不是某一个民族发展的若干历史阶段。马克思讲的"亚细亚的、古代的、封建的和现代资产阶级的"几种社会形态，同样是依一个价值标准对这些社会发展形态作了排列，不过，同黑格尔一样，这个排列并不表示一个民族历史发展所必经的若干阶段。马克思历史视野中的社会系列也有一个中心话题，那就是"个人自主活动"。按照马克思的本意，"个人自主活动"是社会发展的核心概念。生产力、生产关系的矛盾运动，说到底是环绕"个人自主活动"这一历史性的要求展开的。按照马克思的解释，一种生产关系是否合理就是要看它所提供的条件能够让这种生产关系下的每个个人有多大的"自主活动"的余地，就是说要看它能不能充分地让每个个体展现他的"自主"的能力。根据"个人自主活动"的状况，马克思对几种社会形态排了一个顺序，这个顺序从低到高就是"亚细亚的、古代的、封建的和现代资产阶级的"生产方式；马克思这样论说"个人自主活动"显然和黑格尔对自由意识进展的论说是相通的。我想，即使在今天，马克思的历史观对我们仍是富于启示性的，问题是我们不能像流行的教科书那样，把它曲解为"五阶段论"，也不要把生产力和生产关系的矛盾运动抽象化。讲生产力和生产关系的矛盾应该关联到"个人自主活动",因为生产力说到底要从个人的智力和体力讲起,然后才是讲分工,当然生产工具也是其中一个很重要的环节,但是无论讲哪一个环节,都不能跟"个人自主活动"这个话题分开。所以,马克思认为,"人们的社会历史始终只是他们的个体发展的历史"。对未来的理想社会的展望他也说过类似的话,在《共产党宣言》中他说,未来的共产主义社会将是"一个以各个人自由发展为一切人自由发展的条件的联合体"。在《资本论》中他指出,未来的社会应当"以每个人的全面而自由的发展为基本原则"。在1858—1859年,《共产党宣言》发表十年后,他在一份手稿里还特别把人类社会依"个人自主活动"的状况划分为三个阶段:第一阶段是所谓人对人的依赖关系,第二阶段是人对物的依赖关系,第三阶段是"自由个性"的阶段。人对人的依赖关系实际上包括了"亚细亚的、古代的、封建的"这几种社会形态,它们有个共通的特点,那就是多数人对少数人的依赖,"个人自主活动"在这个阶段所受的限制是最大的。人对物的依赖阶段就是马克思所谓的"现代资产阶级的"社会,资本变成了统治人的无形的力量,每个人在它面前是平等的,任何人不再对别人有人身依附了,但是对物、商品、货币、资本这种物化形态的力量有所依赖。"自由个性"阶段就是马克思所期待的未来理想社会,就是那种以每个人的自由发展为前提条件的一切人的自由发展的社会。

在把马克思的历史观作了这么一个简单的概括和说明之后,我们再回过头来看我们在历史观念上的误区。到现在为止,中学、大学用的《社会发展简史》和历史唯物主义的教材,灌输给学生的社会发展"五阶段论"的知识都是借了马克思主义的名义的,这其实不是马克思本人的观点,而且始终也没有把马克思的人文历史意识的核心概念——"个人自主活动"——提示出来。在很长时间里,我们讲阶级斗争就是在这个理论前提下讲的。马克思的历史观给我们的一个至关重要的启示,是历史里面有我们应该关注的价值焦点,那便是"个人自主活动"。强调"个人自主活动",在一定意义上就是要在对待性关系领域或者说人跟自然关系和人跟人关系的领域强调每个人的独立自主权。在这个意义上,我们当然可以讲"民主"与"人权"这个话题,也可以讲"科学"这个话题。就是说,这种历史观仍然可以为我们提供一种较开阔的人文历史视野。可以说,它对于我们这个时代仍然有效,并没有过时。不过，一定要跟教科书上讲的那一套东西分别开来。按照教科书上的讲法，人完全在历史之外，只是历史的工具而已。"人性"、"人道"的话题被现有的《社会发展简史》和历史唯物主义教科书摈斥在一边了，这是个严重的问题。再有一点，马克思的确说到过社会进步的问题，但他讲进步是以"个人自主活动"这样的价值观念为出发点的。马克思对不同社会形态所作的有序排列是在价值的意味上，而他所说的几种社会形态也是由不同的民族去代表的，这一点跟黑格尔的历史观有一定的联系，不过他这个历史观并没有对人的内在世界作更多的揭示。当然它通常也会讲到，对外部世界的改造会引起主观世界的改造等，但像这样把人生的对待性领域与人生的非对待性领域归结为一种因果关系其实是存在问题的。即便一个社会，比方说，制度已经很民主了，秩序已经很理想了，但在这个相对理想的社会制度下，一个人成为一个高尚的人，还是成为一个平庸的人，这不是制度所能保证的，它是每个人自己的事。一个人的善良，一个人的纯洁，一个人的高尚等等，同生产力发展的状况并没有直接的关联，生产力的增长、提高，并不会带来人的道德观念、人格境界的等比例的进步。

接下来我想引出另外一种人文历史视野为上面讲到的历史观作个补充。这要从雅斯贝斯提出的"轴心时代"的观念讲起。"轴心时代"是一个独特的时代，这个时代之前的所有时代，好像都是在为这个时代的到来作准备，这个时代之后的所有时代，不管以后发展到怎样的远处，都要回味这个时代，这个时代因此构成它前后时代旋转的轴心。"轴心时代"的一个重要特点是，曾拥有这个时代的民族都在这时出现过一些后来再也没有出现过的人物。这种人物是空前的，甚至也可以说是绝后的，例如，印度出了佛陀，中国出了孔子，古希腊出了苏格拉底，犹太人中出了耶稣，这些人都是历史人物。这些人物在一定意义上讲，不管后来历史发展到什么程度，他们各自所达到的精神境界都是后人难以企及的。比如佛教，没有哪个教派的领袖人物或者有代表性的人物敢于说他的佛法已经超过了释迦牟尼，除开那些邪教。在"轴心时代"，人文眷注的焦点同之前比起来发生了重大转移，我把这转移归结为从命运到境界，或者由"命"而"道"。比如古希腊哲学，在苏格拉底之前的那个时代，几乎所有的哲学家写的著作的题目都叫"论自然"，他们都在探讨万物的始基是什么。所有的哲学家确认的万物的始基都不一样，没有哪两个哲学家说的万物的本源是一样的，但是有一点相同，前苏格拉底时代的古希腊不管哪个哲学家出来都要回答这样一个问题："万物的始基是什么?"探讨万物的始基在许多哲学史家那里被认为是寻找宇宙或者世界的统一性,实际上这个看法落在了浅处。它没有把更深层的意味揭示出来。那更深层的意味,借助前苏格拉底时代哲学家阿那克西曼德的话讲,就是:"万物由之产生的东西,万物又消灭而复归于它,这是命运规定了的。"他很敏感地把命运的话题提了出来。后来毕达哥拉斯、赫拉克利特、德谟克利特这些前苏格拉底时代的哲学家们在对万物的始基作不同认定的时候,都提到了"命运"这个话题。在希腊化时期,伊壁鸠鲁对前苏格拉底时代的自然哲学作了一个批判性的概括,他说:"就是听从那些关于神灵的神话,也比做自然哲学家们所主张的命运的奴隶好得多。"为什么呢?他说:"我相信神灵,我还可以期待神灵赐给我幸福,如果相信了讲本源、讲始基的哲学家的话,就等于相信了一个不能为我带来任何慰藉的命运,因为命运意味着那种不可挽回的必然。"相信命运,关注命运,这是前苏格拉底时代古希腊哲学的一个重要特征。有趣的是,这一段哲学的高潮也恰好是古希腊悲剧的高潮。埃斯库罗斯、索福克勒斯、欧里庇得斯这些悲剧大家们的作品使悲剧的创作登上了它的难以企及的高峰,而这个时代的悲剧的一个非常重要的线索就是命运。这可以以索福克勒斯的《俄狄浦斯王》为例。这出悲剧讲的是,俄狄浦斯出生的时候,他的父母就得到了神谕,说这个孩子将来会犯杀父娶母的罪。于是,整个悲剧往下的情节就是如何避开这个不堪承受的命运。但是不管他自己,还是他的父母,或是别的人,怎样设法避开这一点,俄狄浦斯最终还是落入了命运的陷阱。命运注定的东西任何人都不能改变。那个时代的人关注的是人的命运问题,对宇宙本体、宇宙本源的探索实际上是对自己不能主宰的某种神秘力量的寻问。因为这种神秘力量不在自身,自己不能够把握它,就向外去问,于是就有宇宙的始基这个问题提出来。在前苏格拉底时代,不管哲学家们对万物的始基怎么认定,他们的中心话题都毫无例外地落在命运上。到了苏格拉底时代,哲学的主题有了重大的变化。苏格拉底的哲学不再探索万物的始基,问题的整个提法改变了,它变成了这样:不管万物的始基如何,人应该怎么活着?以前的哲学家们探问世界的本源、始基是什么,是向外问,就像向着天上看日食一样;苏格拉底不这样问,他是向内问,让我们每个人回到自己的内心,我们只要反省一下就会发现,我们每个人都是爱美的,每个人又都对善的东西有一种肯定,对崇高、伟大的东西有一种敬畏感。对"美"、"善"、"大"每个人心里都有一种向往、一种肯定、一种敬畏。这种对"美"、"善"、"大"的肯定、向往、期待、敬畏，是不证自明的，就像数学上的公理一样。紧接着苏格拉底说，尽管每个人都有"美"、"善"、"大"的观念，但这些观念都不是那么圆满的，它们受到各个人的受教育状况、气质状况和其人生经历状况的限制。所以作为经验的人，每个人的"美"、"善"、"大"的观念肯定都有某些需要完善的地方，然而对这不完满的觉察本身也正意味着对完满的"美"、"善"、"大"的期待。于是苏格拉底提出了这样一个哲学命题：假定有完满的"美本身"、"善本身"、"大本身"存在。这"假定"也是一种承诺，对完满的"美"、"善"、"大"的期待同时也是对增进自身的"美"、"善"、"大"观念的一种提示。从此，哲学有了自己新的使命，这用苏格拉底的话说，就是最大程度地改善人的心灵。"轴心时代"人文眷注重心的转移，这在东西方是相通的。在孔子、老子出现之前，中国人所看重的是人的命运，孔子、老子出现以后，人生意义何在的问题成为人们关注的中心。像这样，如果我们从"轴心时代"看去，我们所获得的人文历史视野就会是另外一种视野，在这一视野中人格境界问题成为更突出的问题。人格境界在人生的非对待性向度上，这一向度在"轴心时代"达到自觉后，一般不存在所谓进步的问题。就人生有其对待性而言，人总要生活在一定的环境、条件中，因而对这环境、条件有所依赖，像生产力这种人生对待性领域的东西在持续的社会历程中一般都会或快或慢地积累、提高，因此可以以"进步"的概念作评说；人格境界的问题却不同，人与人之间无从给予，代与代之间无从积累，每一个人、每一代人的品德、情操的修养都是从零开始的，通常很难说后一代人较于前一代人在这方面有什么提高或进步。而且对待性领域和非对待性领域的人生价值的实现也有着很大的不同，前一个领域的价值的实现富于力量感，受外部环境、条件的限制。你想发财，你想升官，就要借助于外部的条件，这外部的条件不成全你，你再怎么努力也难以达到目的；后一个领域的价值的实现是另一种情形，你要做一个高尚的人，做一个善良的人，只要你愿意做，你总能做成，这跟外部条件没有多大关系，这对外部条件无所依赖的情形我们可以称其为非对待或无待。可以设想，如果上述两种人文视野能够达到一种融合，或者说把它们错落开让它们构成我们思考问题的两个理论参照，也许会更大程度地避免我们在社会、人生看法上的片面。我们的教育在很多年前就只关注人生的对待性向度，现在即便我们把它按照马克思的本意纠正过来了，它也不足以收摄人生问题的全部。如果我们把"轴心时代"的话语引进来，人生境界的问题显然就有可能得到更好的探讨。我们的教育能不能为受教育者提供一个更好的人文历史视野，对教育的成败有着至关重要的影响。

第三个问题，我想简单说一下——信仰问题是严肃而沉重的。我想借用长期以来被误解的实用主义哲学的一个提法说开来。过去批评实用主义，往往是在把批评对象漫画化之后。只要对我有用，我就认可它是真理——这样理解实用主义实际上是把这一派哲学庸俗化了。其实，实用主义把"有用"同"真理"关联起来，是要把价值问题带到认知面前。过去我们讲真理是把它当作一个纯认识论的话题来讲的，好像有一个在人之外的客观真理。然而真正说来，真理，最终一定是对人有价值的，如果脱开人，脱开对人有价值这一点去谈真理，那真理就可能是独断的或虚妄的。实用主义哲学的一个代表性人物叫詹姆斯，他举了一个例子：一个人在森林里迷路了，对于这个人来说，哪一条路能把他引出来使他获救，哪一条路就是真理。林子里面的路可以走出很多条来，客观真理何在，这个时候我们无从说起。而对于一个迷路的人来说，能够把他带出森林的那条路便是他的真理。于是他就注意观察，终于发现地上有牛蹄印，他就顺着蹄印慢慢走出来了，走到了养牛人的住处，他得救了。这条让那个迷路人得救的路对于他来说就是真理，"真"和"好"在这里是融摄在一起的。詹姆斯这样谈"有用"和"真理"的关系不外是要把人的认知引导到一种价值追求上来，这个价值追求就是"我迷路了，我必须让自己活下来，我怎么让自己活下来？只有想办法走出这个森林"。他把价值的话题关联到认知问题上去，就有了对真理的一个很容易被误解的规定，这便是"有用即真理"。实用主义的创始人是皮尔士，有一个很有名的提法，即"信念—探索"。他讲"信念—探索"是要在"信念"和"探索"之间保持一种尽可能大的张力，从而使"探索"不至于盲目，使"信念"不至于僵滞，因此非常值得注意。

其实，皮尔士谈"信念—探索"是从康德在《纯粹理性批判》中举的一个例子说起的。康德在《纯粹理性批判》中讲到了信念、知识，信念不像知识那样确切，它介于意见和知识之间。康德说的信念是所谓"实用信念"，他举例说：在一个相对偏僻的山村里，有一位就地行医的医生。一天，村里有一个人得了一种病，这病是那位医生从来没有见过的。这个地方只有这一位医生，他不能把看病的事推诿给别人。当然，他可以让病人家属把病人送到城里的医院去，但那要走很远的路，等到送过去，病人可能就不行了。对于这位医生来说，他没有其他选择，他必须来诊治这种他完全没有把握的病。那怎么治病呢？康德说，这个医生可能用这种办法——按照以往的经验，先确立一个信念，即这个人大概是什么病，然后按照这个信念治一下看看，如果不行，就修正这个信念，再按新的信念用他已有的知识给这个人治疗，如果这一回见好，那就继续治下去，直到有最后的结果。应该说，无论这个医生最后把这个病人治好了没有，这条路走得是对的，因为他不可能指望立即将病人送到一个大医院里，也不可能指望有第二个人替代他给这个病人治病。就此，皮尔士把话题接过来，他说其实康德讲得太狭隘，人不仅在看病的时候需要一种信念，在任何时候都要有一种信念。人做事不可能都那么有把握，只要做多少有点创造性的事，就是没有把握的。所以，做事就必须先立起一个信念，因为没有信念就没法开始。然后，在信念所选择的方向上去探索，同时又在探索的过程中修改信念。就在这信念和探索的张力下，人一步一步地为了达到目的而采取行动。实用主义就从这里开始萌芽，前面说到的"有用即真理"的话题其实是跟"信念—探索"这样的方法密切相关的。说到这里，我要顺着思路作一种引申。如果把信念的确立用在整个人生的安排上，而不只是用在做某件具体的事上，那么，这个信念就可能变成一种信仰，而"信念—探索"的方法也就可以推演为"信仰—探索"。在实用主义因拘泥于实用而止步的地方，我们可以朝着虚灵的信仰逼近一步。信仰固然也可以采取有神的宗教那种方式，但我们还是应该用教育的方法使受教育者获得一种信仰，而这种信仰不能在理性之外去探求。宗教当然也可以归结为一种教育，它对人心有陶冶作用，对人的境界的提升有启示作用，但是教育不能归结于宗教。我们能不能采取一种不落入狭隘宗教的窠臼的途径，通过教育使受教育者获得一种信仰？这对中国人来说是一个非常迫切的问题。如果试图解决这个问题的话，可以把"信念—探索"这个话题加以引申。信仰是人生不可缺少的，它是人对人生的神圣感的一种体验，对神圣感的一种追求。也许这一次对神圣感的某种寄托有所失误，但理性可以在探索中矫正它。信仰在探索中不断被修正，而有价值的探索又总需要以一个确立的信仰为前提。这很像文学批评与文学批评标准的确立那种关系，重要的在于把握好二者内在的张力。文学批评不能不确立一个标准，但这标准的最终确立却只能在现实的文学批评中。当一个暂时被认可的标准运用于文学批评时，这标准也在实际的文学批评中被检验、被匡正。文学批评的标准是不断被修正的，但又不是流于相对主义的，它在人的动态的文学批评中不断地被探讨，却又动态地引导着文学批评，这是一个历史过程。

　　这个话题说起来会涉及哲学上一些很深的问题，今天，因为种种原因，我的话只能说到这儿了。我本想说更多的内容，现在看来，反倒是任何一方面都没有说得很清楚。在讲了这么多想法之后，我突然发现，一次发言大约只能讲一个话题，但是现在已经这样了，只好就以上所说，请各位老师和朋友们提出批评并一块儿讨论。

——摘自《市场化·人文视野·信仰——"生命化教育"三题》
[原载《福建论坛》（社科教育版）2007 年第 6、8 期]

教育危机·教育理念·教育者的天职

　　黄克剑（以下简称黄）：可能是对教育寄予了太大的希望的缘故，近年来，我越来越多地注意到当前中国教育存在的危机。我们似乎正当经济的"盛世"，在这个时候来说教育危机会被人认为是危言耸听。但教育毕竟出现了危机，该说的话还是要说——就权当是一种"盛世危言"吧！

　　我说的教育危机不是指经济匮乏、教育经费不足造成的那种危机，而是指经济考虑更多地左右了教育管理后给教育造成的危机。这种危机的症候是，教育本应有的精神性状在悄悄萎缩、悄悄消失。

　　张文质（以下简称张）：当学校的教师和行政人员全面地介入学校的经济生活时，精神生活就会受到损害。比如说福州的某些重点高中，孩子中考如果考得不好，要到某所这种高中上学，学校开出的价码是6万。我感到不是一般的吃惊，还有一种委屈感，因为我的孩子今后可能也要面对这种情况，而我们又想让她能够受到比较好的教育。受到比较好的基础教育现在已经成了比较奢侈的事了，这个时候学校的重心其实已经偏离了。学校对人已经失去了同情心，因为人已经被价格化了。

　　黄：我原来提生命化教育，依我的本意，并不是要针对什么，但客观上好像有了针对性。就我的初衷来说，生命化教育是要教育顺应人的生命自然，提升、诱导人的生命自然，而不要把生命自然中没有的东西强加于人。"自然"在这里是一种境界。说到根本处，就是教育不能失真，不能让人生命中那份自然而本然的真切感丧失，一旦真切感丧失，教育本应有的精神性状就会丢失，那教育也就完全变味了。当前的教育危机就在于教育正在失去人生的这份真切感。

　　过去很长一段时间的教育是政治化的教育，政治为教育提供目标和理由，教育是政治的附庸。从根本上说，教育不应该是政治的侍从，教育和政治应该是相互服务的。政治不足以确立为人生的一种终极性的东西，教育在政治这儿寻找自己的皈依肯定是找错了地方。从根本上说，任何一种政治对教育都不应该颐指气使，凡是把教育变成自己的奴才的政治，一定不是好的政治。现在一切都在市场化，教育又在向市场频送秋波。如果让市场取代以前的政治的地位，或者让市场和政治结成一种微妙的关系，重新驱使教育扮演为当下功利服务的角色，那教育的命运就太悲惨了。

教育好像终于免不了走产业化这条路，但是我想教育最终不应该为"产业"所"化"，如果真有一天它全然产业化了，那就一定会丢了它本应有的精神性状。

张：克剑老师提出的生命化教育，就我理解，也是为现实的中国教育提供了另一个方向。实际上，在中国现在的教育状态中，教育的功利化是越来越明显了。这种功利化侵入学校后，包括教师有时都失去了自己的人性。先不说学校把一切工作都价码化了，现在如何评价教师，教师又如何评价学生，教师都有个抉择的问题。比如说在课堂上如何对待孩子，我们对教师的评价应该是教师是否用很人性化的方式成全孩子，但是情况经常不是这样的，有的教师会越来越厌烦，恨不得把孩子赶出教室。这种情况在学校里并不少见，包括不断听到的学校暴力事件。

黄：尊重生命与自然这一点，应该是生命化教育的应有之义，如果不从这儿说起，包括生命化教育的提法本身也会慢慢变成一个口号。

张：想请克剑老师谈一谈生命与生命化的概念。

黄：谈概念可能太抽象了，我们谈生命化教育也要自然而亲切，要以生命的体验逼近它，不要一下子给它下一个定义。下定义，就有断制，有断制就有取舍，完整性就会受到影响。以生命的方式谈教育，最重要的是，不要忘了教育只在于成全人的生命，而不是对人的生命作标准件式的加工。如果让教育停留在知识的授受上，学生满脑子想的都是如何记住更多的东西，那知识反倒成了外在的牵累。教育应该成全人的生命，让生命保持活力，让它始终在一种真切中延续并上升。当然，人的生命肯定有脱不开功利的一面，人要维系肉体的存在，就必然和外界有物质的交换，这种关系必然带来功利方面的考虑。问题不在于要不要有功利考虑，而在于是沉溺于功利还是以超越或穿透功利的态度来对待功利。如果要把对功利的追求把握在一个恰当的分际上，那就必须超越功利。人的生命本来就有超功利的一面，人毕竟不能只为当下活着。从这个角度说到生命化，这个"化"，不外乎是说尊重人的生命状态，要想办法让人的生命里成其为人的东西，不是越来越少，而是使那种精神性状越来越获得成全。

张：我到学校里去进行生命化教育的实践时，很多老师，包括校长，都问我到底什么是生命化教育，能不能给一个概念，或者说基本路径。我当时也有一个担心，我们现在所进行的很多教育实验都太具体了，具体地给出一个方向、一个目标，这就可能把其他的东西给排除了，教育本身可能就不圆满了。教育太多地落入了技术操作的格局。生命化教育的实践，更多的是对生命的自然状态的尊重，对差异的关注。通过这些，努力地去成全学生的生命。在这样的过程中，就可以感受到生命化教育的意味所在。从很多老师的感受来看，去做，并不是一步就能实现的。比如说尊重差异，在课堂里关注的方式可能就不一样，有可能一部分差异被忽视了。学生的很多特殊的需要，原来看来可能不太重要，但有了生命化教育的理念之后，就会发现，其实不是不重要，可能对其他人不重要，但对那个孩子很重要。有个老师给我讲了这么一个例子，他说有个孩子给他递了一张纸条，纸条上说："老师我已经注意到了，你三天都没看我了，眼神总是越过我，显得我好像不在场。"

我在进行实验的时候，就想，要让教师回归真实的对人的理解、期待和成全，不是进行一个抽象的课题实验，而要在课堂上能够感受得到。作为每个教师，在实施课题的过程中要感受到自己的职责，反省的时候要能够意识到自己哪里做得好、哪里做得不够。不仅要有外在的评价，也要有自己对自己的评价。

黄：生命化教育的担当者，不是有意扮演什么角色，他本身的教育行为就应该是极其自然而真切的，他应该以生命化的践履去从事生命化的教育，不要把生命化教育变成对学生进行某种规划的实验，而自己却身处其外，这样才不至于使生命化教育失真。

张：有一次，我到晋江的一所中心小学去听课，那里的老师刚经过培训不久，课堂就已经有了很多的变化。那一节课上的情境作文，老师让学生来评价："现在的老师和过去的老师有什么不一样？"孩子们的回答基本上是"老师现在变得很慈祥，很关心我们，不轻易批评我们"；还有一个孩子说老师现在会笑了。原来老师先前是不会笑的！老师又问："如果现在老师要离开你们，你们会怎么样？"结果孩子们非常震惊，以为老师真的要离开他们，结果是那节课没法上下去了，孩子们哭成一片。后来那位教师反省说，自己对教师的角色可能一直处于一种朦胧状态，原来一直觉得自己就是一位知识传授者、一位管理者，没想到老师在孩子心中还有这么重要的位置，相当于父母，相当于哥哥姐姐。生命化教育使教师回到了应该有的很人性化的角色。

黄：这几年你深入学校、老师中去，甚至直接和学生接触，这是一种必要的践履。

张：这本身对我也是一种陶养，很多老师说我这几年越变越年轻，我说："这全部来自你们的力量、你们的爱心、你们的期待。"去听课，一个人长途跋涉也是很辛苦的，我为什么要去呢？就是因为那里有一份期待，那里的精神需要反过来对我也是一种成全。对教育的所有的真切的认识总是在课堂之中感悟出来——当然，也有很多理论的总结，但那种智慧的火花更多地在课堂上闪现。

很多老师也是在实践的过程中感悟到生命化教育和我原先所说的实际上是不大一样的，他是从课堂的独特的情境中，包括孩子的成长的自然而然的那种氛围中，感受到每个生命的可爱——包括老师也变得天真了。学校的一种很热烈的状态是，一到学校他们就很热烈地和你交流，希望你能帮助他，引导他，孩子们也叽叽喳喳地围上来和你讨论问题。这是一种很美好的状态。孩子们也都希望能把一种自然而然的课堂呈现给客人欣赏。这就是一种生命的美。有次我去马巷中心小学听课，孩子们评价那堂课，他们先问老师自己觉得上得如何，老师说上得还不错，孩子们就说："你和平时有点不一样，今天都不看人，有点紧张，还不如平时上得好。"

黄：这种紧张也是一种自然。讲课讲得很自如，是一种自然，讲得很紧张，也是一种自然，关键是将那份真切感带进去了。如果失去了那份真切感，对一切都应酬、照顾得非常圆熟，那不是生命化教育。

张：这会向你展示人性的丰富性，向你展示孩子的多样性。孩子们乍看都相似，但是只有在这种真实的课堂中，你才能感觉到孩子们个个都像精灵一样。有次我听课，一年级的孩子，看图说话，一个孩子说："是青蛙哥哥带着小兔弟弟去散步。"另外一个孩子站起来说："不对，兔子那么大，怎么会是弟弟呢？应该青蛙是弟弟。"大家都愣住了，现在怎么办？教师也愣住了，他再怎么备课也不会备到这个。结果有一个孩子站出来了，她说："这没什么，三年级有个同学还是我的侄儿，他那么大还要叫我姑姑。"这真是一种童真童趣。这种课堂有很多的惊喜，很自然，很亲切。每次听课回来，我都急着要和大家分享这类似的感触。

课题实验还有一个很重要的价值，就是唤醒了教师对教育有价值的东西的一种期待。

黄：就是撇开了所有的中间环节——当然，我们认为是中间环节，别人未必这么认为，也许他们认为是很根本的东西。比方说政治，或是经济功利方面的东西，撇开这些，让教师直接去寻找属于教育本分的东西，或者说教育的天职所在。天职的观念非常重要，也许过去说得太多了，人们反而把这两个字的意味看淡了。其实，天职的意思就是把所有的中间环节打掉，直扑教育而去。生命化教育对于教师，特别是中青年教师，就是让他把自己直接关联到教育的理念上去，从中获得一种师道或教育之道的尊严。这种尊严使他得以心有存主，重心自在。不在于你是大学教师、中学教师，还是小学教师、幼儿园教师，也不在于你从教的学校是在乡村，还是在城市，只要在自己的心目中有天职这个观念，你就会立即把自己关联到教育的理念上。不管上司对自己有什么看法，还是一般的人对自己如何评价，都无所谓，这些中间环节对一个有天职观念的人都无所谓——这是现在所说的产业化所达不到的。产业管理的最主要特征就是，我是一个被雇佣者，老板雇佣我，我要让老板知道我的价值。产业管理有一个非常大的问题，就是把教育的管理者这个角色和企业家的角色转换了，企业家一般来说是把他企业中的人都视为他的雇员的，但是教育不能这样，教育管理者应该是服务者，服务于教师，如果变成企业家的角色，觉得是在雇佣教师，那么，这种教育理念就有问题了。生命化教育不会是这样，它珍视教育的精神性状，让教师直接地从教育成其为教育的地方、从教育的重心所在处体认自己的天职。有天职观念的人不会在乎那些中间环节，即使上司不待见自己，或别的同事对自己的评价不公正，这都无所谓，他可以直接从教育这里汲取到教师的一种尊严，汲取到教师成其为教师的那种生命滋养。我想，这也就是你所说的很多教师的精神面貌能够为之焕然一新的秘密所在。这就是说，生命化教育能够唤起教师的天职感。

张：这种天职被唤醒之后，他的才情才能够得到真正的展示。

黄：如果把才情展示给政治，那会受政治的制约；如果展示给管理者，那一定受制于管理者，就要照顾到管理者的喜好，一旦投其所好了，教育的本真的东西也就消失了。

张：我们的教师也都是生活中的凡人，这些要求对教师来说是否太理想化了一点？

黄：这倒不是说我们有意加以提倡，这几年我们搞教改，无论是"指导—自主学习"，还是现在直接叫生命化教育，其实都是贯彻着生命化的理念。我们总结为什么一些中青年教师的积极性、精神能够被感发起来，秘密就在这里。这里面肯定有理想，但我想，只要不把理想的东西——是一种虚灵的在人的心中的东西，变成一种对人的强制，那它就会成为对人的一种滋养。这样理想就不会变成一种对人的他律的强制，而会是一种油然而发的追求。

张：实际上现在最匮乏的正是理想或精神的追求——在远处感召我们前行的东西。很多校长和我说："老师们课余谈什么呢？首先谈六合彩，其次是家里农作物的收成。"不是说不能谈农作物，但教师如果是按天分去生活的话，就应该谈具体的教学、具体的学生，其心思应该在这里。在进行课题实验时，有很多校长和我成了很好的朋友。为什么呢？不是因为功利的东西，而是因为一些精神感通的东西。我们坐下来，自然而然地谈到课堂中发生的事情，一点都不勉强，很自然，不做作，就是这么由衷。反过来说，我们不谈教育能谈什么？

黄：也可能谈到教育之外，但那是从教育谈起的。

张：这对教师确实是一种陶养，自此，关注的东西会不一样，生活的安排会不一样。每天上完课，对课堂作记录，进行自我反思，不容易，而且这种反思也不是功利的，并不是想记下来取悦于谁，而是要自己对自己有所交代，想着明天的课怎样上更好，明天帮助孩子的方式怎么更巧妙。这是一种自我汲取。我觉得这对一个人的自我成长太重要了。

黄：在超越功利的意义上讲理想，在我们这个时代实在是太少了。

张：实现这个理想很困难，因为干预的东西太多了，就像有个教授所说的"大学教授快成为填表教授了"，而对中小学的干预是有过之而无不及的。有个校长告诉我，他半年收到的文件是 300 份，学校需要应付的各种各样的检查、评比、竞赛、政治任务，多如牛毛，所以教师经常无法平静地上完一堂课，影响他的东西太多了。在这种影响之下，重心收在哪里显得更为重要了。干扰的东西多了，如果再不能坚持的话，就很可能浑浑噩噩地随波逐流了。

黄：每个人都应该心有存主，应该有自己的生命重心。

张：现在是用各种各样的方法来控制，有时通过金钱，有时通过权力。所以，一个校长，他代表一所学校选择了某种教育理念，就更是难得。因为他明明知道这是很困难的，物质条件就不具备，还明知不可为而为之，这本身就是很值得敬佩的一件事。

黄：我觉得校长就应该以教育家的境界要求自己，像你所说的马巷中心小学的校长，我觉得他的做法就已经是教育家的姿态了。我所说的教育家，不是由那种一味对上司负责的态度造就的。如果一心想着对上司负责，那就不可能产生生命化教育这种理念。真正的教育家是直接认同教育的理念的，上司的观念，如果和这个理念一致，那当然很好，如果不一致，就要守住自己的信念。在现在教育出现了危机的情况下，我觉得应该特别强调一下"教育家"这个概念。无论是校长，还是普通教师，要把精神重心守在教育成其为教育的东西上，和教育的天职这个观念关联在一起。这么做，实际上就是在塑造教育家。一个人是否能成为教育家，这和他在教育系统里职位的高低是没有关系的。我觉得一个乡村的普通教师，能够几十年如一日地守住一个教育理念，恪守天职，不会因为别人的评价而改变自己的初衷，这样的人就可能成为教育家；他一定会摸索出一套适合当地学生的教育方法，他有精神重心，而这个重心并不借助于任何中介，而是直接从教育内在的精神性状那里获得的。

我们中国这几十年来也确实缺乏教育家，因为老是把希望寄托在一定位子上的人身上。其实我觉得，从事教育的人都有可能成为教育家，只要把许多的中间环节打掉，直扑教育的天职，有自己的真切体会，有自己的表达。我觉得这样的人就是教育家。

那些名牌高校的校长可能不是教育家，但是一个普通小学的校长也许就是教育家，这跟社会影响的大小、职务的高低、社会对他的抬举的状况都没有多大关系。

张：陶行知先生办的学校也是最基本的学校，虽然他是留美的博士，但他始终也没有多么高的职务。

黄：中国在上个世纪（20 世纪）40 年代前还是出了一些真正的教育家的，我觉得梁漱溟应该算一个教育家，他的一系列教育方面的想法很独特，尽管他所搞的乡村教育失败了，但他努力在做，不屈不挠，有自己独特的思路，所以，我们在说他是一个思想家的同时也可以说他是一个教育家。还有晏阳初，是个平民教育家，虽然他没有多高的社会地位。20 世纪 40 年代前的教育家大致都是体制外的，蔡元培算是体制内的教育家，胡适也算一个。其余的呢？蒋梦麟算不算？恐怕要算大半个吧。他们都承认教育的独立价值，直接对教育负责，有教育的天职观念。如果不把教育的天职放在自己心上，我想他们肯定成不了教育家。

张：后来的很多大学校长可以说只是些官员。

黄：至少要为教育而挺起腰杆，为教育而昂首挺胸，不是说为了个人。在那个位子上，本来就应该为了教育而昂首挺胸的。

张：我想，虽然困难，但是这样的民间立场会有更开阔的空间，因为它很自由，这种自由是直面教育的——把一切都放在一边，直扑教育。

黄：教育的民间立场，实际上是天职立场。生命化教育要解决的一个很大的问题就是，教育在本体意义上立得住的东西，要让每一个从事教育的人都要守得住。你还记不记得十多年前我们讨论过的"纯诗"的话题？我现在依然认为"纯诗"这个概念一定要存在。没有"纯诗"这个概念就没有"诗人"这个概念。从境界上说，要有一个把所有的外在的考虑都剥落干净之后还存在的地盘，诗人才能安顿下来，否则诗人就会把诗的生命重心不断地放到诗之外的一些热点、焦点上去，也许可以成为像抗日战争时期的一个很悲壮的战士，但这不表示你可以成为一个卓越的诗人。这还是在抗日战争时期，可以成为一个斗士，要是在"文革"时期，那就不值一提了。如果一个诗人把许多和诗有牵连的外在的东西排除干净之后，还能找到诗存在的理由，还能找到诗人成其为诗人的理由，那他才有希望，才有重心。要直扑诗的理念，有了它，才会有精神重心。我想教育的问题也是如此。要把和教育有着种种关联的教育之外的东西剥离干净，让教育显露出它的本分。要回到教育成其为教育不能再丢掉的东西那里，只有从生命化教育的角度谈起。教育的重心一旦落在政治的当下需要上，那就不用说了。现在又要教育如何服从市场经济，这不是让教育做功利的奴才吗？教育要照顾这个，照顾那个，它的重心就不能自守。教育毕竟是人的教育，不是动物的培训，无论教育者还是受教育者都是人嘛，回到最根本处来说，教育总是要成全人的。教育的理念，教育的天职，从这里讲，最自然，也最不会出差错。谈到这些，很自然地就想到乡下那些很偏僻的地方的中小学教师，他们的心中有了这些东西后，他们就有了精神重心，心里的那份东西足够滋养他们了，他们直接奔着教育的天职去，直接以教育家自居。这里说的"自居"可不是贬义，而是对教育的一份承诺，对自己的一份期许。贫困也罢，其他压力也罢，或是功利上的未必公正的待遇，或是社会上世俗的偏见，这些都不在话下，都不会让他们感到委屈或是精神萎缩。他们心里面的那份东西什么也不能摧毁。我想这些年来你所从事的教改活动能够在中小学教师那里获得回应的秘密可能就在这里。你又不能给你面对的那些校长、老师们什么承诺，职位或奖金你都不可能给他们，但你就是能调动起他们的积极性。要是靠那些功利性刺激，他们反而动不起来。能够比较持久地在人的生命的深处起作用的东西是一种虚灵的精神，它能穿透功利，不为一时的功利所牵累。

——摘自《教育危机·教育理念·教育者的天职》
（原载《明日教育论坛》总第 15、16 辑，2003）

辑二 │ 学术自觉与学人境界

我的问学之路

哲学幽灵的诱惑

1978 年，一个偶然的机遇使我与学术结缘。这一年，在徒然得了农田水利本科毕业生的名分九年后，我考取了武汉大学哲学系的研究生。

每所大学都会有自己的特色，武汉大学之所以引我注目，或是因为它是一所曾由一位被委屈的哲学家任过校长的大学。哲学系并不大，但它是这所大学最好的系之一。要是在更早些时候来这里上学，我也许会让自己的志趣更多地随顺那还算庄重的教学程序的，但现在已经不可能了。我的研究生生活的真正起点，不是二十出头的本科学生们所熟知的笼罩在"两个对子"下的哲学原理和中西哲学史教科书，而是给了我种种哲理体验的人情充盈的全部生活。在我这块色彩斑驳的人生底布上，作任何恰如其分的精神图像的描画，都只能是我自己的事情。我会永远怀念那除运动场外几乎找不到一块平地和很少有直路可走的武大校园——我心里明白，它曾以怎样的大度，容留了我这个从来不愿在精神上受勾股弦制约的爱放野的学子。这山水自然的学府，有一种独特的韵致，看到它，我总会想到那一再为马克思称道的伊壁鸠鲁自然哲学中的生机盎然的原子偏斜运动。我的研究生生活，从形式上看是纯粹书斋型的。那时，正是愈来愈热烈的"思想解放"激动了许多人的社会和政治责任感的年代，而我却急于在一本又一本书中追踪那向着我一次又一次发出诱惑的微笑的哲学幽灵。无论是"现在可以说了"的学者们雄辩而动情的演说，还是青年学生们凭着一颗颗透亮的心写在各种刊物小报上滚烫炙人的文词，都没能改变我的生活的慢条斯理的节奏。但时代的脉息我是感受到了的，而且我一刻也没有享受过"不动心"的恬静。我只是觉得我面对的问题太大、太深了些。既然理性的激情足以声张人们通常容易领会的道理，我便情愿向晦涩的哲学求教，在那里觅取思路的升进。

当我带着海涅的诗的韵味去读黑格尔的《法哲学原理》时，黑格尔的"凡是合理的都是现实的，凡是现实的都是合理的"的话题更多地给了我来自明天的消息；但当我在同一部书中读到"密纳发的猫头鹰要等到黄昏到来才会起飞"时，我所得到的便只是"对灰色绘成的灰色"的遗憾了。在我看来，不论实证科学怎样轻蔑和嘲弄哲学的玄远，都无损于哲学的无与伦比的风致；真正的哲学总在时时捕捉着人们当有的价值取向，把人们从当下的处境中拉出来，引导他们以审美和批判的态度对正在过去的现在作愉快或痛苦的诀别。这是哲学的超越的品格。

一次性的神话的斯芬克斯之谜，是被神话人物俄狄浦斯一次性地道破的，不断增添着诡秘和诱惑力的人生与历史的斯芬克斯之谜，在吞噬了无数哲人的智慧之后，还在等待着更多的人向她投射新的智慧。我大约最多有对付几道不算太难的几何题的灵敏，可命运却把我推到历史峭崖边的斯芬克斯面前，让我为"人"——从人伦日用寻索到天人之际的"人"——而辩难。结局肯定是悲剧性的，但设身处地的人生体验使我无法从这里退避。如同在有些人那里，我有幸生活在其中的一代或被看作可诅咒的一代一样，在我这里，为这不幸的一代安排过太长的认同危机的那个时代，是可诅咒的时代。在肢体最渴望物质滋养的时候，这一代人同全民族一起忍受了难耐的饥饿；当心灵最能感受智慧之光的时候，这一代人又同全民族一起度过了精神的子夜。灵魂在不甘枯萎的痛苦中挣扎着，一旦它从过多的禁忌中解脱出来，便会不顾一切地去寻找一种足以安顿自己的"境界认同"：这不是对卑劣的或合理的利己主义前景的精心谋划，也不是执泥于功利的或审美的狭隘民族主义自信的再次确立，而只是对那堪称又一个跨世纪的今天的"人"的现实关切和终极眷注的批判认取。听凭人们去做这样或那样的品评和诘难吧——我可以直言不讳地招认，正是在这里生发了我的哲学乃至文化思考的全部秘密。

感性的真实与虚灵的真实

从伊壁鸠鲁所谓"一切感官都是真实东西的报道者"的信念出发理解感性事物的真实性，显然并不错，但如果有人由此认为伊壁鸠鲁哲学只承认感性真实因而终究是一种趣归于追求感官愉悦的享乐主义时，那他或者已经把那提出原子偏斜运动的灵透的哲人真正卑俗化了。单是以实证为满足，伊壁鸠鲁当然可以因着天体运动竟会是原子偏斜假说最圆满的感性实现而自豪的，但恰恰在这使他的自然哲学的逻辑臻于完美的地方，他却断然否弃了他由此可能得到的殊誉。

伊壁鸠鲁对原子偏斜运动的某种一次性坐实——哪怕是一种似乎圆满的坐实——的鄙弃，使我第一次隐隐触到只是在后来才真正有了一种确信的"虚灵的真实"的概念。在伊壁鸠鲁那里，作为有别于感性的真实的又一种真实曾被马克思准确地概括为"只是在个别性的形式上来理解的""自我意识的绝对性和自由"。

对柏拉图的理念和中庸思想的留意，诱使我从另一个思维向度上逼近似乎旨趣颇有径庭的同一问题，并且最终使我在自己的哲思意境中确立了"虚灵的真实"的观念。柏拉图的"理念"，在国内学界多被理解为某种共相的绝对化，而相对于殊相的共相也多被理解为某种寓于殊相而附从于殊相的东西。但在我看来，理念并不能被如此简单地阐解，它对殊相事物有着共相的概念无法尽其神致的价值引导。换句话说，共相只是逻辑意义上的概念，"理念"的深长意味却在于它能够把一种价值之光，从更完美的某个远处投向现实的既在事物和人的心灵。共相是被动的、抽象的，"理念"却是主动的、虚灵而浑一的。譬如，桌子的共相，不过是既有的若干桌子的通性，是定在于殊相中因而被感性的殊相制约的性相，而桌子的"理念"却诱发更新、更美的桌子的创造。这创造是逻辑链系的中断，是从既在真实中的冒起。我对柏拉图的"理念"的这种理解，起先只是伴随着对更多的人的理解的存疑，只是在后来，我才从柏拉图的"中庸"或所谓"中的标准"那里获得了对所领略的"理念"的真实意味的确证。

通常人们总是在上下、左右、前后乃至好坏、优劣的居间位置上理解"中"，这"中"是"中间"、"中等"的同义语。它的含义是人们对既在境遇中的事物状态或品位的一种随机判断，有所对待或所谓相对性是它的相应于随机判断的一般属性。在柏拉图那里作为技艺或美德的某种"度"的"中"或"中庸"，正像中国儒教所谓"中庸之道"的"中庸"一样，具有绝对的因而超越具体定在的意义；它并不能从当下的简单比较中获悉。流俗化或乡愿化了的"中庸"在于求取由相互比较而来的较大与较小的"折中"，它似乎由调和得了一种公允，但这公允是没有本然价值依据因而浮游无根的。真正的"中庸"却是对一个确然不移的标准的信守，它不随顺任何一己一时的好恶，也不因意力的强制或念愿的诱惑而有所变通。"中的标准"的未可移易是因着它本身在一种恰到好处的分际上，有赖于它发见的"过"与"不及"，也有赖于以它为参照作调适或匡正。在柏拉图那里，由"适度"、"恰当"、"恰好"一类词语所表达的"中"的义涵显得模糊而难以把握，但这模糊原是一种虚灵，而难以把握却是因为这不落迹象的虚灵中寓有一种绝对的真际。对于任何一门技艺或美德来说，"中"或"中庸"不过是这门技艺或这种美德做到"适度"、"恰好"的那一"度"。无论这门技艺或这种美德通过某个人获得某种实现时会怎样地因为"过"或"不及"而不尽如人意，这门技艺成其为这门技艺，或这种美德成其为这种美德，总在于它有着人们在默识冥证中感受到的那一"度"。没有这个在人们心目中被认为是技艺或美德圆满实现的"度"，人们就既无法评价这门技艺或这种美德的每一次实现，也无从对它可能达到的状况有更高期待。从"中庸"到"理念"，无须理性在逻辑的途径上有更多的盘旋，因为问题已经如此简单——当某种事物、技艺、美德的"中的标准"圆而神地呈现时，那呈现这标准的不就是被看作事物、技艺、美德的本真所在的"理念"吗？

诚然，无论是伊壁鸠鲁的以原子偏斜运动为枢纽的自然哲学，还是柏拉图的在"中"的思路上可能获得其正解的"理念"，对于我的思维的促动，更多的在于"虚灵的真实"之一概念的提出。我对"虚灵的真实"的觉解并不意味着我对那曾启发过我的西方哲人的既有思想体系的执泥。在我看来，"虚灵的真实"为在对象化和反省中不断自我成全和完善的人们提供的，首先是一种精神祈向，这祈向在于生生不已的人文创造和孜孜不懈的境界提升。有了创造或提升的祈向，才可能有创造或提升的某种规拟的蓝图。有了这观念的存在着的被规拟的蓝图，也才可能有诉诸对象化或反省活动的人文实践，以及由这人文实践产生的可诉诸感性的创造物或可证诸人伦日用的精神境界。

这祈向相对于当下既在的人文世界而言，是虚灵的，但就它终究会导致某种创造性活动而引出创造性的结果而言，它又是"真实"的。"虚"而不妄，使它不黏滞在既有的境况中；灵而不乖，意味着一种生机流畅的超越。"虚灵的真实"之所以真实，不在于对感性的真实的排斥；相反，它甚至也把可能由创造带来的新的感性的现实作为自身真实性的一种确证。同时，"虚灵的真实"之所以真实，还在于它永远不会迷恋在感性的真实的拥抱中；不是它以真实的感性为归宿，反倒是感性须在它的烛照下才可能获得灵明不昧而动感奕奕的真实。

既然"虚灵的真实"总在生生不已的创造的祈向中，肯定"虚灵的真实"即认可人生所必不可少的"理想"。人的现实的立足地当然脱不开感性的真实，但能使这感性的真实成为活生生的真实的是"虚灵的真实"。人类之所以立于现在而瞻念未来，是因为现在被了来自未来的虚灵的光。因此，任何不曾放弃未来的所谓现实主义者，根底处却还是在他们也许并不明确承认的理想主义的光照下。事实上，由现在而眷注未来，是由于心灵常常选择未来的某个可能的位置而回视现在。真正的理想主义并不排斥实证，它只是给实证过程指点一个富有创造意味因而常常通向未来的价值向度。正是在这一点上，它把它同满足于以灰色描绘灰色的实证主义区别开来。

在时代的关节点上对"虚灵的真实"的提撕，常常意味着对既经认同的一切价值的重新估定。这重估便是一种批判。批判的尺度或标准在当下总是具体而确定的，但这新的具体的标准与原先事物由之得以肯定的标准相比，却更多地得到"虚灵的真实"的支持。在"五四"的"重新估定一切价值"的呐喊中，隐帅"科学"和"民主"要求的是一种虚灵的人生本原性价值，即所谓"自由"。"自唯心论言之：人间者，性灵之主体也；自由者，性灵之活动力也。自心理学言之：人间者，意思之主体；自由者，意思之实现力也。自法律言之：人间者，权利之主体；自由者，权利之实行力也。"（陈独秀语）"自由"比起"科学"和"民主"来要虚灵得多，但作为传统文化价值重估的依据，它是中国现代新文化启蒙的真正重心所在。同样，在更宏阔的视野中，马克思对现实世界的批判，其价值尺度可以寻索到当下的阶级功利后面的"个人自主活动"或"活动着的个人"的"独立性和个性"。当马克思把未来的无阶级社会设想为一种"真实的集体"时，他断言"在这个集体中个人是作为个人参加的"，"各个个人在自己的联合中并通过这种联合获得自由"。这是在阐发一种理想，也是在提示一种批判当下的"虚幻的集体"的虚灵而真实的价值标准。

"虚灵的真实"是我的哲学运思的中心范畴，它为我考察中西哲学史和马克思哲学开出了意致别具的视界，也为我的略成一系的致思逻辑的酝酿指示了一个值得心神以赴的前景。

现实关切与终极眷注

人与动物的不同在于，人除开现实地关切自己的当下境遇外，也对自己的命运有某种终极眷注。"究元"意味上的终极眷注，往往为"方便"意味上的现实关切提供最后的理由或凭借。现实关切直接关联着感性的真实，终极眷注所趣向的却在于那使现实关切得以在不断的自我扬弃中升华或嬗演的"虚灵的真实"。

任何一个民族的文化，都不只是器物、制度、人事、习俗乃至观念、美趣的堆积，看似处处可以诉诸实证的历史，往往由某种虚灵的精神主宰着它的大致走向并因此为它注入相当的活力。诚然，历史中并不存在离开人的精神的所谓"无人身的理性"，但常常被人们称作"民族精神"或"民族灵魂"的东西确乎带有边缘并不那么清晰的普遍性。民族精神是一个民族的常道，它有着相当稳定的常住性；它无法借助某个公式从某一时期的经济事实、政治变故及艺术成就中计算出来，却可能在一段足够长的民族历史中呈现为一种只有敏感的心灵才能捕捉到的人文盈虚的消息。这消息往往确凿无误地表达着一个民族的心灵祈向，透露着这个民族对人生的终极意义的独特把握。在我看来，中华民族的传统教化，从主导方面看也可以归结为儒家教化或所谓孔孟之道。孔孟之道作为一种"教"，有着对人生终极意义或人生根本态度的指点，而孟子由"鱼肉"、"熊掌"的比喻引出的对"生"与"义"的择取原则正可以看作儒家教化的经典原则。在儒教那里，关涉"生"的"幸福"与涵盖于"义"的"德性"都是"所欲"的对象，都是所当追求的，只是在遇到"二者不可得兼"的两难选择时，儒家才不得不主张"舍生取义"，亦即割舍"幸福"而选择"德性"。儒家的这种人生态度是很好理解的，中国历史上许多可歌可泣的人物都是在这种人生价值取向下陶冶出来的。但毋庸讳言的是，儒教总的说来是对人生的"幸福"价值缺乏更积极的进取态度的。对于"幸福"，儒家是来而不拒的，但也并不着意追求，孔子的"不患寡而患不均"的说法是这一祈向的典型表达。这种态度落在个人那里，很能衬托"德性"价值的悲剧感，但落在整个民族文化上，便可能产生某种"偏至"。就此而言，显露于现实关切层面的民族精神的某种局限，说到底不过在于一个民族在终极眷注处的或有所偏。

西方基督教的上帝，究其质——由俗谛而问到真谛——或可看作"人"的"理念"。上帝的"全善"启导于人性的，是人的向善境界的永无限止；上帝的"全能"，则隐示着人的可向对象世界释放的能力的未可穷尽。"善"关联着"德性"的高尚，"能"意味着实现人的"幸福"——它关联着人的肉体感官欲望的满足——所必要的力量。就"德"、"福"配称而言，西方人情结于上帝的那种终极眷注似乎更全面些，但上帝的彼岸性却可能导致"德性"要求的"他律"化，而这恰恰可能衍绎为某个时代的外在律则对人的心灵的强制，并且这强制也直接阻抑了人对"幸福"的欲求。另一方面，当上帝的"全能"终于世俗化为人对驾驭自己的对象的力量的确信时，人又可能因着"他律"的"力"的一味向外而导致成就对前提的否定，亦即所谓自我异化。如同东方的中国人一样，西方人在历史的现实关切层面所遇到的困窘，都可以从虚灵的终极眷注那里找到深潜着的根源。

任何一个民族的终极眷注，都构成这一民族文化的价值辐辏，它体现着不同民族在人性实现和发展上所开决的不同向度。分别地作贞辨，可略见文化随民族的创发而异彩纷呈；统合地作观察，又可以见出取向各异的诸民族文化在相抵相成中所趣近的正是所谓人性之全。终极眷注比起现实关切来，有着真常不易的性质，但这并不就是呆滞或僵固。以"有死的生命"喻说现实关切也许是贴切的，但终极眷注并不能相应地比拟于"不死的死亡"。人类史上最耐人寻味因而最能俘获人的智慧的一种文化现象是，每当一个新纪元开始的时候，往往不是理性而是一种在此后的理智看来的"文化错觉"作着人们的心灵的向导。回过头来的人们自然是可以嘲笑图腾崇拜的愚陋的，但图腾涵淹的隐喻或暗示，几乎是所有人种在原初时代取得价值或意义认同的源泉。《旧约》或《新约》中的上帝对于西方中世纪乃至近代的人们扮演了同样的角色；超越而内在于自然和人文的形上的"天"（"天命"、"天理"、"天德"），在华夏文明的数千年中一直是中国人经由"天人合一"观念汲取精神慧命的终极依据。"文化错觉"作为发自人的终极眷注的信念，是人性趋向神性（人性的极致）的恒常努力之呈现。在必得呈现的意义上，它无所谓错觉，并且正可说是人之所以为人的本真所在，但每次呈现所取的确定的符号格度，却不可能不是特定民族在一定时代条件下的某种悬设。呈现借助悬设，也突破悬设，因此价值悬设——它必须在观念中永恒化才可能成为信念，而这永恒化却正是一种"文化错觉"——的人文价值，几乎总是一次性的。但借助悬设而又突破悬设因而总在悬设中涌动的终极眷注，却因着生机常住而创发不已。

现实关切所要求的往往是人的当下境遇的改变；法律、制度的转换乃至风俗、习染的移易，所有这些多是秩序（包括作为人的存在对象的人化着的自然）的新旧更替，而对秩序之所以是这样而不是那样的意义的追问，却必然牵系到人性使之然的终极眷注。在我看来，民族文化的时代性融和，可能不会是某一独领风骚的民族对其他民族的同化，也可能不会是杂交后产生的某种被认为是最佳形态的单一文化对诸多民族文化的取代，它的可能而又合理的结果，是风致依然各异的民族文化在人性整全实现或人的全面发展期许下的"和而不同"。这"和"的壮丽景观必当呈现于有形迹的"秩序"，而它的深长意味却一定在于终极眷注所指示的人生"意义"的相契。

逻辑系统与价值系统

在对中西哲学史和马克思哲学的考察中，我的一个并非无批判的信念是，任何以缜密的逻辑系统为表述方式的人文哲学，无不内在地蕴含了可看作哲学家的基本文化意识的价值取向，这价值取向在逻辑系统中的渗透，构成哲学的所谓价值系统。这便是说，在我看来，价值系统不仅是对象化的人文宇宙的精神慧命，也是以逻辑范畴构筑的观念世界的真正灵魂。

"在哲学史里我们所研究的就是哲学本身。"（黑格尔语）我的哲学运思的迂回寻路，常常需要借助先哲的逻辑的遗迹辨别理致的方位，但我也更多地以自己的心灵探询那寓托在既有逻辑中的心灵。而且，正是在对哲学史留下的逻辑系统作一种价值寻问时，我也在为我所体悟到的价值意趣摸索一条逻辑演述的途径。

马克思曾是我的真正的导师，他的在历史的辨正（分辨而匡正）中一再突显"生产力"作用的逻辑系统给予我的价值启示，使我确信："有个性的个人"是人文世界真正的价值主体，而"个人自主活动"则是全部人类历史的始基性价值。马克思的历史观的价值系统在逻辑系统中的剖露，或者可以引这样一段文字做典型："已成为桎梏的旧的交往形式被适应于比较发达的生产力，因而也适应于更进步的个人自主活动类型的新的交往形式所代替；新的交往形式又会变成桎梏并为别的交往形式所代替。由于这些条件在历史发展的每一阶段都是与同一时期的生产力的发展相适应的，所以它们的历史同时也是发展着的、为各个新的一代所承受下来的生产力的历史，从而也是个人本身力量发展的历史。"而这一论断的价值取向，又正可以从马克思据以批判现实阶级社会的某种显然要更虚灵些的标准那里得到印证。他说："在现代，物的关系对个人的统治、偶然性对个性的压抑，已具有最尖锐最普遍的形式，这样就给现有的个人提出了十分明确的任务。这种情况向他们提出了这样的任务：确立个人对偶然性和关系的统治，以之代替关系和偶然性对个人的统治。"

康德是我在多少懂得马克思、伊壁鸠鲁、柏拉图后对我影响最大的又一位哲人，他的"至善"或"圆满的善"把我引向对人的价值的究极思考。《纯粹理性批判》、《实践理性批判》、《判断力批判》，在康德哲学的井然有序的逻辑系统中含藏的是以"德性"与"幸福"配称一致亦即"至善"为归趣的价值系统。至少，在被黑格尔判示为"自我意识哲学"的伊壁鸠鲁和斯多葛派那里，"至善"思考中的"德"（"德性"）"福"（"幸福"）关系，已经是"寻求一个自由的原则、不动心的原则"的伦理学说的最后议题。伊壁鸠鲁派的"至善"是在"幸福"中找到的，"德性"并不被排斥在"至善"之外，但"德性"只是被理解为获致"幸福"的准则或谋求"幸福"的合理手段。斯多葛派的"至善"向往归着在"德性"上，"幸福"不在"至善"之外，却也不在"德性"之外，它只是被理解为"德性"自觉带给价值主体的那种心安理得。"德性"与"幸福"的同一性是从概念的思辨分析中寻得的，价值格准背道而驰的学派遵循的是把精神领向乖谬的同一种方法：从"幸福"分析出来的"德性"是少了普遍准程和道德衷愫因而没有独立价值的"德性"；同样，从"德性"分析出来的"幸福"也绝不是作为"人类欲望官能的一个特殊对象"的"幸福"。但人生的"德性"祈向和"幸福"祈向在不同学派那里的有选择的认取，本身已经足以向人们作这样的揭示：两种分别以"偏至"方式作了申说的价值祈向，对于人来说都是

"应当"的，问题只在于如何把这相互未可替代的"善"结合在人的意向所必致的"至善"或"圆满的善"中。康德所做的是厘清先哲的失误以重新求取"至善"的可能途径的工作。"幸福"和"德性"被认为是两种性质完全不同的"善"，二者的配称一致被诉诸一种真实的综合而不是纯概念的分析。当"德性"与"幸福"的关联不是被执定在现象世界而是被归置在自在之物（物自体）与现象之间时，康德完成了"至善"所必要的"德性"与"幸福"的综合；这综合不是演自后天经验的推证，而是实践理性的先验的认可。这"至善"似乎是徒然给了人们以奢望的赘词，然而它的明畅而通微的理致在于：人的双重（现象的与物自身的或肉体的与纯粹道德境界的）存在的意义在这里凝集，现时代与传统契接在道德和宗教融摄而成的"教"的终极关切中；判然为二的自然与自由的重新统合，并不承诺自己在某个时刻圆满地兑现于尘世因而为经验所证实，然而经验世界却永远需要这以自由优于自然并因此把自由与自然一以贯之的祈向的导引。这祈向即是我所谓的"虚灵的真实"。

海德格尔对现代社会中"常人"（合于世俗常规的人）的"真正独裁"的揭示，马尔库塞对"社会一体化"所造成的"单向度的人"的批判，或可看作马克思关于"个人现在受抽象统治"、"有产阶级和无产阶级同是人的自我异化"的论点的旨趣略异的表述，而新托马斯主义对所谓"使福音的酵素和灵感透入世俗生活的结构"的倡导，乃至东方"当代新儒家"对所谓"返本开新"的一力标举，也都方式不同地隐含了对"德"、"福"配称一致的"至善"的康德式追求。基尔凯郭尔一面断言"'个人'，以宗教的观点而言，是这个时代一切历史以及人类全体必须通过的范畴"，一面惴惴地自勉"成为一个基督徒"，显然是在对"个人"本位（"存在"）与人的当有价值向度作某种宗教修省式的统合；与这位存在主义先驱同时代的马克思，则矢志通过"推翻那些使人成为受屈辱、被奴役、被抛弃和被轻蔑的东西的一切关系"的社会实践活动，把作为人的存在对象的人文世界变为"以每个人的全面而自由发展为基本原则"的"真实的集体"。在先哲提供的高度上放开视野，我曾试图对现代人的处境所逼显的问题作出自己的回答，而这初始的一步则是我对意蕴重新诠释过的"自由"范畴的确认。

在自由的两个向度上

自由在认识论的哲思进路上通常被作为与"必然"相对待的范畴，但我却情愿回到这一概念的本始，并因此赋予它以价值的命意。依我的观点，倘简捷地说，自由即所谓自作根据，自作原由。所以，在这里，它的第一重规定即"自因"、"自性"。"自因"、"自性"意味着自由是一种非奴隶状态、非依从状态；作为自由的主体的人不像动物那样是境遇的奴隶，而个人也不应是族类的或他人的仆从——每个人的个性并不是人的一般本性的例证，也并不是他人个性的附庸。自由的第二重规定是"自为"或"自成"，它既意味着人的功过自承而无可推诿，也意味着人在没有前定栅栏状态（非封闭状态）下的自我展开、自我成全。自由的第三重规定是反观自照或自我觉识，这是自由主体的回向自己。就是说，在逻辑的彻底处，不仅应一般地肯定"自由确实是人所固有的东西，连自由的反对者在反对实现自由的同时也实现着自由"（马克思语），而且也应在自由的反观中把真正肯定人的价值的自由同妨碍人的价值实现的自由区别开来，为自由找到一个自我矫正的方向。

自由见之于人同自己的对象世界的关系，是人的"受动—能动"的存在，在这种存在中人以其对象化的生命活动使自己的存在对象"人化"。同一切生物一样，人要获得一种现实的存在，不可能不以自然界为存在对象，所不同的是，人以自然为对象是通过人的有意识的活动把自己的目的、意向、情趣实现在自然物上的，因此人在对自然界的律则有所遵循的同时，也在现实中和观念中再造着自然界。对于大自然来说，人和动物同是受动的存在物；但任何一种动物的生命活动方式和生命范围都是大自然一次性地给定的，唯独人能一再打破自然界加予自己的界限而获得新的界限，而这新的界限又在被打破之中，所以人又是一种能动的存在物。人在自然面前的非奴隶状态是由于人自己，换句话说，人自己是人的不同于动物的独特生命方式的理由，人自己在这种生命方式中做着自己的主宰，这便是人对于作为自己存在对象的自然界的自由。同样，人也以"受动—能动"的方式确立自己同人（另一些人、族类、自我）的关系，确立自己同人的精神活动和精神产品的关系。就一种存在物以什么为对象便是什么存在物而言，人可以说是"受动—能动"的自然存在物，又可以说是"受动—能动"的社会存在物、历史存在物和"受动—能动"的精神存在物。这"受动"而"能动"，便是人由自然存在物变为社会历史存在物以至自觉的精神存在物的契机，亦即人文世界或所谓文化的创造的契机。

此外，人的自由还有见之于自己内心世界的一面，那便是道德的自我完善，心灵的自我督责，情趣的自我提升，境界的自我超越。这是人的独特的生命方式在纯精神领域的展示；在这里，自由体现为一种自律、自得、自贞的原则，它把人和动物最后区别开来。

在自由的内外两个向度上，人对人生的终极意义有两方面的贞取：一是身心的幸福，一是境界的高尚。幸福是就人的肉体官能欲望的满足和与之相伴的心灵感受而言的，它的实现离不开人与外部世界的对象性关系；境界的高尚则是就人的精神格局而言的，它决定着人的虚灵的"气象"。对幸福和高尚的求取，是人立于自由所当有的价值祈向；这两种价值取向及其关联，引发了人的种种美好的理想。然而人只有在不为幸福而幸福，即不黏滞于幸福时，才能赢得真正的幸福，同样，人只有在不为高尚的信条或名言所拘囿时，也才能求得真正的高尚。于是由这不黏滞、不拘囿或不执着的要求，便生发了涵泳在幸福与高尚祈向中的逍遥或潇洒原则。这两种祈向、一个原则是人的生命追求的永恒主题。幸福、逍遥、高尚都是人在终极意义上的一种价值，缺一不可，而且它们都必须以认可人的自由为前提。人的自由意识的自觉，意味着对每个人的生命趋进都属于目的范畴而不可慢视为手段或工具的命意的认可。

单就自由见之于人的对象性的人文世界而论，自由在人与自然关系上的发用即科学，在人与人的政治关系上的发用即民主。自由是科学和民主的底蕴所在，是每个现实社会中的个人的不可让渡的价值；在以个人——"有个性的个人"而非"偶然的个人"——为价值主体的人文价值系统中，自由乃为诸多不同维度的价值所辐辏。自由的主体诚然也可以是国家、民族或某一共同体，但从究极处讲，个人自由总是一切社会团体自由的出发点。在自由的外向度上，科学和民主所体现的不过是人的权利价值，而在自由的内向度上，道德所体现的是人的人格价值。境界高尚和身心幸福的配称一致，在人性趣全的意义上也正是人格和人权的配称一致；逍遥则在于人由破解执着而自由澄明以还复自身，亦即避免自由的发用否定自由本身，在此同时，它也把人导向又一方属人的世界——游心万物的审美世界。

人在本性上是自由的，这本性使人祈向自由，而这祈向又使人从对自由的执着——实践的和观念的执着——中自我解脱开来。然而，这破执或解脱依然还是自由。在自由的难以尽言或不可思议处，存在主义者可能会找到一份真正的存在，而我却认为这里还有对于人来说的永远亲切的"虚灵的真实"。

——摘自《探询虚灵的真实》
（原载《我的哲学思想——当代中国部分哲学家的学术自述》，
南宁：广西人民出版社，1994）

"知识爆炸"与学术之厄

我们处在一个被夸示为"知识爆炸"的时代。"爆炸"的热浪迅疾淹没着一切，忙不迭的人们在对裂变中的信息作财富折算时正被调动起持续亢奋的攫取欲。牟利的缰绳把知识牵给人，又把人牵给知识；人与知识的这种利害相约，往往诱使相约者必得让渡出良知所由出的灵魂作抵押。

在培根于 17 世纪提出"知识就是力量"的命题时，知识的力量对于人的那份亲切感还映衬着自然的"诗意的感性光辉"。到了 18 世纪中叶，当百科全书派的人们依于"人的肉体感受性"说出"如果爱美德没有利益可得，那就决没有美德"（爱尔维修语）这样的话时，卢梭在更早些时候就已经提醒世人，"随着我们的科学和艺术进于完善，我们的灵魂败坏了"，"我们已经看到美德随着科学与艺术的光芒在我们的地平线上升起而逝去"。康德是对卢梭的忠告最敏感的哲人，他在自己批判地考察纯粹理性之始就清醒地认识到要"为信仰留地盘，则必须限定知识"。他的所谓信仰是"道德的神学"——"理性限度内的信仰"——所允诺的以道德为第一要素的"至善"，而知识只在通过"爱智"被关联于"至善"时才最终被肯定下来。然而，黑格尔终于以他"凡是合理的都是现实的，凡是现实的都是合理的"的命题，抹平了由卢梭、康德哲学所表达的那种自律的"天良"或"善的意志"对于僭越了其职分的科学、知识的抗议。包举万有的思辨体系逻辑地许给人们一个前景尽可乐观的命运，人的良知所由出的灵魂对于借知识而扩张了的欲望——黑格尔称之为历史理性赖以实现的"热情"——的可能反省在这里变得了无意义。于是叔本华开始诉诸生存意志，试图以此取代思辨理性，破解世界历史之谜。理智、知识被判作生命意志用以实现自己的工具，由欲望的满足作界说的幸福在这里不过是一朵从人生的痛苦之根上开出的不结果实的花。为近代人持续提供新的期待的"进步"观念遇到了最麻烦的质疑，由科技发明和现代工艺带给人类文明的"乐观"色调被悲郁的思想家无情地宣布为对痛苦人生的辛辣嘲讽。稍后，存在哲学的先驱克尔凯郭尔以批判黑格尔的思辨体系为契机，着手批判那个被黑格尔思辨地把握在他的逻辑中的时代。他送给这个对"理性"的馈肴食之过饱的社会的是一剂苦口的呕吐药，信仰纳入切己生命的"个人"范畴被用作了逼向一切铺张于逻辑推绎的哲学的利刃。这里，一切牵累于肉体欲望和逻辑构拟的知识都在摒弃之列，唯有"成为一个基督徒"——由此救住个我的有罪灵魂——才被认可为"可以为之生为之死的观念"。从卢梭、康德到叔本华、克尔凯郭尔，可以说一直延续着一种与近代科学、技术主导的社会潮流不全然和谐或全然不和谐的声音。这声音在竭力唤起人们从日益俘获人心的知识理性中突围出来，诱导人们在一个更可靠的基点上重新安顿自己的心灵，尽管哲学先知们为人们所找到的可承载全副生命之重量的那个基点并不完全一致，而且，由此派生的对科学、技术、认知理性的措置方式也不无径庭。诚然，睽异于世俗主流意识的这种声音的一再发生，所默示于人的是人类心灵的另一维度终究不曾枯萎，却也正表明为科学、技术、知识理性所鼓荡和助长的世俗主流意识愈益逞其强势而为人们所认同。

不过，无论如何，卢梭、康德的时代，或叔本华、克尔凯郭尔的时代，科技知识的加速度增长还不曾像 20 世纪这样竟至于以"爆炸"相喻，而当今人们的"灵魂败坏"的程度或又更甚于前三个世纪。一方面是贪欲、攫夺欲、征服欲在"知识爆炸"刺激下的急剧扩张，一方面是灵魂得以自持的良知的愈益隐没，这是今日所谓人类文化危机的最深刻的根由所在。文化危机也是生存危机，但危而及于生存的不是物帛的匮乏，而是心魂的摇夺。处此竞相夸饰外骛之功利而内烛之心光日见黯淡之世，"为天地立心，为生民立命"（张载语）或当是学术的非可透卸的职分。以"立心"、"立命"期于学术或责于学术，这对于诸多先哲先贤来说原是极自然的事，然而在今天这个巧智充斥、朴拙不再的时代却可能被讥以迂远乃至于狂疏。显然，一切尚须从端原处着手，在学术问津人生、文化的元问题时它须得回答自己的元问题。学术自觉——学术对学术之为学术自作提撕——并不能指望于学人之外，学人在这里理应有所担待，而且，亦理应就此自立其为学之境界。

学术当然有不同层次的问题，但问题的不同层次所构成的问题域倘不只是原子式的问题的集合，它便必有其最高问题。在我们这个时代，"爆炸"着的知识尽管不曾宣布对学术的取缔，却已经使学术更大程度地趋于知识化或技术化。知识化或技术化着的学术当然也会悉心料理学术问题，然而这知识化或技术化的料理往往是以对学术的最高问题或根本问题的遗忘乃至弃置为前提的。问题不在于是否要把学术中的大小问题一概向着最高问题作教条式的归结，而在于出入于这些问题时是否排斥或是否承认那个终究挥之不去的最高问题。胡塞尔在20世纪30年代批评伽利略以来以对世界的数学化为特征的自然科学时说："实证科学正是在原则上排斥了一个在我们的不幸的时代中，人面对命运攸关的根本变革所必须立即作出回答的问题：探问整个人生有无意义。"其实，他所谓的"探问整个人生有无意义"的问题正是全部学术问题的中枢。实证科学固然排斥了这一问题，而或多或少以实证科学为范型的诸如逻辑实证论、分析哲学、结构主义等思潮，也都不再以这样的问题为真问题。"知识爆炸"时代的文化危机内在地涵赅着学术危机，而学术的厄运甚至是以它因着知识化、技术化所获得的繁荣外观为陪衬的——为这外观的繁荣所掩蔽的是学术问题的中枢被否弃。

学术诚然有其知识层面和技术性处理的层面，但学术的知识性、技术性层面之所以有生机乃在于学术从不自足于它的知识性和技术性。20世纪出现的"语言学转向"把学术引向语言的囚牢，那些热衷于语言分析的人们在拆除了先前思维的"深度模式"后，自信地宣告往后真正有价值的研索只存在于语言界面的表层和边缘。这是对"探问整个人生有无意义"之类的深度问题从学术论域中的婉言揿除，在如此把学术归结为语言分析时语言分析也被归结为一套可运演的知识和可操作的技术。实际上，不论历史上的思想家们怎样误用了语言，那语言的误用中尚呈露着生命祈向的真切和探索者的有所担待的创思，而执着于语言、一味以解构为能事的人们却不同，他们的见于语言嬉戏的潇洒是因为他们只属意于语言嬉戏本身。倘以人生终究不可能没有的某种终极眷注为学术的理所当然的眷注，学术的品格便可能是生命化的，生命化的学术自会为学术的知识性、技术性层面注入生命，并因此以另一种胸襟审慎地留住它在这一层面上必得问津的全部难题。而且正因为这样，它也以同情而超越的局量容受作为它的学缘背景的整个学术史——它甚或不否认一部学术史几乎可视为人类心智的诸多"错觉"的相续，然而它却又能够从这"错觉"中辨认出运思者们试图努力逼近的那种人生价值祈向上的虚灵的真实，及运思者们在趣于这一度时所表现出的生命的朴真。与此略不相契，知识化、技术化了的学术在为自己设定的问题域中不再承诺指向人生之终极的眷注，并在知识性或技术性地回顾学术史时敢于睥睨和嘲弄任何一位曾以全副生命许予学术的学人。

与学术的知识化或技术化形影相随的是学人治学的职业化。治学一旦被作为赖以奔竞于社会的职业或谋取功利、声名的凭借，学术也就被阉去了它最可珍爱的性状。一个人当然可以专事治学，他也完全可以以此从社会那里获得一份相当的酬劳，但任何可折兑于钱币的东西都只是可剥落于外的东西。学术有其超功利的内涵，这是它的重心所在，也是它的风骨所在，学术由此赢得的价值与功名利禄之间不存在略可相约的当量。当一个学人借着学业所长待价而沽时，这并不意味着学术有了更高的尊严，而只是表明了学人的学品已经在怎样的程度上转换为可以明码标价的商品——正像演艺明星们以出场费多少万标榜其身价，并不说明艺术在人们心目中已经如何被看重，而只是道出了艺术在遗忘了它的本真后竟会退堕到怎样的地步。

——摘自《学术自觉与学人境界》

（原载《东南学术》2002 年第 5 期）

学术的自律与他律

　　学术的最后立足地是无待于任何外在因果纠结的良知。就良知不受制于外缘而真正堪称自己是自己的主使、自己是自己的理由而言，以良知为根蒂的学术理当是自由的或自律的。考其本始，自由的意义原在于不牵累于他物而自己做自己的理由，自律——自己为自己设律或自己设律以成全自己——则是自由的应有之义。学术要走出时代遭际带给它的危机并最终能为文化危机中的时代寻得一条出路，尚须返本复始。这"本"、"始"，即是学术对其自由、自律品格的自作认取。此之谓学术自觉。

　　学术不是权力的仆役，它不能只去充当为进退中的政治提供随机理由（缘饰或辩护）的角色。它并不回避政治，但它由衷地关注或顾念政治是在它重心自在而不为权力所迫的时刻。它没有"势"，因而不可能仗"势"把一种很成问题的见解强加于人。它确信"道尊于势"，所以始终敬畏那虚灵的仰之弥高、会之弥切的人生而天地之"道"，却又因"势"审"势"从不趋附于"势"。它的正常姿态是探讨而不是颁布，是孜孜不倦与从容不迫，而不是志酬意得或奴颜婢膝。政治当然在它的视野之中，但它的视野中绝不只是政治，而且，正因为政治并不是它所经意的一切，它反倒能够获得审视、关爱政治的更恰当的聚焦位置。倘学术与政治之间果然不再有使二者得以相互成全的那种必要的距离，则必至因着"势"的相去而愈益助长一方的颐指气使，而使另一方愈益被夺走可供灵思自由徘徊的间隙。我们中国有过丰赡而独到的学术他律于政治的经历，即使我们至今不为之汗颜，全民族也不会在这里失去记忆。学术即使不用顾及自身的荣辱而只是为了不至于宠坏逞意的权力，也应挺起它自律的胸膛。

　　以学术的眼光看，政治亦可转用孔子"政者正也"的说法谓之"正治"，它的职志在于诉诸法律、制度及种种权力设施为所治社会守持一种公正原则，因此它所体现的价值便应当并且只能是"正义"或"公正"、"正义"的价值是人生的其他任何价值不能替代而其他任何对待性价值的实现都不能不赖其作外在保障的价值。一如"公正"或"正义"的价值毕竟不能替代"卫生"或"健康"的价值，因而政治不能替代或直接干预医学，"公正"或"正义"的价值亦当不能替代"善"和"美"的价值，因而它也不能替代或直接干预人的切己的道德反省和文学艺术的创作、欣赏活动。诸多社会文化领域之所以对人来说有价值，是因着它们各自实现着人生某一维度的价值，政治对各个社会文化领域的"正"而"治"之，仅仅在于以一种公正的秩序成全它们各自所取的价值向度，却没有权力以指使者的身份要求它们听命于自己。其实，奔走于政界的人们自谓为"公仆"是大体不错的——如果这说法不只是一种故作姿态的表白，它倒替政治说出了切合其天职的真实身份。"仆"自然不必对于"主"低首下心，而反"仆"为"主"也绝非"仆"之所当为。学术的慧眼从人生价值祈向的终极处反观现实，它为政治、经济、伦理、道德、宗教、艺术诸社会文化领域厘定各自的价值分际，也由此提示诸领域依其价值宗趣各守其分、各尽其职。除了厘定和提示诸领域当有的价值趣求外，学术显然别无所图，因此它全然不必依附于为它所反省和检讨的任何一个领域。它当然也作考证和训诂，也反复辩难某一领域种种具体人微的问题，但所有这些终于不致落于知识的游戏或巧智的炫示，却是由于它们连了智慧的触角通着人文抉择的断制。学术不像经济、伦理、道德、艺术等分别现实化着不同维度上的人生价值，甚至也不像政治那样由于成全以上诸价值以提供秩序的保障而体现"公正"或"正义"的价值，它只是因着反省、厘定以上诸人生价值以使这些价值在各自的畛域内达于自觉才获得自身的价值。如此获得自身价值的学术既不必从政治那里讨取理由因而并不他律于政治，也不必从其他诸社会文化领域那里讨取理由因而也不他律于经济、伦理或其他领域。学术是由心灵深处的无尽疑问培壅的，是忝忝人生的最敏感的神经，它不为权势或一偏之好所驱策，而以唤起人生之自觉——因而以人类之命运或人生之境界的探求为其最高问题——赋有其自律的品格。

学术的现实关切的热情起于欲望的火焰熄灭之后，它由心灵在终极眷注处闪射的一线光亮点燃。终极性的信念养润了学术持久的活力，不过这信念并不缘于某一至上的神圣实体的赐予。执着于神启的宗教也有终极眷注，而且那眷注是如此的专切，以至于不容许眷注者心存任何疑窦。学术的终极眷注发心于自律，神学的终极眷注起念于他律。自律的终极眷注在于从人性之自然处抉其善端，向极致推求以寻求至高的心灵境界；他律的终极眷注则凭着对全能的神的仰赖，心存彼岸之真际，以托命于神意的措置。康德从人皆有之的"善的意志"演论自由意志为道德立法，又由根于"善的意志"的道德的至高境地称说"德"、"福"配称的"至善"，这"至善"作为一种终极的眷注是典型的自律形态的。它诚然是一种"求达至善之术"意味上的学术，却也构成一种为心灵之期望所托之教化。中国的儒家之道就其所谓"天命之谓性，率性之谓道，修道之谓教"而言，它乃是从自然之禀赋（"天"之所"命"）说起的一种"教"，然而就其所谓"下学而上达"、"学以致其道"而言，它又可谓一种"学"："充实而有光辉之谓大，大而化之之谓圣，圣而不可知之之谓神"，是它终极眷注的"至善"（所谓"止于至善"）境界；"恻隐之心，仁之端也；羞恶之心，义之端也；辞让之心，礼之端也；是非之心，智之端也"，是其自律地眷注于终极的起点；"尽其心者，知其性也；知其性，则知天矣"，则是其由善的端原向终极的"至善"升进不已的途径。自律性的终极眷注是学术的自律品格在终极探求中所必致的一种境地，它富于生命的崇高感，在心灵的自我超越中以有限承诺着无限。

而且，即使是以灵魂托庇于神祇的那种终极眷注，在学术的视野中，其他律的信仰亦以其嬗变见出自律的底蕴。对上帝的仰事注定了基督徒们他律地瞩望于终极，但被仰事的上帝在每个基督徒那里都是被或言或默地阐释过了的。被仰事的上帝原是仰事者以自己的全副虔诚领悟的上帝，既然没有任何两位基督徒对上帝的领悟全然相契，那便不能设想任何两位基督徒的心目中的上帝没有差异。圣奥古斯丁所仰事的上帝并不就是圣托马斯·阿奎那所仰事的上帝，上帝对于马丁·路德和对于加尔文来说也决然大相径庭。以《圣经》而论，《旧约》中那个暴戾的耶和华与《新约》中所仰颂的"慈悲的父"显然判若两神，而由《马太福音》、《马可福音》、《路加福音》、《约翰福音》所缕述的耶稣救世的消息也并非全然没有出入。倘固执于上帝这一施律于人的他者，每一仰事上帝的人都会以自己心目中的那个他者为唯一真实的实体，基督徒之间、基督教的不同宗派之间遂必至相互以异端相斥。然而倘把被信仰的上帝视为确定的价值祈向上的某种被无底止地构拟着的虚灵的真实，那么，经验世界中的信徒们以自己的方式对这虚灵真实的一次次有局限的构拟，就完全可能从人的实践理性之所趣得到切近真际的理解。不过，上帝一旦被领悟为由持存的人的精神无止境地构拟着的虚灵的真实，寄止于上帝信仰的那种终极眷注也就露出了隐伏在神圣的他律形态中的精神自律的秘密。事实上，自耶稣以来，被仰事的上帝一直呈其象于基督徒们执着的精神趣求中，在这趣求中，他作为"存在"——有其价值矢向的存在——而不是作为"存在物"从未定格于某种可执定的"相"。他律的终极眷注一再延伸于自律的心灵祈向——学术把信仰归结到这里，倘借用胡塞尔的话说，便是"回到事情本身"。

只有不趋附于任何世俗的势利，学术才可能超越地俯瞰势利得以所施的整个世俗；也只有在向着终极的眷注中拓出自己神圣的境地，学术才能以亲切的自律的神圣感去体味并探悉那被他律地置诸信仰的神圣之域。学术有着不穷于诘问的怀疑的智慧，但它从不滞留或羁绊于怀疑。学术自有其神圣的终极眷注，这眷注却只是引发了它对它在愈益拓展着的视域中所发见的问题的寻根究底。莱辛说过："假如上帝把真理交给我，我将谢绝这份礼物，而宁愿自己费力去把它找到。"他是在述说一个真诚的学人的心志，却也因着这份学人心志的真诚道出了学术所当有的自律的风致。

——摘自《学术自觉与学人境界》

学术良知与学人境界

学术受历史的青睐总是太少，孤拙的气质注定了它"知其不可而为之"的命运。它从不妄称自己是人间福音的信使，却对于兴致勃勃地活跃在红尘中的人们存有一份刻骨铭心的关切。它也从不邀誉或邀宠于这个被过重名利的霓虹点染了的世界，但它懂得如何在淡泊和寂寞中守住一向为它所看重的自由的尊严。富于悲剧感的是，学术没有绝望的天性，不论它如何一次次失望于视野中的令人不堪的世界，却终究不能对之漠然无望。

从学术在西方的第一位代言人苏格拉底被以"不信神"的罪名处死开始，学术的步履就一直拖着不见容于当下世俗的沉重。伊壁鸠鲁是又一位学术的代言者，这个以偏斜运动为原子输入了自由活力的原子论者终其一生都在向着世俗作这样一种抗辩："摈斥对神灵的流行见解的人，不是不敬神的人；相反，那些把流行见解加到神灵身上的人，才是不敬神的人。"布鲁诺是在说了"国家无权告诉人们应该想什么"、"社会不应该用剑惩处不同意通常公认的教理的人"之类的话后被焚毙于罗马广场的。而从不曾折节于人的斯宾诺莎在发表他的《神学政治论》时，则婉转而强硬地作了以下声明："我极愿把我的著作呈献于我国的治者，加以审查判断。他们若认为有什么与法律悖谬或有害于公众利益的地方，我就马上收回。我知道我既是一个人就难免有错误。但是我曾小心谨慎地避免错误。并且竭力和国家的法律、忠义和道德完全不相违背。"此后，即使在"理性的公开运用"终于被时代认可后，学术的言说不再有刑狱之虞，那些直抒心曲的声音也仍不能免于世俗的迫力。克尔凯郭尔固然可以痛切地申说"人类的中心要点在于基数'1'（个人）是最高的，'1000'（众人）并不说明什么问题"，却也仍是如此感叹自己的遭际："在哥本哈根我是唯一不被重视的人，是唯一一无所用的人，是一事无成的半痴半癫的怪人。众人就是这样来判断我的。"直到20世纪，海德格尔在他的《存在与时间》中甚至还这样说起"本己的此在"（"亲在"）如何被淹没于所谓"常人"："在这种不触目而又不能定局的情况中，常人展开了他的真正独裁。常人怎样享乐，我们就怎样享乐；常人对文学艺术怎样阅读怎样判断，我们就怎样阅读怎样判断；竟至常人怎样从'大众'中抽身，我们也就怎样抽身；常人对什么东西愤怒，我们就对什么东西愤怒。这个常人不是任何确定的人，而一切人（却不是作为总和）都是这个常人，就是这个常人指定着日常生活的存在方式。"自古迄今，学术上的任何一种创见都出自对本己的此在有深切体验的个人，这样的个人倘终于不为"常人"所消解，便难免因着其创见对"国家"、"社会"、"大众"的顾念而被其顾念者置于对立乃至敌视的地位。学术毕竟不能捐弃"国家"、"社会"、"大众"于不顾，它便也因此不能不缘于这顾念而承受一种宿命式的结局。这是学术的良知所在，也是学术的悲情所在。

学术良知养润于学人的牺牲，非有这牺牲无以铸学术之魂魄，亦无以延学术灵思之一线生机。司马迁曾引"倜傥非常之人"之往事发为感慨，谓："盖文王拘而演《周易》；仲尼厄而作《春秋》；屈原放逐，乃赋《离骚》；左丘失明，厥有《国语》；孙子膑脚，《兵法》修列；不韦迁蜀，世传《吕览》；韩非囚秦，《说难》《孤愤》；《诗》三百篇，大底圣贤发愤之所为作也。""拘"、"厄"、"放逐"、"失明"、"膑脚"、"迁"、"囚"等皆是一种牺牲，没有这牺牲，便没有隐贯于《周易》、《春秋》、《离骚》、《国语》、《孙膑兵法》、《吕氏春秋》等不朽著述中的非可尽于言诠的神韵。相形之下，西方学术见于苏格拉底、布鲁诺式的牺牲显得其抗争更为酷烈，中国学术见于孔子、孙膑、司马迁式的牺牲显得其求索更为坚韧。不过，中西学人许予学术的那种心灵境界，则未可以轩轾判分。

财帛、富贵、权势、名位，仇者可以夺，亲者可以予；品德、节操、灵思、匠心，仇者不可以夺，亲者不可以予。可夺可予者，是孟子所谓"求在外者"；不可夺不可予者，是孟子所谓"求在我者"。学术系于品德、节操、灵思、匠心而非财帛、富贵、权势、名位，是"求在我者"而非"求在外者"。"求在外者"虽"求之有道"却"得之有命"，受种种外部境遇的牵掣；"求在我者"则"求则得之，舍则失之"，得失只在于追求者的追求而未可向外推诿。学人治学自当争得"理性的公开运用"的权利，但学术的命脉或学术的可能局度却最终系于学人的境界。

境界意味着灵魂的深度或生命的格调，它的高下相去并不成比例于通常所谓的知识累积。它与逻辑纠葛无缘，在学人治学中只是更多地表现为一种态度，一种在生命进退处的决断。"我除了对自己的无知有所了解外，并没有什么知识"，这是苏格拉底在境界的入口对知识牵累的剥落；"假定有像美本身、善本身、大本身等等这类东西存在"，则指示着一个划时代的学术方向的开出——在这以人的"心灵最大程度的改善"为旨归的学术中，苏格拉底融进了他的祈向"美"、"善"、"大"的境界。同样，孔子所谓"吾有知乎哉？无知也"，未始不是在境界上对"知"的执着的松开，而所谓"吾欲仁，斯仁至矣"、"君子无终食之间违仁，造次必于是，颠沛必于是"、"志士仁人，无求生以害仁，有杀身以成仁"，则既可视为创始中的儒家学说的根荄所在，也可看作这学说的创始者以自身践履对既经体认的"圣与仁"的境界所作的承诺。"善的意志"是康德的道德神学或道德形而上学的起点，也是康德反求诸己的人生境界的端原，从这里说起的哲学被他称为"求达至善之术"，而这一以"至善"为终极关切的哲学也正因着哲学家本人对"至善"的真诚向慕——作为某种境界——才被赋予了一种亲切的生命感。孟子所谓"富贵不能淫，贫贱不能移，威武不能屈，此之谓大丈夫"，或所谓"生，亦我所欲也。义，亦我所欲也。二者不可得兼，舍生而取义者也"，这一类断语诚然是在喻理或告诫于他人，却也是说者自己的自励或策勉；而"仁义理智根于心"、"大人者，不失其赤子之心者也"、"可欲之谓善，有诸己之谓信，充实之谓美，充实而有光辉之谓大，大而化之之谓圣，圣而不可知之之谓神"一类说法，又都既是在晓示一种可感通于人的学理，也是在抒达一种自己心有所会意、有所属的人生境地。中西先哲先贤论学施教，所言所喻大都有言喻者的灵魂栖居其中，言说本身已是其生命践履的一部分，心灵境界往往即构成其学思智慧涌流不已的虚灵之元。

比起古人来，我们时代的主流学术可以说是喜剧式的。愈益被拥进"文化工程"、"文化产业"、"文化市场"怀抱的学术正被"规划"为一种量化生产，名目繁多的"项目"资助和日盛一日的评奖活动诱使学人名正言顺地为名利奔竞。学术的境界酵素在消释，心智因着良知的隐去不再有直面时风之颓势时的痛苦。名利在通行的评价体制内的直言不讳使学人委身为欲望的奴隶，学术在遗忘了它的天职后遂嬗变为沽名钓誉的场所。从马克思那里讨学问的人不再记得这位哲人的"要直扑真理，而不要东张西望"的教诲，言必称孔孟的心性之学的祖述者竟会淡忘了那"羞恶"、"辞让"之心；修西学的人固然陌生了耶稣的境界和苏格拉底的风骨，而操着鲁迅的话语动辄嘲讽他人为"正人君子"之流者，自己却成了真正的"小人"。孔子、苏格拉底都不曾撰写过"论文"或"专著"，老子为后人只留下了五千言也还是出于不得已而强为之言。今日学人属文，一日数千乃至上万，积其著述达百万、数百万言者比比皆是。古今相衡，倘以文字数量为计，当今任何一个有了副教授或副研究员职称的人的论著都会使孔、老、苏格拉底所撰文字的总和显得微不足道，但倘以生命的蕴蓄论，天下莘莘学人又能有几人可多少望其项背？泛滥着的投向"求在外者"的欲望与同样泛滥着的文字符号的拼凑是成比例的，在书写和传播手段足以让现代人并不困难地做到"著作等身"时，人们的灵魂失去了分量。把学术降格为求取财帛、富贵、权势、名位的手段是学术的外在化，外在化了的学术以其外观的繁荣枯竭了它当有的内涵。一如人类文化的危机终不在于物用的困窘，而只是因着精神的畸穷，学术的不堪并非由于述作乏人，却是缘于学术良知的隐没和学人境界的下委。在过重地累于外在的逐求后，当代学术也许有必要作一次返璞归真的努力，这"璞"、"真"的最好范本可以从中国先秦和古希腊人那里去找寻。

——摘自《学术自觉与学人境界》

"学以致其道"

　　《白虎通·辟雍》亦谓："学之为言，觉也。"以"觉"解"学"，"学术"亦可谓为"觉术"。康德曾上追苏格拉底之后古希腊人的意趣把哲学界说为"求达至善之术"，依例，这里当可以"觉悟之术"理解学术。"觉"或"觉悟"并不相应于记忆中的知识的多寡，它只是意味着心灵感受或致思的新境地的开启或拓展。

　　学术不是掌故的凑集，不是若干积木般的思想因子在逻辑伸缩中的重新编排。它要求学人必得下考据、辨证的功夫，但对于它，最重要的乃是那种富于原创性的运思亮点的闪现。这闪现便是一种"觉"。富于原创性的精神端倪的绽露不是博闻强记或逻辑推理的自然结果，在看似纯属偶然的心智觉醒中所隐含的是生命的某个敏感点被吸引和激发的消息。这个敏感点往往使人的寻索中的精神在刹那间闪电般地聚焦，然后彗星般地在精神的无穷宇宙中划出一道光亮夺目而独一无二的弧线。学术创发的这一"觉"与知识的博闻强记之间没有确定的当量可计算，但它的幸临却不能没有足够的知识作为前驱；它也不是寻常生命流程的溢出物，但离开拙真而深切的生命体验就永远不会遭逢那乍来的灵感。被创造的期待统率的知识与切己的生命体验的相遇是学术创发之"觉"的必要条件，而灵思创发之"觉"要成为现实却还需要未可预料的某一情境的不期而至。它不可能逻辑化为一套程式，因此它难以像通常只需诉诸言诠的知识那样去传布或授受。

　　"觉"作为富于原创性的运思亮点的闪现，可以从学术的不同层次说起，对终极意趣上的人生价值的觉知或了悟是学术在其最高问题上所达到的"觉"。古代儒者有"学以致其道"之说，其实，"学"以"致其道"正可领会为"觉"以"致其道"。"道"在中国古人这里，既非此岸的经验实体，也非彼岸的超验实体，而只是更大程度地被把握在心灵祈向上的那种虚灵的真实之境。《说文解字》释"道"为"所行道"，唐人陆德明在其所撰《经典释文》中则指出："'道'本或作'导'。""所行道"之"道"乃因人之所"行"而有，不可执着为原本存在的某种"物态"。人行走可谓之"蹈"（足"蹈"于地），"蹈"必有其"导"向，由"导"而说"道"，或更合于"道"义之初始。从《尚书·禹贡》所谓"九河既道（导）"到孔子所谓"道（导）之以德"，其"道"之"导"义愈益从一种可直观的动作演变为一种虚灵的动势。这蓄着虚灵动势的"道"意味着一种价值导向，它必至于究竟，遂有形而上的终极眷注。老子的"道法自然"之"道"，所"导"在于"见素抱朴"之"素"、"朴"，其极致之境或可谓"致虚极，守静笃"、"作焉而不辞，生而不有，为而不恃，功成而弗居"，其发为现实之用，则可收"我无为而民自化，我好静而民自正，我无事而民自富，我无欲而民自朴"之效。孔子的"人能弘道，非道弘人"之"道"，所"导"却在于"吾欲仁，斯仁至矣"之"仁"，其极致之境当如孟子所说"大而化之之谓圣，圣而不可知之之谓神"，或《大学》所谓"止于至善"，《中庸》所谓"致广大而尽精微，极高明而道中庸"，发用于当下，遂可期于"道之以德，齐之以礼，有耻且格"，或所称"自天子以至于庶人，壹是皆以修身为本"、"君子之德风，小人之德草，草上之风必偃"。今日学人治学，诚然不必斤斤恪守于老庄或孔孟之"道"，但以学术为"觉"术（觉悟之术）而"学以致其道"，则仍当不忘古人遗训，取范于先贤先哲。"道"的涵赅因体"道"或致"道"者的所"觉"容有不同，如老庄与孔孟之"道"的尽可异致，然而，以其"导"的性分从价值所祈导向某种终极眷注的"道"，却决然不可为究心于学术者所轻弃。

一个熏炙于西方之学——从苏格拉底前后的古希腊哲学，到20世纪"语言学转向"前后的种种学说——的西方学者，即使全然不去理会东方的道术或学艺，也可以在既得的畛域内自辟其学思之路；一个志在治学以闻道的晚清之前的中国士人，也只需向儒、道、释三教的经典中去寻求境界的上达。但处在西方思潮主导世界趋向的当代中国学人便不能不兼顾中西，在中西学术的张力下寻取人文创发之蹊径。"学以致其道"依然是学术的职分所在，只是对"道"的探求多了一重"中西之辨"的背景，并且，从此也增了一份如何穿透当代人类文化危机以携着一线希望觅路而行的担待。学术对民族境遇的关切不可能不更多地涵了对整个人类命运的眷注，一个其文化传统被愈益边缘化了的民族所投出的世界眼光是忧悒而充满期待的。严复在 19 世纪末尚断言中国"今日之政，非西洋莫与师"，到了 20 世纪初叶，却已称说"孔孟之道，真量同天地，泽被寰区"，"吾国旧法断断不可厚非"，单是这前后判若两人的观念，即可看出为"中西之辨"的文化难题所笼罩的中国学界曾有过怎样的精神震荡。"五四"主流知识分子曾以"人生的目的是求幸福"的价值认同发为"重新分别一个好与不好"——"重新估定一切价值"——的呐喊，继起的当代新儒家学者则由返回孔孟"成德之教"（"返本"）而试图从儒家的本始生命处开出科学与民主（"开新"）以作回应。不论这两种思潮在价值抉择上有多么深刻的分歧，思潮中持不同见地的人们却都对人生的意义和民族乃至人类的命运有过痛切而究极的思索。当代新儒家学者"寻晚周之遗轨，辟当代之弘基，定将来之趋向"的措意固然守着"道"的分际，而"五四"主流知识分子的"声发自心，朕归于我"、"尊个性而张精神"的"摩罗"之声中又何尝没有"道"的消息？对于学人来说，"学以致其道"既是一种理致，也是一种践履。前行者们以其学行为我们作了学术如何生命化的示范，今日中国的生命化的学术正当由我们承诺于自己的当下作为。

"道"可意会为形而上的"一"。老子就曾如此描摹他所谓非可道之"道"："视之不见，名曰夷；听之不闻，名曰希；搏之不得，名曰微。此三者，不可致诘，故混而为一。其上不皦，其下不昧，绳绳兮不可名，复归于无物。是谓无状之状，无物之象，是谓惚恍。"这"一"不是早期古希腊哲人那里的"逻各斯"，它没有"逻各斯"以其"不可挽回的必然"加予人的那种命运感。它带着价值的询问指向终极，打开一个虚灵的为良知所栖的境界。"道"之"一"不是彼在于人的心灵的"绝对真理"，它没有对问"道"者作划一的思想强制的那种霸气。它对人的心灵"导"而引之的局量是同人的心灵的价值自律一而不二的，其可"觉"而不可述，可"致"而不可"知"。"道"的传承犹如涵淹于艺术创构中的那种"神"（神韵）的相感，非可尽释于言诠，却可默识而冥证。倘学人治学果然在"学以致其道"的格范中，那学可见"道"的著述必是各赋个性、极尽学人本己此在之性情与思趣的。"道"敞开着，它息息相通于情态各异的学人的真切生命。

——摘自《学术自觉与学人境界》

"治学的底蕴原在于境界"

"我投之于文字的是生命"

治学的底蕴原在于境界。有人凭借聪明，有人诉诸智慧，我相信我投之于文字的是生命。

——摘自《两难中的抉择》"后记"

（南昌：江西人民出版社，1992）

知识·智慧·生命

涵淹智慧的知识是真知，寓托生命的智慧是神慧。

不论以西方的苏格拉底、柏拉图比拟东方的孔孟如何地不相宜，至少，有一点却是这些"轴心时代"的哲人们所共备的：他们诉诸本真的生命，在人类心灵的空濛的童年作一种人生应然趣向的贞辨，并缘此把内在的承诺以口头或文字的方式做某种勉为其难的表诠。但既然是关涉灵魂的归置对"克己"、"立人"的向度有所肯认，言诠便不得不取佛家所谓的"分别说"，而既然是"十字打开"式的"分别说"，说者便无论如何也无法画出一个意味上的没有把柄的圆。

读柏拉图或者正像读孔孟一样，需要有"得意忘象"的功夫；文字最表层的"知识"对于为知识输入活力的"智慧"原只是一种"象"，同样，涌动在智慧中的"生命"才是智慧的真正的"意"。文字中寓着哲人的灵魂，它须得当下的运思者的灵魂去呼唤。对于那些认定古哲的灵魂早就死去的人来说，那灵魂果然是死了；对于那些确信那灵魂就在意境的"灯火阑珊处"的人来说，它竟或就会在你"蓦然回首"的刹那如期而至。神的契入是决定性的，但同一个有深度的灵魂交往必要有与之相称的灵魂的深度，否则，解剖灵魂同解剖被灵魂遗弃的死尸并无二致。

人们当然有理由对柏拉图在《政治家》——一篇难读而又颇有代表性的对话——中就国家政体所说的许多话进行措词激切的批评。例如，他说"在与其他政体形式相比较的时候，多数人统治的政体在所有方面都是软弱的，无论是在好的方面或在坏的方面，它都无法有所作为，因为在这种形式中，政府的权力按小份额分给了许多人；因此在所有有法律的政体中，民主政体是最不好的；而在所有没有法律的政体中，民主政体是最好的"。至少，人们可以这样提出诘难：既然代表民意的法律被认为是社会治制中终究不可或缺的，那么还有什么政体比民主政体更能保证法律所体现的公正不被亵渎呢？同样，人们可以用同一个理由反驳柏拉图对所谓"有法律的君主政体"所作的"居冠的或最好的"赞许，因为迄今的人类历史表明，在一个权威的君主——集中了所有权力因而可能使政府有着极高"效率"的君主——面前，从来就不曾有过真正的法律的权威，而从这里正好可以窥见"有法律的君主政体"的内在扞格。

甚至，柏拉图在经由思路的多重跌宕后就政治家的技艺所得出的华美约言式的结论，似乎也完全不值一顾。他以"编织"的技艺喻示人们："当着国王的技艺借助友谊和思想感情的一致把上述两种人（节制的人和勇敢的人——引者注）引入共同的生活时，一件所有织物中最壮丽、最美好的织物就完满地织成了。这件织物把国家中的所有居民——不但是自由民，而且还有奴隶——归置其中，由它把他们联成一体，统治并保护他们，而不遗漏应该属于一个幸福之国的任何东西。"事实上，已经有人指出："把政治比作纺织艺术是柏拉图的一大创造，也可以说近代和现代的把国家比作机械装置和机器的做法，就是对柏拉图创造的翻版。"而我们当然可以更确切地以下述方式对那"最壮丽、最美好的织物"提出质疑：每个个人的最优秀的品质既然只不过是国王的政治编织技艺所必要的经线或纬线，那么，所有被"归置其中"的个人是否还会有属于自己的自由的独立性和个性？

然而，把柏拉图的上述提法归结为一种牵系着某种终极眷注的价值教化，也许比执定为一种政治学说更妥切些。正像对同一篇对话中柏拉图不厌其长地引述的天体逆向运转和随之发生的生命过程回溯的神话故事，我们与其把它看作对人类历史在发生学意义上的探源究底，不如把它理解为一种寻趣到神人之际的价值导引。继苏格拉底之后，柏拉图的心神所注或可说是在于文化所必要的虚灵的精神支点的贞定；他同他终生敬仰的老师一样，不是那种诉诸一定组织形态的宗教的创教者，但以对人生态度作某种根本指点而论，他和他的老师所做的却都是立"教"的事。诚如佛教，究宣真元的"如实"慧并不排斥决行止之疑的"方便"慧，柏拉图也作系属于当下事功的政治、法律设计，但"方便"之门的开启总在统之有宗的"如实"的根本慧的烛临下。

因此，重要的也许并不在于"方便"意义上的正误的纠结，而当是对于生发于"如实"处的智慧的体识。"方便"既然不过是"方便"，我们便仍可以依"方便"的态度松开过多的执着，把灵思集中到对象的生命智慧的真正在所。宗教的真谛无从衡以知解理性的尺度，相通的理致是，对于立"教"者柏拉图所觅求的虚灵的命意，我们不能绳之以所谓实证的政治或历史科学。

——摘自《政治家》"译序"

（北京：中国青年出版社，2002）

"要直扑真理，而不要东张西望"

这是一个曝光过于强烈的地带，任何略失审慎的差池都会以放大或夸张了的方式显露出它的不堪。况且，在这里，学术往往还须顾及学术之外的紧张，心灵询问本身即意味着某种会牵动那严重得多的感性后果的精神的探险。然而，当我们终于有可能把马克思——一位悉心考察和感受过现代人类最深刻的危机的人物——真正作为研究和品评的对象时，这被观审和解读的对象也这样激励尚可期许的研究者："直扑真理，而不要东张西望。"

马克思在中国是幸运的，他的名字曾迅疾而持久地成为人们某种神圣祈向的象征，但这幸运却也是真正的不幸：既然中国在过去的许多年中所发生的一切都用着他的"主义"的名义，那么，当着人们得以回头检点这期间的非同寻常的失错时，也便可能沿袭世俗的方式迁怨于他。我们中国人对这位耳熟已久的人物是怎样的陌生呵！竟然在以初恋般的热情紧紧地拥抱他之后，骤然同他拉开了一段令人惊诧的距离。诚然，马克思的一句话是不期然说中了的，他说："（你们）这样做，会给我过多的荣誉，同时也会给我过多的侮辱。"这"过多的荣誉"和"过多的侮辱"，难道不正是来自那种对马克思——从他的智思到他的心灵——的过多的无知吗？忏悔和反省是灵魂的良医，然而一个不言而喻的前提则是康德所谓的"理性的公开运用"，对马克思的研究显然有待于一个新的开始，它将展示那曾有过持续的自豪的伟大东方民族的历史胸襟。

只要容许研究，就不能指望不同的研究者对同一研究对象总能够作出众口一词的断论。也许正确的结论会有相当程度的"排他性"，但这并不能够成为那些惯于向人们颁布真理的人用"权威"的鞭子抽打别人智慧神经的依据。在研究对象面前，研究者的心灵应当是坦真的；他在用思维把握对象的逻辑时，也在用自己的心灵探询那逻辑后面的更动人的非逻辑的消息。这需要与勤苦和果敢相系的"截断众流"的意志的力度，也需要非意志的"蓦然回首，那人却在灯火阑珊处"的灵感的机遇。然而灵感是羞涩的，她常常须有一种情致的导引，这情致——一种不尽于思议的心理氛围——至少意味着研究者心智的舒展、开放和没有太多的畏忌。谬想总会因着神思的自由驰骋而萌生，但为神思所引发的，也会由神思作处置。歧误可能会作为一种代价永远伴随着智慧，智慧却绝不至于因为它的真实的果实蒙了脱不开的阴影而消歇或萎靡。自由的心灵并不像说大话的人，它从不在本真的罗陀斯岛之外刻意卖弄。

大约十五年前，在我第一次读马克思的博士论文《德谟克利特的自然哲学和伊壁鸠鲁的自然哲学的差别》时，就曾为马克思的辐辏于原子偏斜的诠解的运思所吸引。"每一个物体，就它在下坠运动中来看，不外是一个自身运动着的点，亦即一个没有独立性的点，这个点在某种一定的存在中——即它所描画的直线中失掉了它自己的个体性。"这段描写原子直线下坠运动的文字，在我看来，恰构成一种庄重的人文思考，它提撕着马克思系于人的个性和独立性的某种终极眷注。其命意正好通着《德意志意识形态》中的一段话："在现代，物的关系对个人的统治、偶然性对个性的压抑，已具有最尖锐最普遍的形式，这样就给现有的个人提出了十分明确的任务。这种情况向他们提出了这样的任务：确立个人对偶然性和关系的统治，以之代替关系和偶然性对个人的统治。"这些并非无关紧要的论说，一经关联到论主终生信守不移的价值理想——"建立在个人全面发展和他们共同的社会生产能力成为他们的社会财富这一基础上的自由个性"，一种对马克思历史观的全然异样的理解便在我这里闪电般地发生了。就是说，我开始有了为我所心契的马克思。

我曾带着这些理解参加过几次学术会议，其中值得一提的是1982年4月召开于洛阳的"全国马克思主义哲学史学术研讨会"和1983年4月由北京大学做东道的"'马克思主义与人'学术研讨会"。我当然希望我的一得之见能够引出富有学术深度的回应，但由此引起的辩论却差不多一直纠缠在新思的起点处。不久，我因着学术而有了学术之外的麻烦，那时我甚至为提出问题的权利作一种自我辩护也已经相当困难。治学和做人的良知煎熬着我，我只是在这时才真正体会到孟子叹说"予岂好辩哉？予不得已也"时那份心灵的沉重。1985年5月，当我有可能凭着手中的笔为那被委屈了的道理再作申说时，我的研究已经折向另一个领域，但我还是回顾式地写了一篇题为"关于《关于人的理论的若干问题》的若干问题"的文字。人们当然可以就此批评我的执着的（在以乡愿化了的谦和为美德的世俗中责备这执着正是极自然的事），但我心中最清楚——那原只是出于双重的无奈：我无法对我了然于心的理致的见曲不置一词，我也不能不因着"理性的公开运用"的尊严，在无知的鞭笞下作一种远非主动的挣扎。

1988年2月，我在《"有个性的个人"与"偶然的个人"》一文中，对五年前衍论成书的见解作了挈要的宣说。不久，我在一篇题为"'个人自主活动'与马克思历史观"的长文中，对那一直被搁置的书的中心命意作了系统阐发。

在又一个五年过去后，我终于有了出书的机会。十年前的旧著经过不小的补正，便成了这部《人韵——一种对马克思的读解》。斯宾诺莎在他的《神学政治论》问世时，自序的末段缀有一个声明，那中间透出的心境正和三个多世纪后我在发表我的逊色得多的文字时的心境不期而同，因此，我情愿把这些话一字不易地录在下面，以借他的声明来声明我自己：

> 我极愿把我的著作呈献于我国的治者，加以审查判断。他们若认为

有什么与法律悖谬或有害于公众利益的地方，我就马上收回。我知道我既是一个人就难免有错误。但是我曾小心谨慎地避免错误。并且竭力和国家的法律、忠义和道德完全不相违背。

——摘自《人韵——一种对马克思的读解》"自序"

（北京：东方出版社，1996）

"文字付梓犹泼水难收"

拙著《两难中的抉择》后记有谓"治学的底蕴原在于境界。有人凭借聪明，有人诉诸智慧，我相信我投之于文字的是生命"。值《心蕴——一种对西方哲学的读解》问世之际，重温故语，感喟多之。回想当年出此语时胸次朗然而无所牵顾，倘在今日或已不敢如此放胆。以生命治学是何等境界，非到心灵陶炼至纯正不昧处岂可漫言！但话既出口，亦唯有竭诚自勉。文字付梓犹泼水难收，容有不当，愿读者教我。

——摘自《心蕴——一种对西方哲学的读解》"自序"

（北京：中国青年出版社，1999）

"'美'不入语言的囚牢"

刚刚告馨的这部书稿并不是计划中的目标，我起念把几年来读解德国古典美学的文字连缀成脉络相贯的一个整体，不会早于上一年的盛夏到来时。沿着审美之维走近康德、席勒、歌德、费希特、谢林、黑格尔，原是为了更称职地授课的，只是在后来，当神思疲顿时的蓦然一顾间，含着几分玄涩的那种美的感性微笑吸引了我。隐隐的感动中闪过一丝透向灵府的光，于是，我开始把这个对于我来说仍有不少陌生感的王国纳入我的另一种注意。

近三十年来，我一直在为哲学服役。七年前来到一所大学的中文系任教后，虽对文学理论的理会不敢稍有懈怠，却也从未淡漠过同哲学的那份宿缘。像是一个蹩脚的跳高者，我早些年就自不量力地瞄住了"价值形而上学"的着思高度，可直到现在也没能找到为那断然一跃所当准备的起跑点。决心在延宕中，面对作了承诺的标高的一再后退，甚至使自己都难以说清退寻时的心境究竟是从容还是怯懦。大约总是需要慰藉的缘故，我又一次为自己的踌躇——因而许久地盘桓于德国古典美学——搜寻理由：上追古希腊学术风范的德国古典美学是发端于康德而重新构拟——以扬弃休谟难题为契机——的形而上学的产儿，如果连这里都是视野中的一个不小的盲点，何以敢期许自己去问津新一轮——以扬弃解构论的本体诘难为契机——的形而上学之再生的消息？这理由或者并不勉强，但愿它能像先前的诸多借故一样，最终不至于成为对自己因果然的惧怯而不再敢正视那一令人战栗的学术难题的印证。

诚然，即使单就审美心灵的陶染而言，在当下这个由"泛美"的鼓吹而使美愈来愈沦落为"媚美"（叔本华语）的时代，也有必要回味德国古典美学乃至苏格拉底、柏拉图所代表的那个"轴心时代"蕴藉之灵韵，以借着承载美的幽趣的感性性状去眺望一种虚灵之真际。"美"不入语言的囚牢，它自然不致就范于泛文本化的圈套。当语言被解构的狂欢者夸大为人生的天罗地网而由此罩给人们一种新的宿命时，"美"无意扮演弥赛亚的角色，它掉头不顾喜剧明星们的热闹庆典，只对那些拙真的灵魂默示一种天趣盈盈的境界。一如作了"美"的再度自觉之艺术先导的达·芬奇、米开朗琪罗、拉斐尔、莎士比亚、塞万提斯等人的作品永远不会成为历史的陈迹，德国古典美学从审美之维所祈向的虚灵的真实在人的心灵深处自有其非可拔除的根荄。人们当然可以责备"美其实是一种本原现象"、"审美判断是正题判断"一类说法的玄远的，但如此言喻的不得已，正可以从美本身终究不落言诠获得相当的申解。毋庸讳言，这里对先哲典籍所作的读解虽不免于粗率，却仍是不能没有它的希冀。但愿从那已见远去的时代借来火种，趁着灵魂尚未失去的热情又一次燃起生命的圣火。

——摘自《美：眺望虚灵之真际——一种对德国古典美学的读解》"自序"
（福州：福建教育出版社，2004）

这里期待的是"另一种生命的共感"

辑集在这里的文字与时潮中热切的功利竞逐无缘，含蕴于其中的心灵期待的是另一种生命的共感。

我们有幸落身于其间的尘世正上演着节奏明快的喜剧，在轻盈的巧智让一切都表演化了的场景中，步履浑重的哲学差不多早就是一个被取笑的角色了。但人生毕竟不能全然以利率的高下作价值折算，蓦然自审的良知有时也会向稍稍宁静下来的人们提示一份灵魂所必要的拙真。这部文集的志忞编成只是为着那可能的蓦然的一刻的，它除了即使终究会失望也不能漠然无望外，并没有太清晰的希望。

集子中的文字略分为四篇：西学篇、中学篇、马学篇、困思篇。"西学"、"中学"的指谓是一目了然的，唯"马学"之说不免突兀，但那只是因着中国的国情才勉为其难，强为之标称。"困思"则演自孔子所谓"困而学之"之"困学"，意即困惑中的思索。前三篇中的文字虽不无论主独寻之断制，却重在中西哲学史的探究，末篇诸文则命意草创而自出机杼，多是涌自灵府的切己之言。对人的可能的"命运"和当有的"境界"的寻问是淹通于全部文字的主脉，涵养于生命中的德慧是运思者心有存主的最后凭借。被重新赋予内涵的"自由"把散逸的灵感召唤在同一价值祈向下，由"文化错觉"概念所反显的"虚灵的真实"的意味，透露着新思酝酿的托底的秘密。

"中学"、"西学"、"马学"、"困思"四目分立的格局，可能带给人以学思所骛过于铺张的印象，其实隐衷所在原只是真正的无奈。一个有原创性天赋的西方学者，也许只需从一套西方的经典——从苏格拉底前后的古希腊哲学到当代的分析哲学、存在哲学、宗教哲学——中去汲取神思创发所必要的学养，一个晚清以前的明达的中国士人，大约也只需借助一套中国的经典——从《周易》、孔、孟、老、庄的诲示到周、张、程、朱、陆、王的洞见——就可以去做"学以致其道"的功夫了。但处于西方学术主导世界思潮之当代的中国学人，便不能不寻问两套经典以求精神的升进。这里所悉心以赴的并不像体育竞技者对奖牌的摘取，在对学理的强探力索或对人生究竟的苦心求证中，挣扎着的是对早已浸润到自身的人间罪咎和苦情不能无动于衷的灵魂。当然首先是救住不进则堕的自己，但良知也还催动着那带着爱意之眷念的"类万物之情"。一种真正的世界视野或人类胸襟不可能属于没有民族个性的人；倘不偏落于一隅之私，人类的命运眷注其实也正通着民族的尊严关切。

然而，可以想见，这里的文字怕是不免于落寞的。落寞当然不是精神的正态，但寓了性情的文字倘果然无缘遇着它的知者，那或者还是落寞的好。

——摘自《黄克剑自选集》"自序"

（桂林：广西师范大学出版社，1998）

"还孔子些许不可再少的庄重和从容！"

这是我第一次撰写疏解性文字，有幸借此以别一种方式谛听孔子的训诲，却也因此在感通古今的字斟句酌中惴栗于自身生命局量的不足。

历来注释《论语》皆以剖章析句为能事，罕有学者统摄诸章以探究其所在篇帙的总体意趣。作为一种尝试，这里的疏解由章而篇而又由篇而章，在经心于章句的辨析时也对那些看似互不连属的章句间隐然贯穿的线索有所留意。从松散的篇章结构中寻找某种可依篇疏解的措思头绪，原出于这样一种预断：《论语》分篇辑录"孔子应答弟子、时人及弟子相与言而接闻于夫子之语"（《汉书·艺文志·六艺略序》）决非随机杂凑，其编纂者集取先师话语时不可能不融进自己对所辑话语的理解；试图经由《论语》走近孔子的人，首先不期而遇的当是儒学境域的引路者，他们把散落的夫子遗句有序化了，也因此辟出了一条可望进到孔门而登堂入室的蹊径。

与依篇疏解构成一种互补，这里对章句的理会除字词、句脉的必要训释外尚颇重相关古籍对其意之所属的印证。《论语》所辑孔子之言或孔门诸贤论学而闻自夫子之语大都语境不详，欲较准确把握其指归所在，不可不参酌去夫子立教未远之战国以至两汉遗籍。此种援引诸文献以作疏证的文字约分两类：一类为《论语》章句的互证，如以"卫灵公"篇第十九章"君子病无能焉，不病人之不己知也"，印证"学而"篇第一章"人不知而不愠，不亦君子乎"；以"先进"篇第二十一章"论笃是与，君子者乎？色庄者乎"，印证"颜渊"篇第二十章"夫闻也者，色取仁而行违，居之不疑"；以"述而"篇第二十六章"善人，吾不得而见之矣，得见有恒者，斯可矣"、"子路"篇第十一章"善人为邦百年，亦可以胜残去杀矣"，印证"先进"篇第二十章所谓"不践迹，亦不入于室"的"善人之道"等。另一类为引用其他著述（"经"、"史"、"子"、"集"）以证知《论语》章句，如以《礼记·中庸》所谓"礼仪三百，威仪三千，待其人而后行。故曰：苟不至德，至道不凝焉"，参较《论语·八佾》第三章"人而不仁，如礼何？人而不仁，如乐何"；以《孟子·公孙丑上》所谓"夫仁，天之尊爵也，人之安宅也"，参较《论语·里仁》第一章"里仁为美。择不处仁，焉得知"；以《孟子·离娄上》所谓"得天下有道：得其民，斯得天下矣；得其民有道：得其心，斯得民矣；得其心有道：所欲与之聚之，所恶勿施尔也。民之归仁也，犹水之就下、兽之走圹也"，参较《论语·颜渊》第一章"子曰：克己复礼为仁。一日克己复礼，天下归仁焉"等。书中疏证所用文献唯求精当、简约，不以博采广纳为胜，倘文献之间不无扞格，则亦务必在比勘、校度之后决断其弃取，以免因其杂然并陈而使人不得要领。诚然，对章句的疏证未必只是篇帙疏解的佐证，但视野更开阔的疏解毕竟决定着章句疏证所不可能没有的义理导向。

如果说章句的疏证重在以古证古，章句而篇帙的疏解重在以今解古，那么，那些由古而今的移译所勉力求取的则在于以今切古。这切是切其理，切其境，也是探其蕴而会其神。切古一如证古、解古，并不只在于诉述一种慕古的情思；在证古、解古而切古的起念处，寓托着的其实是一份心有所通、性有所系而道有所契的生命化的期冀。

我深知，在《论语》"热读"的当下如此疏解经籍未必合于时宜，然而肩着人生难以名状的忐忑和沉重，仍不能不就此对翘企中的人文运会作某种近于无望的祈告：但愿留住几希学苑的尊严，还孔子些许不可再少的庄重和从容！

——摘自《论语疏解》"自序"

（北京：中国人民大学出版社，2010）

"这'孤魂野鬼'还得做下去"

这本小书所属意的对象是寂寞的。无论是惠施"南方无穷而有穷"、"今日适越而昔来"之类的怪异命题，还是公孙龙"坚未与石为坚而物兼，未与物为坚而坚必坚"、"物莫非指，而指非指"之类的晦昧思致，其在两千多年的冷遇中几乎一直悬若哑谜。前贤或蔑称之以"辟言"（荀况语）、"诡辞"（扬雄语），今人对之亦多有"帮闲"（郭沫若语）、"诡辩"（侯外庐语）之讥。间或有知者探其幽趣而不无所得，但神思所至以达于通洽、贯综之领悟则终嫌未足。

诚然，在史家（司马谈、司马迁）和目录学家（刘向、刘歆）那里同被称作"名家"的惠施、公孙龙，其名辩之微旨皆在于"正名实"，但二者之趣致毕竟相异而不相袭。如果说惠施重在据"实"——位移或变化于时空中的有形之实——置辞而使"名"之所言常在亦"生"亦"死"、亦"今"亦"昔"、亦"有穷"亦"无穷"的同异"两可"之际，那么，公孙龙则重在引"名"——以一类事物或此类事物某一性状之共相的极致情境为标准——而验正事物在怎样的程度上合于其共相之"实"。前者在于"合"此事物与彼事物或某事物的此时与彼时的"同"与"异"以对其作一体把握，而以"名"（概念）对如此之把握作一种描述时遂不免歧出于惯常的合于形式逻辑的言说方式，其名辩特征可一言以蔽之为"合同异"；后者却在于将用作指称事物某一性状之共相的"坚"、"白"诸概念"离"物、"离"相而视之，由"离"而求得独立"自藏"的"名"（概念）以"正其所实"，其名辩特征可一言以蔽之为"离坚白"。"合同异"与"离坚白"并非彼此对立而相互驳诘：其"合"只是"合同异"而非"合坚白"，其"离"也只是"离坚白"而非"离同异"，立于绝对的"名"以说"离"与立于相对的"实"以辩"合"，"离"、"合"反倒不期然构成名家论辩名实的某种默然相契的运思张力。

一如儒、道、墨、法、阴阳诸家各有其好恶迎拒，名家的引人骇诧的诡谲之言亦寓托着执着的价值取向。对世人作"泛爱万物"的规劝是惠施"合同异"之辩的立意所在，而公孙龙对指示某种理想或极致境地因而具有绝对性的"名"的称举，则试图借重其有着"兼爱"祈愿的"离坚白"之辩"以正名实，而化天下"。但无论如何，名言惯例在惠施那里的打破，赋有绝对性的"名"在公孙龙那里得以成就一种逻辑意味上的理想主义，这蕴于其间的不同于儒家伦理、道家玄理的所谓名理，毕竟更能述说名家何以成其为名家。名家的名理在一个特定向度上把人文眷注引向对言喻分际的措意，而如此所示导的"名"的自觉或语言对其自身的辨析或正是名家在思想史上所作出的独异而至可称道的贡献。

本书由觅求惠施、公孙龙诸命题之闳机入手，鹄的却在于探取名家语言自觉之真诣。书名"名家琦辞疏解"之"琦辞"一语出自《荀子·非十二子》，不过荀子所谓"治怪说"、"玩琦辞"是对惠施之机辩的诃责，而这里引"琦辞"以指示惠施、公孙龙的奥诡之言，则已转换其意指。"琦"通"奇"，"奇"有怪异、冷僻之义，亦有新奇、精辟之义，荀子在前一种语义上以"琦辞"为怪僻之辞，这里则在后一种语义上以"琦辞"为奇异、精深之语。此外，"琦"之本义为"美玉"，本书以惠施散落之遗句或公孙龙孤行残存之篇章为"琦辞"亦不无称叹其珍奇可贵之趣。

与古哲灵魂的神交须得一种足够重的生命的担待，然而当以如此的担待历经又一次经虚涉旷的劳作后心境亦复归于孤寂。友人王乾坤先生品评拙著《由"命"而"道"——先秦诸子十讲》时曾说："黄克剑的学术创获与自如得益于他的价值拱心石，但依我看这拱心石同时也将他置于左右不逢源的学术境遇中。正如马学、西学（我亦积年累月经心于马克思哲学和西方哲学——引者注）不曾向他伸出多少橄榄枝一样，我估计方兴未艾的国学热也不会向他表示太多的友情。……在大众中，'穷根究元'几乎没有可能获得支援。这样的际遇当然有着时代的或然之因，但亦正是本体上的，宿命的。这是中外历史上无数案例所昭示了的。"在一切被这样最后料定后，一个百无一用的书生竟还可以期待什么呢？或者苟延于故纸的余生亦只能接受他的无可奈何的规勉："这'孤魂野鬼'还得做下去，也许永远。"

——摘自《名家琦辞疏解》"自序"

（北京：中华书局，2010）

"一种生命化的研究方法"

提起"先秦诸子",人们自然会想到老子的"道可道，非恒道"、孔子的"人能弘道，非道弘人"或公孙龙的"白马非马"、韩非子的"抱法处势"一类说法，这些说法把我们引向两千二百多年前的时代。岁月默默地覆盖着历史的足迹，一切都显得那么渺远而朦胧！通常人们总是凭借传世文献或出土文物去问讯那个似乎早就同我们陌生了的世界，这当然并没有错，问题只在于问讯者是否能让这些文献和文物真正在自己的心灵中苏醒。对于一个精神贫乏的人来说，他面对的历史总是贫乏的；一个自身生命强度不足的人，永远不可能使文献或文物所默默顾念着的那个世界焕发生命。这里，我想申明的是，我所主张的先秦诸子研究，绝不是撇开文献和文物去另谋蹊径，我不过是要强调，研究者和研究对象的真正相遇只在于一种生命的沟通。一个研究者在研究对象那里唤起的是他自己生命中有其根芽的东西；他不能无中生有，这"有"既是对研究对象而言，更是对研究者自身而言。只有诗意的眼光才能发现诗意，只有良知不曾沉睡的人才能从历史人物那里体悟到时间永远带不走的良知。胸中塞满机心的人从历史中捡到的只会是权谋的垃圾，把心思和聪明全都用在利害计算上的人，满眼看去，这人间世从来就只有过一种被看重的价值——牵动着每个人的攫取欲望和角逐冲动的功利价值。其实，不论我们自觉与否，我们每一个人都在以自己的方式塑造着人的形象，并且以这形象为人生理由到历史中寻找印证。对于意识到这一点的人来说，重要的当然不在于如何从中摆脱出来以便使自己获得一种纯粹"客观"的视野，而是在于如何正视这种对历史诉诸切己生命的阐释，从而让尽可能不落于狭隘的生命成全历史，让在阐释中被升华着的历史成全生命。我称这种使生命和历史有可能相互成全的研究方法为生命化的方法。

生命化的研究方法不再作"主观"和"客观"的截然二分。它立于生命实践，否认人的阐释之外还会存在某种物自身式的历史或"客观"的历史自身，但指出所谓客观的、绝对的历史自身的虚妄，并不是对历史理解上的相对主义或虚无主义姿态的让步。这种方法所确立的一个信念是，阐释者对历史所作的赋有个性的阐释，同时也可能是一种对历史的合于"公意"的阐释。"公意"不是一般所谓多数人的同意那种意义上的"众意"；"众意"属于经验范畴，意味着对受经验局限的"众意"的超出。"众意"不免压抑或否定个性，但和个性却往往能够相互成全。孟子在谈到孔子"作《春秋》"这件事时说："其事则齐桓晋文，其文则史。孔子曰：'其义则丘窃取之矣'。"依我的理解，孟子这段话不外乎讲了两层意思：一层意思是，《春秋》之所以为《春秋》，固然在纪"事"、属"文"方面得益于鲁国的原始纪事文献，但重要的还在于一种"义"的赋予。就是说，《春秋》所述说的那段历史之所以是一段可理解的历史，是因为它被赋予了一种意义（"义"）。另一层意思是，隐贯在《春秋》中的"义"是孔子"窃取"的，"窃取"之谓强调了孔子赋予"春秋"以意义的个人性，换句话说，孔子修史是尽其人文教养而秉其个性而为的。《春秋》之"义"不是基于经验中的多数人的同意，而是孔子富有个性的断制，但这种个性非但不落在一己的偏私上，反倒比经验中的所谓多数人的同意更接近或更能体现不为经验所限的"公意"。中国清代史学家章学诚指出："史所贵者义也，而所具者事也，所凭者文也。"这看法与孟子的一脉相承，因此，他也断言："史之义出于天。"他说的这个"天"略相当于"天理"，不是神秘的天的启示，而是一种可亲证于人的真切心灵的"公意"，也就是孟子所说的"尽其心者，知其性也；知其性，则知天矣"的那个"天"。我们不能说这个"公意"意味上的"天"或以"天"相称的"公意"是离开人的赋义行为的"客观"存在，也不能说它仍在"主观"的窠臼中，因而只是那种经验的多数人的同意（"众意"）的同义语。

以个性切近"公意"的生命化的方法，显然不是那种仅限于操作的单纯技巧，它要求研究者应具有尽可能健全、尽可能深厚的生命局量。陆游论诗有"汝果欲学诗，功夫在诗外"之说，他所说的诗外的功夫其实就是人的生命养润、陶炼的功夫。研究中的诗意——创造性——的获得，一如诗的创作，在表层的技巧性操作后面真正起作用的是由养润和陶炼功夫而来的那种生命的感悟。纯粹的技术性的考证在人文领域是不存在的，考证的缘起、考证过程的延伸及对考证结果的运用都会牵连到必要的价值选择和想象力所由发动的心灵的敏感，这选择和敏感追到根底处，总与研究者的生命格局有关。十多年前，我在为一篇译作写的序言中说过这样的话："知识若没有智慧烛照其中，即使再多，也只是外在的牵累；智慧若没有生命隐帅其间，那或可动人的智慧之光却也不过是飘忽不定的鬼火萤照……读柏拉图或者正像读孔孟一样，需要有'得意忘象'的功夫；文字最表层的'知识'对于为知识输入活力的'智慧'原只是一种'象'，同样，涌动在智慧中的'生命'才是智慧的真正的'意'。文字中寓着哲人的灵魂，它须得当下的运思者的灵魂去呼唤。对于那些认定古哲的灵魂早就死去的人来说，那灵魂果然是死了；对于那些确信那灵魂就在意境的'灯火阑珊处'的人来说，它竟或就会在你'蓦然回首'的刹那如期而至。神的契入是决定性的，但同一个有深度的灵魂交往必要有与之相称的灵魂的深度，否则，解剖灵魂同解剖被灵魂遗弃的死尸并无二致。"我那时说这话，是要表明一种读解古人著述的态度的，现在看来，这正可以用来作为我所谓生命化的研究方法的注脚。人文学术研究的生命化，说到底就是用灵魂呼唤灵魂，唤醒文字中栖居的灵魂不仅需要呼唤者有一份相应的生命的真切，而且需要呼唤者有一种尽可能无愧于被唤灵魂的生命的分量。要是借用当今学界流行的一个词语作表达，生命化的研究当然也可以理解为某种"对话"的，但这"对话"是灵魂的交际或生命的相遇。

一个研究者如果试图借着对芜杂的知识碎片的拼接或连缀走近先秦诸子，他也许一开始就同他想要接触的对象隔膜了。换一种方式，如果求诸生命的感通，他反倒可能发现，两千多年前的诸子其实离我们并不远。例如，儒家人物所说的那种"差等"之"爱"。孔孟都讲"亲亲"，讲"亲亲"必然使儒家推重的人与人之间的"爱"显出一种"差等"来，于是我们现代人往往出于对平等意识的认同，指责这种承认"差等"的"爱"失于偏狭。实际上，我们这样责备儒家所讲的"爱"是误解了儒家。这误解的发生不是由于道理的讲求不够审慎，而恰恰是因为过多地拘泥于道理。"爱"首先是一种情感，不是一种知识或一种道理。一个人爱他的父母，爱他的亲人，这种亲自己亲人的"亲亲"原是极自然的事，是不需要别人告诉他这样的爱有什么道理的，儒家讲"爱"就是从这个极自然的地方讲起。但从"亲亲"讲起，并不意味着就停留于"亲亲"，儒家也讲"泛爱众"，讲"老吾老以及人之老，幼吾幼以及人之幼"。"泛爱"一点也不比墨家当年讲的"兼爱"或现代人讲的"博爱"爱得狭隘，只不过老"人之老"、幼"人之幼"是从"老吾老"、"幼吾幼"那里推扩出来的，这一推扩就显出先后的"差等"来。但这个意义上的"差等"不是更合于情感的自然和生命的真实吗？试想，给一个心智初开的孩子讲"爱"，如果一开始就把"爱"讲成一种道理，要这孩子爱天下所有的人，那会是一种什么样的效果呢？反过来，如果先从情感上诱导，问他爱不爱自己的父母，让他从他对父母的"爱"那里体会"爱"是什么，然后再告诉他应当像爱自己父母那样爱天下和自己父母一样的人，那效果又会怎样呢？显然，后一种"爱"的讲法是有"差等"的讲法，但这有"差等"的讲法不是更顺情入理、更能见出"爱"的真切和"爱"的天趣吗？"爱"是一种生命体验，不是生命之外的知识或道理。儒家人物讲"爱"是直接发自生命的，我们领会儒家学说中的"爱"，同样须要投诸生命。就整个先秦诸子的学说而言，这当然只是一个个例，但从这个个例可以多少窥知生命化的研究方法何以更能使我们切中先哲情思中的那点真趣。

——摘自《由"命"而"道"——先秦诸子十讲》（修订版）

（北京：中国人民大学出版社，2010）

基础教育·人生价值·学术创新

徐珂（以下简称徐）：黄老师，我们受校研究生会《研究生时代》杂志的委托，想就人文学科的基础教育和人文学术创新的契机等话题对您作一次专访，希望能得到您的允可。

我听过您的课，您对中西诸多人文经典著作的熟练引述和生动讲解在学生中留下了深刻的印象。您的扎实的学术功底使我想到这一点，我们所期待的学术繁荣固然最终须见证于高水准的学术成果，但一切仍应当从基础做起。您能否谈一下，像我们人大这样的以文科见长的大学怎样加强人文方面的基础理论教育？

黄克剑（以下简称黄）：我很高兴接受你们的采访。你们在人大求学，我在人大任教，你们关心的问题正是我所关心的，我们尽可以率真地交谈。

通常人们所说的文科，其实包括两类学科：一是文学、史学、哲学、宗教学、语言学等人文学科，一是经济学、社会学、法学、政治学、管理学等社会科学学科。人文意味上的学问灵动不滞，其神韵往往不落于迹象。它不像自然科学或社会科学那样理致井然，有序可循，因而它也就难以借逻辑的规范搭起那种可供攀援而上的脚手架。"基础理论"一语用于自然科学或社会科学也许是妥当的，用于人文学术就只能视为一种暂行的方便。打个比方说吧，譬如诗的创作。学写律诗，也许最好学的就是押韵、对仗、平仄声调之类，不过，押韵、对仗、平仄对于一首律诗来说毕竟是外在的——当然也是最能见之于迹象的——东西。李白、杜甫的诗当然是押韵、对仗、合于平仄规则的，但李白成其为李白，杜甫成其为杜甫，其要端却绝不止于此。如果把押韵、对仗、平仄的训练视为律诗创作的"基础"，将是一种误导。在我们的语文教育中，这类误导其实人们已习以为常，各种各样的"八股"式的文字即由此而来。对人文学术当然也可以说"打基础"一类话，但这所谓"基础"却是应该连着活生生的人文学术的生机去说的。我以为至少有两点是不可不留意的：一是直面那些可引为师范的古今中外的经典之作，二是直面人生。

我所说的"直面"，就是不要经过太多中介的意思。直面古今中外的人文学术经典，一如学书法的人临摹碑帖，要去临摹最该临摹的作品。即使是人文学术上的初入门径者，他所"初入"的从一开始便应当是那些经典著述。经典著述的文字是死的，隐伏在文字中的作者的灵魂是活的，直面经典就是要学会用自己的灵魂去唤醒那寓托在文字中的灵魂，并以那被唤醒的灵魂提升自己的灵魂。灵魂之间的对话起先可能是肤表的，但由浅可以入深，至于可能深到什么层次，那就要看你的诚意、你所下的功夫和你同另一个灵魂间的学术缘分了。比起直面那些人文学术的经典著述来，直面人生看似要容易许多，其实倒要更难些。不要用相染成习的意识或时尚、时潮中的观念把自己裹起来混迹于社会，要让自己的灵魂亲历、亲受自己身边的生活。把生命亲尝、亲证的苦痛、愉悦、烦恼、愤慨、委屈、难堪、悲壮、激动一点一滴地收藏在自己的心灵中，蕴蓄既久必有始料不及的催发人文创思的神效。什么是人文学的"基础"？到了你在心灵境界上终于有所了悟或在人文学术上开始自创一格时，你就会懂得那两个"直面"才是你真正所要寻问的。对于那些终究只取得一纸文凭，只记下了若干教条式的——仅可用以应试或附庸风雅的——知识的人来说，可以说是无所谓"基础"的，因为"基础"只是相对于"基础"上的某种别具风致的建筑才有意义。

所谓人文学术的"基础教育"，在我看来，不外乎对两个"直面"的引导。引导学生去直面经典、直面人生，需要有直面经典、直面人生的好导师。所以，也可以说，两个"直面"是对学生而言的，更是对教师而言的。我相信没有"基础"的教师是无从进行"基础教育"因而也教不出有"基础"的学生来的。

徐：您对人文学术的"基础教育"的见解显然出于切己的体会，从这富有个性的提法中看得出您治学的独特风范。您的学术成就已为更多的人所看重而您自己却从不以名利为念，这在趋利成风的当下环境中没有稳定的精神支点是难以想象的。请您谈谈您是怎样获得这个支点的——就此我们也想听听您对人文学术与现实功利的关系的看法。

黄：人文学术的价值在于陶冶人的情操，润泽人的心灵，提升人的精神境界，涵养人的生命的本真。它并不承诺切近的功利目标，它的真正被认可也决不仰赖或依凭任何世俗的权势。它是不切实用的，因此常被以势利为鹜的人视为"无用"。但这"无用"的它毕竟也有其用：它熏炙着民族的灵魂，涵润着那些挺得直脊梁骨的人们的价值神经，提示人的灵府开启那审美、向善、仁爱、知耻的维度。人文学术的虚灵而真切的品性是值得一个心有存主的人为之献身的，对这一点的洞悟使我在遭逢"势"的威压或"利"的诱惑时得以守住精神的重心。

就族类——民族以至人类——而言，功利的追求和超功利的境界的养润对于人的真实的生命存在都是必要的。倘用康德的术语说，前者体现人对"幸福"价值的求取，后者更多地体现人对无愧于人之称谓的"德性"价值的肯定；倘用中国古人的话说，前者之所欲在于"生"，后者之所欲在于"义"。"福"与"德"的配称或"生"与"义"的兼得是人所当有的价值祈向，这价值祈向——一种有着终极意味的心灵眷注——是人类在历经种种磨难、罪孽、成败、荣辱、自欺、自责后仍能葆有生机以自持其为人类的原因所在。提撕这一重心灵眷注，使人反省其功利弃取的当有分际，自觉其之所以为人而终究不失人的本分，这是人文学术的职志。

但如果就个人而言，以人文学术的职志为自己人生职志的学人却是不可指望"福"对于"德"的相酬或"利"（"生"亦可视为一种根本的"利"）对于"义"的相配的。人文学术是超越当下功利的，唯有这样它才可能取得一个相应的审视高度并对当下现实的种种弊端作批判的反省。然而正是人文学术的超功利品格和其批判性姿态，注定了人文学术的真诚从事者必得松开功利的执着。倘一个人文学者脱不开功利的引力，他便可能受切身利害的役使，致使良知隐退而人文学术之慧眼被遮蔽。古人有"淡泊以明志，宁静以致远"之说，作为对人格气象的一种规诫，它也许正应当被志在"学以致其道"的学人奉为座右铭。

我治学二十多年来，一向自外于各类学术"评奖"活动，也从不申请各种许以资助的课题项目。这与其说是清高，不如说是我在刻意管住自己而为一再被屈辱的人文学术守住一份节操。我无意鼓动他人——尤其是青年人——也这样做，我只是觉得我有必要以这种果决的方式表达我对人文学术骨子里当有的那种神圣感的敬意。

我曾在一种特殊的情形下，就学术评奖说过这样一段话："从马克思那里讨学问的人，不再记得马克思的'要直扑真理，而不要东张西望'的教诲，言必称孔孟的心性之学的祖述者竟至会淡忘了那'羞恶'、'辞让'之心；修西学的人固然陌生了耶稣的境界和苏格拉底的风骨，而操着鲁迅的话语动辄嘲讽他人为'正人君子之流'者，自己却成了真正的'小人'。名、利在'评奖'中的直言不讳使学术委身为欲望的奴隶，人文学科在萎缩了心灵之'觉'的维度后正在成为学者们沽名钓誉的场所。"这些话说得语近刻薄，它诚然出于面对已经相当令人失望的学风时的无奈，却也更多的是在作一种自我提醒、自我儆诫。

　　王海勇（以下简称王）：黄老师，记得您在某个地方说过："人文学术的尊严是一个民族的最后的体面。"依我的理解，这说法除含有对来自非学术因素的威压与利诱的抗议外，也涉及我国人文学术如何立于世界学术之林的问题。作为学界的一位知名学者，您认为我国当代学术理论创新的契机何在？

　　黄：历史地看"创新"，我国历代人文学术的创新都基于学人中当其任者的两种努力：一是对旧有的追溯，二是对新机的回应。追溯与回应间的恰当张力是创新的机宜所在，少了其中的任何一端都可能绝去新思的萌蘖。

　　文明发祥较早而此后又以不同方式延续了其文明成就的民族，都曾有过这样的时代，它之前的所有时代都向着它而趋进，它之后的所有时代又都一次次地回味于它；这时代就像它前后的那些时代环绕的轴心，20世纪的德国哲学家雅斯贝斯遂因此把它称作"轴心时代"。中国的"轴心时代"大致可确定在产生了老子、孔子这样的大哲的春秋战国之际，我们民族的自成一系的人文学术即应运而发轫于此。那个时代出现的诸子百家之学虽各执所信、各有所重，但那种追溯与回应间的必要张力却一直微妙地维系在头绪错杂的论争辩难中。不过，倘就追溯旧有与回应新机真能做到相互为用而言，诸子之学中最可称道的仍推创始于孔子的儒学。儒家学说把先前人们向外作吉凶利害之问的"命运"关切引向人生意义之内在确认的"境界"眷注，这是一种全新的人文姿态；与这全新的人文姿态相应的则是这一学说的创立者对"六经"等古代典籍中所蕴藏的诸多遗训的不遗余力的绍述。可以说，儒学在中国传统人文教化中的主导地位从一开始就由儒家人物自己奠定了，这除开它作为"成德之教"或"为己之学"比起其他学说来更能涵养和提升人的当有心灵境界外，它的创始人在追溯旧有和回应新机上所做的一切足以为后学立为楷模也应是重要缘由之一。

往后，无论是魏晋玄学、隋唐佛学，还是宋明理学，作为不同时代的人文学术的一种形态，其创新的契机无一不在于它们对回应新机与追溯旧有的张力的真切把握。玄学是因着对汉末文（典章、制度、经学、纬学）胜于质（人生之本真）这一时代问题的回应才溯向"轴心时代"的；它固然遥承老庄的遗绪"贵无"而崇尚"自然"，却也对先秦儒家思想多有汲取。六朝而至隋唐，佛学的中国化伴着高僧们对中国"轴心时代"的再度回顾，天台、华严、禅宗在佛学上的创新几乎都曾受启于老庄而染涉儒家的心性之说。宋明理学是由回应佛学而起的儒学的复兴，这一被称作新儒学的学派其"新"的契机即在于它借着对《易传》、《中庸》、《孟子》、《论语》的重新诠释向先秦儒家义理的返回。这一次又一次向着"轴心时代"人文学术的源头活水的上溯，其宗趣无不是为着给所处时代指示一种当有的人文价值取向。

我们所处的时代已远非传统的儒、释、道三教所可笼罩，这个时代的最大问题是文化意味上的"中西之辨"。如果说公元纪年前后发生在罗马版图内的犹太文化与希腊文化的冲突是最西方的东方与最东方的西方的文化的冲突的话，那么，19世纪中叶以来发生在中国与欧美之间的文化冲突，则可以说是最东方的东方与最西方的西方的文化的冲突。"中西之辨"的核心是中西根本价值观念和由此牵及的整个人文价值系统的分辨，就中国而言，这当然会关联到儒、道、释三教，但对儒家教化的反省却是首当其冲的。再度回眸"轴心时代"以求返本立大，也许是"中西之辨"中的中国人的一种必要准备，而能否更切近、更深入地把握西方的文化脉息，则意味着我们中国人可能在多大程度上由西学东渐潮流下的被动转为主动。一个半世纪以来，从魏源的"师夷之长技以制夷"之说，到张之洞的"旧学为体，新学为用"、康有为的"以群为体，以变为用"、严复的"以自由为体，以民主为用"等文化设计，从"五四"主流知识分子横绝纲常而痛切针砭中国传统之旧有，到当代新儒家们在寂寞中再度复兴儒学的苦心挣扎，前辈学人为我们留下了诸多探路的足迹，但"中西之辨"的问题却并未因此变得陈旧而被时代扬弃。所谓我国当前人文学术理论创新的契机，也许可以从多种措思向度说起，然而在我看来，"中西之辨"依然是这可能的措思向度中最重要的维度。由犹太文化与希腊文化的冲突和融合———一种最西方的东方与最东方的西方的文化冲突和融合———产生出基督教来至少历经了百年左右的时间，中国文化与欧美文化的冲突和融合——最东方的东方与最西方的西方的文化冲突和融合——如果真会萌生出有价值的全新的文化性状，那可能需要人们作更长时间的努力。后一种形态的东西文化冲突比前一种形态的东西文化冲突的张力要大得多，而真正由此被引出一种人文紧张感、迫切感来的又只是东方的中国人，对于这一点我们须有清醒的估计。轻易地执着于张力两端的任何一方都会使问题变得简单起来，但打破张力而放弃深层探索却无异于一种自欺式的回避。

王：您是否在"中西之辨"这一文化难题上已经有若干独到的思索了呢？

黄：这倒不敢说。我只是在自己觉悟到应当下功夫的地方下了点功夫就是了。大约在十一二年前，我开始有了这样一种意识：一个有原创性天赋的西方学者，也许只需从一套西方的经典中去汲取神思创发所必要的学养，一个晚清以前的明达的中国士人，大约也只需借助一套中国的经典就可以去做"学以致其道"的学问了，但处于西方学术主导世界思潮的当代的中国学人便不能不寻问两套经典以求精神的升进。我意识到了这一点，就尽自己的所能去做。这些年，我在学术上兜的圈子比较大，大量地阅读，悉心地求索，所努力做的一切都是自己意识到本当如此去做的。结果如何，虽不能说毫无期许，但我心里很明白，我所真正能做到的主要还是守住自己对自己负责——所谓功过自承、咎由自取——的信念。

也是差不多十年前，我对中西文化的可比性有了自己的一点体会，这体会最早以对"通性"与"个性"的关系的表达见诸文字。其中有这样一段话："如同'通性'要从'个性'那里获得丰沛的内容一样，'个性'只是在'通性'的网络上才展现出斑驳的色彩；'通性'的纽结愈稀少，'个性'的蕴含便愈淡薄，反之，'个性'的分辨愈深微，'通性'的经纬必当愈细密。"从那时以来，我把自己对中国哲学、西方哲学以及中国文化、西方文化的研究都自觉地置于"中西之辨"的视野中，而那种由"通性"审视"个性"、由"个性"逼显"通性"以循环往复的方法，在把思考引向深入时也自我扬弃了。这方法的扬弃关联着我对一种以把握"虚灵的真实"而反省中西文化之价值的哲学寻求，此哲学即"价值形而上学"。

尚未酝酿成熟的"价值形而上学"在中国的儒家、道家学说中有其根基，但它已不能囿于自先秦以至宋明的儒、道之学。我不知道它最终能否有偿于我的初衷，我只是想以自己的方式，以一个中国学人的姿态，对纠结于"中西之辨"的民族文化出路和世界文化危机问题作些有价值、有担待的思考。至于何谓"价值形而上学"，如果哪一位学友有兴趣，可以参看我一篇题为"价值形而上学引论"的论文。无论如何，在这里，我不能展开去说了。

徐：黄老师，作为一名任教于人大的教授，您可以就"把我校建设成为以人文社会科学为主的世界一流大学"这个提法说点什么吗？

黄：我任教于人大，当然希望人大能够成为饮誉世界的大学。不过，"世界一流大学"不是一纸计划就能计划出来的，也不是凭着某种外在的"达标"方式就能成就的。没有人会发给某所大学以"世界一流大学"的文凭，它只在虚灵的公意中被认可。所以我宁肯主张把一个高远的目标揣在怀里去默默努力，却担心流于大庭广众的口号把游走于诸多高校的浮躁学风弄得更浮躁。我对声势浩大的并校风潮及"运动"各类设了助资的科研点、学位点那样的校际竞争大体不能赞同，不过，人大这几年似有一种反省而发愤的精神在酝酿和凝聚——这在我看来可能是多少可寄托的希望所在。其实，前面我们就人文学科的基础教育和人文学术创新的契机所说的许多话，都已经是在谈我们心目中的一流高校的当有品质。如果还要就企慕中的"世界一流大学"作点讨论，我倒可以再补充一些想法，这想法可能显得迂远而不那么切题。

一流的大学应该有一流的教育，我意想中的一流的教育是生命化的教育。生命化的教育是尊重受教育者的生命独立性而成全其生命的教育，换一种说法，也可以说是把知识收摄于智慧，把智慧收摄于每个活生生的生命的教育。生命化教育的全部韵致在于心灵之"觉"。中国古人一向重"觉"，"觉"是人的生命的灵犀所在，它牵动着生命的整体，使生命从其对自身的自然而本然（原来如此）的反观中意识到所当趋附的应然（应该如此）。古汉语中有一"敎"字最耐人寻味，它有"教"、"学"两义，但无论以"教"讲，还是以"学"论，本意都在于"觉"。从"敎"这里我们可以获得一种对教育的理解，把教育的本始命意了解为施教者以其心灵之"觉"启迪受教者的心灵之"觉"。教育若不偏落在生命之一隅或生命的重心之外而沦为种种狭隘功利的手段，它的全副精神便只在于以施教者之"觉"引发受教者之"觉"，而受教者之"觉"又转而影响施教者之"觉"的那个"觉"上。

话说得远了。虽然不能说是完全离题，但还是就此收住吧。

徐、王：谢谢黄老师。

——摘自《基础教育·人生价值·学术创新——黄克剑教授访谈录》

（原载中国人民大学《研究生时代》2001 年第 3 期）

哲学的承诺

生死边缘处的反观

哲学的运会还迟迟没有消息。在功利的逐求差不多攫住了人们的全部意志的时下，把一种显然要清淡得多的话题引出来，是件很不相宜的事。不过，无论如何，已经有必要着手准备，为着一个更恰当的时刻的来临。

的确，在这个世纪的后半，我们中国人对"哲学"这个词一度有过令人难以置信的青睐。然而，有谁能相信那个把哲学只是派作当下政治的随机理由来称说的年代，果真会产生与哲学概念多少相称的哲学呢？哲学并不是羞怯的少女，它的隐去只是因着它从不喜欢过分铺张于言词的喧闹。哲学通着整个精神世界，但只要有一句谎言或应酬，都足以堵塞接近它的一切蹊径。哲学逃离我们其实已经很久了，也许还需要耗去一段足够长的时日，灵魂愈益变得寂寞的人们才会更真切地感受到这一点。

习惯于以可感的实利作价值折算的人们，即使不再更多地执着于一元化了的政治功利，也还会疑虑重重地问到哲学的效用。问讯里满含着对哲学如何技术化的期冀，单是这期冀已足以使有可能返回我们心灵的哲学再度感到沮丧。在效用的坐标里没有哲学的位置，倘一定要把它也视为一种"技"，它便只能是名副其实的"屠龙之技"。

哲学似也可以了解为一种"知"，"知"比起"技"来，当然更少些实用的品格。但即使如此，同哲学关联着的"知"也并不是自然的或人文的知识，它不过是孔子所谓"知之为知之，不知为不知，是知也"的那种"知"。这"知"是一种自觉，一种洞彻，一种心灵在反观中所达到的无执的澄明。

它无从量化，因而同天文地理乃至社会人事方面的知识间不存在略可相约的当量。苏格拉底的数学知识可能远不及今日大学数学系的一个普通学生，但这并不妨碍我们称他为古希腊最伟大的哲人，也并不妨碍我们由此所作的另一个相应的判断，即那些不乏知识积累——哪怕是百科全书式——的人，未必与哲学真正有缘。

哲学不作自然知识的承诺，哲学也不作人文知识的承诺，甚至哲学并不承诺哲学知识，因为哲学知识还不是哲学。康德诚然是懂得唯理论知识、经验论知识、不可知论知识、感性直观和知性范畴以至理性祈向的知识的，但康德哲学成其为康德哲学并不在于康德懂得了更多的哲学知识，而在于他能够以自己的旨趣对这些知识作出哲学式的措置。

然而，什么才是真正的哲学方式呢？哲学当然同一种"思"关联着，但一旦哲学仅仅委落于"思"因而仅仅走在知解理性的独木桥上，它便可能会因着思辨的孤峭而失却更丰满的天地。哲学有自己的诗意，但一味作诗情的逐求因而迷恋在审美的情致中，它便可能不再有它本当有的那种明畅、洞达的品质。哲学不能没有足以辐辏它的神经的终极眷注，但如果终极眷注终于化约成了一种简易的定则，它便可能流于纯然他律的独断。同时，哲学也意味着某种批判地超越，但它的批判须是向往的动态表达，而它的超越不是一次又一次熄灭精神的烛光而在人们身后只抛下历史的沉沉夜色。这是负着"圆而神"背景的"方以智"，或是勉在于"方以智"的理路上的"圆而神"。这是在说一种哲学的"应然"，但这"应然"之根深植在为诸多既有哲学形态所由生的哲学性态之"本然"。

几乎所有的哲学家都曾试图对哲学作出切近"本然"的界说，但界说者如果不能在界说的同时也对界说留下的逻辑后果作一种审慎的消解，那他的界说便总有可能成为一道把哲学隔到心灵之外去的墙垣。哲学是亲切的，心灵的直悟比逻辑的尽致有时更能捕捉到它的神韵。"从事哲学就是学习死亡"，当人们只是逻辑地解读雅斯贝斯的这句话时，这个近乎哲学定义的说法会立刻变得阴郁可怖、难以理喻。其实，那命意是极自然的，问题只在于领会者能否真正以慧心相契。

哲学的深意在于"生"，"不知生，焉知死"是孔子对这宗趣的最简洁的提撕。雅斯贝斯把"哲学"同"死亡"关联在一起，并不是教人重死轻生，而是要人们从容担待由"生"所引出的终不可免的"死"。在生命的边缘处，面对人生的大限，无论是文治武功，还是其他形式的浮名流誉，都不再能给人以慰藉，唯有哲学可能把幽明之际的死生意味启示于人，让人以一种真正属人的"境界"化去偶在或必至的"命运"的重负。

直面死亡，哲学并不为人们承诺地狱或天堂，"死"只是作为某种弦外之音被留在命意如如的"生"的余韵中。"自由人最少想到死，他的智慧不是关于死的默念，而是关于生的沉思。"（斯宾诺莎语）但对于真正堪以"自由"——自己是自己的理由——相许的人来说，自由地赴死或正是自由地趣生的最后证成。被以"不信神"的罪名枉判死刑的苏格拉底，在哲学提撕的品位上真正地"生"过，他也以同样品位上的"死"把一种"自由人"的风致定格于永生。柏拉图的《斐多篇》曾这样记述那伟大的不死的死亡：他同他的朋友和弟子们从容论道到最后一刻，温和地从行刑者手中接过鸩酒一饮而尽。这之前，他已经沐浴好了，他不愿麻烦别人在他死后再去为他洗身。他微笑着安慰随侍在他身边因痛苦而无法自制的一位朋友说："喝了毒药以后我就不会和你们在一起了，而是离开此世去接受至上的幸福……你必须打起点儿精神说正要埋葬的只不过是我的身体，你可以随你所愿去埋葬它，无论想出什么方式都是最恰当的。"从"生"到"死"，淹留在宗教中的"他律"原则是彻底的；同样，由"死"而及"生"，哲学的底蕴总在于以"有个性的个"人为本位的价值"自律"。

比起苏格拉底的肃穆中多少带有几分悲剧感的死来，伊壁鸠鲁的死显得更宁静些。他预感到死就要到来时，便坐进铜盆洗了一个温水澡，要了一杯醇酒喝下去，然后平静地勉励他的朋友们：要忠实于哲学。正像一个偏离直线而自作主宰的原子，即使在生命的最后一瞬，也未稍稍失其精神自由的魅力。哲学原是不必恪守语言为它表述的某一定义的，它可以从苏格拉底或伊壁鸠鲁的不动声色的死那里得到一种直观。当然，这也就是说，它可以从苏格拉底或伊壁鸠鲁的心有存主的生那里得到同样的直观。据说孔子临终时叹了一口气，这仿佛是在对人世间作一种无可奈何的告别，但也许用他早先的告白推度这嗟叹的意味会更近真些，他说过："朝闻道，夕死可矣。"老子留下了《道德经》后不知所终，但没有疑问的是，佛陀是在他差不多八十岁时由悠悠的沉想进入涅槃的。哲学的真谛难以诉诸言诠，但它会确凿而明了地呈露于领悟者。它把人生引上一种境地，它的内在之光在哲人揖别人间的那一刻常会有极灿烂的一闪。因此，倘一定要以"哲学是什么"的方式提出问题，却也未尝不可以如此回答：它是苏格拉底的从容饮鸩，是伊壁鸠鲁的恬然别世，是孔子的临终一叹，是佛陀的荡开一切执着的圆寂。

哲学的理念

哲学并不像科学那样总是板起一副冰冷的面孔，它也不像宗教那样用以浇铸信念的只是情感的一往投注。"宗教是初恋，是青春之恋……哲学是夫妇之爱。"在费尔巴哈看来，哲学的这一份"爱"破坏了与初恋的神秘俱来的美和幻想，但他也许从未意识到在他以宗教的那种直扑的情感比勘哲学时，哲学也被他赋予了必得从外部一个相宜的对象那里获得认可的品格。其实，哲学的三昧在于心灵的自我澄明，一种不再有任何意见或情识搅扰的澄明。哲学不是离开对象世界而自我圆足的王国，但它在成全同它成对象性关系的世界因而也为这对象性关系所成全时，常常是轻装寡从并不牵累其中的。

这里所说的哲学，诚然康德所谓"评衡'一切哲学化企图'之（哲学）原型"，或"评衡各种主观的哲学"的"客观的哲学"，亦可称之为哲学的理念或理念意味上的哲学。当黑格尔说"不论人们以为怀疑主义是如何悲观绝望，以为伊壁鸠鲁派是如何卑鄙下流，它们却都是哲学"时，他实际上认可了哲学成其为哲学的那种哲学理念，不过他更多的是从一种普泛的逻辑的意义上认可的。当另一位哲人说"你们（宗教）许诺人们天堂和人间，哲学只许诺真理；你们（宗教）要求人们信仰你们的信仰，哲学并不要求人们信仰它的结论"时，他也同样在哲学成其为哲学的意味上默许了哲学的理念，并且他的这一默许不仅是诉诸逻辑的，而且带有明显的价值祈向。

理念往往使人敬而远之，人们意想中的可能的玄澹增加了心灵同这一概念的距离。陌生的东西吸引人，也为乐意处在精神放逸状态的人所排拒。但理念并不就是哲学故事中的怪诞的幽灵，它没有人们想象的那么诡谲而难以亲近，也并不带有更多的思辨的矫情。

大到太阳、月亮的轮廓，小到盘口、杯口以至我们衣着上的纽扣，都会留给我们"圆形"的影像，但一切经验中我们所能见到、触到或感受到的"圆形"从严格意义上说却是未必那么圆的。我们用以衡量经验的圆形圆到什么程度的那个标准，原是经验中永远不可能出现但却可以被真实地作几何描绘的那个"圆"，即所谓一个动点环绕一个静点在一个平面上做等距离运动时留下的轨迹。这样的圆是一切经验形态的圆形的理念。它永远无法作为现实的可感对象被画出或做出——因为在经验的世界里既不存在几何学上那种没有宽窄厚薄的"点"，也不存在几何学上那种绝对的平面，但它毕竟是一种真实，一种虚灵的真实。它可以用圆周率（π）作切近的表达，尽管圆周率作为一个无限不循环小数（3.1415926……）永远不可能被数字表达净尽，但人们对圆周率的计算的未可限量地趋于严密，则说明着为人的精神所真切地承诺的那个圆，永远指示着经验世界的圆形可能或必要达到的那种完满。圆形成其为圆形的衡准在于圆的理念，同样，矩形成其为矩形的衡准在于矩形的理念。理念真实地存在于几何学乃至整个数学领域，理念也真实地存在于不可能没有价值祈求涵贯其中的人文领域。它的先验而又不委弃经验的品格，使它禀有一种超越地引导既得世界的价值之光。

任何一种为某个哲学家所建构或表述的哲学，都可被视为哲学理念在一个特定向度上的非完满的实现。因此，哲学史不必就是黑格尔以一种逻辑强制所连缀的单线趋进的过程，某一哲学家的思想也不必就是被逻辑地决定了的精神的必然链条的一个环节。通往理念形态的哲学的途径不限于一条，也不限于某一平面或曲面上的若干条，既然理念之光对精神宇宙的辐射一如太阳之光对天体的辐射，那么任何一个向度上既成形式的哲学都可能被着哲学的理念之光。哲学的理念并不是一个专横的绝对，它的品格决定了它必致认可诸多表之于语言符号的哲学思维的个性。它似乎意味着一种"一元"，但这"一元"是虚灵的，虚灵到有着相反的哲思路径的哲学都可能从它这里获得同样充分的存在理由。正像"花"的经验世界不能没有"花"的理念提挈其美的价值一样，殊多哲学须得"贞于一"（贞于理念的"一"）方可成为神韵自在的哲学。牡丹通常被人们称作花中之王的，但其他的花——无论是玫瑰、芍药、秋菊、冬梅，还是迎春、马兰以至无名小花——亦各有其花之为花之美。倘以天下之花皆为牡丹，以可感的被所谓最美的花笼罩的世界，便不免单调而落于无趣；反之，以花之为花的理念烛引群芳，诸花各尽其致——尽致即与花的理念相应，花的王国才会有争奇斗妍的景观。

柏拉图哲学堪称哲学，但哲学并不尽于柏拉图哲学；康德哲学、黑格尔哲学、叔本华的生存意志论、胡塞尔的现象学、海德格尔的存在主义堪称哲学，哲学也不尽于德国古典哲学或叔本华的意志论、胡塞尔的现象学或海德格尔的存在主义；孔子、老子、宋明理学的学说未必不可以哲学相许，但哲学的底蕴同样未必就穷尽于孔老以降的中国哲学。哲学只有从既得形态的权威哲学——无论是黑格尔、海德格尔的学说，还是孔孟老庄的教化——中不断超越出来才会有不竭的生机，而这不懈的超越则是因着永远不落于某一符号化了的哲学诠释系统的哲学理念。理念意味上的哲学亦可谓元哲学。就它虚灵而从不坐实的品格而言，它颇可以与老子所谓"有生于无"——"生而不有，为而不恃，长而不宰"——的"无"相通；就它虽不可实证却毕竟真实无妄而言，它又为可能出现的一家一派的哲学启示某种价值因而并不与既有或将有的哲学学说绝缘。

"爱智"之"爱"

东方园地的哲学果实并不比西方园地的收获得晚，但哲学的自觉——哲学以它独具的价值赢得命名——却是在希腊人那里着了先鞭。他们称它为 φιλοσοφία，这词的本意是"爱智"。

从亚里士多德以后，人们对"爱智"的意味的领会往往偏落在"智慧"上。哲学因此便可能被归结为一种知识：依亚里士多德的说法，"智慧就是有关某些原理与原因的知识"。但"爱智"的最动人的命意毕竟是由"爱"点染的。至少，对于柏拉图以至苏格拉底来说，赋予哲学以生命的心灵不属于智慧之神雅典娜，而属于爱神爱罗斯（ερoς）。

"爱"是一种热切的祈向，它孜孜不倦地扑向所爱者；"爱"因此也意味着爱者无从自我圆足，它必至因着所爱——因而有所期待——而饥渴难耐。据说，爱神是"贫乏神"和"丰富神"的产儿，它像它的母亲那样永远为贫乏所伴，又像它的父亲那样不甘于贫乏而不弃绝丰富。哲学是有所"爱"的，而且爱的是"智慧"，单是这一份"爱"，便注定了它的命运。

动物也许无所谓"爱"，即使有"爱"，那"爱"也绝不指向"智慧"。神也许不必有所"爱"，因为既然可以神相称，那便意味着无所亏欠。至于爱神，诚然有"爱"的，但正是因着这一点，它也就只算得上一个"精灵"，而不能作为正神被名正言顺地列进宙斯的神谱。"爱"的精灵与神无缘，与动物无缘，它选中了人的心灵——重要的是，由这心灵营构的"哲学"——做它的寓所。

哲学没有自夸的禀赋，它知道丰赡只是它的所求，这所求的丰赡时时告诚它，发动这所求的原不过是"贫乏"。无法想象一位伟大的哲学家，总能够像发迹的大亨那样炫耀和坐享自己的财富；炫耀或坐享自己财富的大亨仍不失为大亨，炫耀或坐享既得智慧的哲学家却已不再是智慧的哲学家。"哲学啊，你是贫困地光着身子地走进来的"，彼特拉克的感叹表明这位并非以哲学名世的人物是多少懂得哲学的，而苏格拉底所谓"我除了对自己的无知有所了解外，并没有什么知识"的说法，则正可看作哲学自身的真诚剖白。的确，哲学的要紧得多的"知"是对"无知"的知，不知这一种"知"，是真正的无知。

哲学的智慧不是政客或商人为权势或财帛兢兢筹谋的独运的机心，也不是破解一道数学或实验科学难题所必要的那种敏锐而冷峻的断制。它的"无用"之用在于"分辨善恶"，在于寻觅尽可能好的趋"善"——这空灵的"善"，或可涵盖"真"、"善"、"美"、"大"、"圣"等——避"恶"的生命蹊径。宗教也有"善恶"的眷注，但一往直扑的信仰总不在"分辨"上多所留心；科学当然是善于"分辨"的，但逻辑理性原本就没有染涉"善恶"的热情。哲学不必作君临科学或颠覆宗教之想，科学和宗教也永远劫夺不去哲学在精神世界的当有家园。罗素曾谓："一切确切的知识——我是这样主张的——都属于科学，一切涉及超乎确切知识之外的教条都属于神学。但是介乎神学与科学之间还有一片受到双方攻击的无人之域，这片无人之域就是哲学。"哲学在这里成了一位精神的落荒者，它只是被描述为既"不是"什么，又"不是"什么。罗素说过"康德让我恶心"，但无论如何，让罗素"恶心"的康德比罗素更懂得哲学。

科学对知解理性的一往投注不能说没有"爱"流贯其中，而且这爱也未尝不可以说源自"贫乏"和"丰富"的张力。但缠绕科学之"爱"的是数理或物理——对象物之理——的发现，这发现凭借一种"冷慧"，一种不会在生命的源泉处泛起好恶迎拒的涟漪的智慧。科学不能没有人的创造力，它在这创造力中显现人的自由，但它的智慧并不投向这涵淹于创造力的自由本身，因而科学在技术的起念处提供的自由有时反倒会置人于不自由。导致不自由的自由是自由的异化，自由的异化是人的自我异化。为哲学所"爱"的"智慧"，是人在创造与抉择中所表出的生命自由的智慧，它的"无用"之"用"仅在于为"自由"求得一个无愧于人的自由的展示向度。因此，这"爱"是由全副生命之火点燃的"爱"，是时时回观着自身的自觉之"爱"，这"智"也是生命性向上的大智，是不会被世俗功利弄得身不由己的那种"性智"。

单就"爱"的某种极致状态而言，宗教的"爱"也许是夺人心魂的。被信仰的对象愈丰富、愈圆满、愈高卓，信仰者便愈贫乏、愈谦退、愈卑不足道，由这两极所生发的张力把"爱"推向炽烈和迷狂。宗教之"爱"永远走在信仰的单行道上，它绝不回眸自顾，因为这"爱"自始就拒绝了"怀疑"的智慧。比起宗教来，哲学并非没有所谓终极眷注，但哲学对它的不无终极意趣的所思所在的眷注，是凭着怀疑的智慧在远非一次性的抉择中进行的。哲学从不停留在怀疑上，但它向着所"爱"的"智慧"的进取，总是因着怀疑的智慧才开出了通往纵深的路径。哲学与宗教在怀疑的智慧处分手，却又在对永恒的祈向中共在。同是可朽的生命对不朽之域的渴求，哲学携着怀疑智慧所作的探寻，显然比宗教的要么崇信、要么委弃的直进艰窘而难堪。

没有"爱"，便没有哲学。哲学的"爱"真诚而审慎，它大胆而又惴惴地探向生命的智慧，又以这生命的智慧浸润和陶冶自身。哲学的主题也许永远在"生"、"死"之际，而在这古久的主题中常常能荡出新的智慧波澜的则是"爱"。"爱"是一个悲剧性的字眼，它不可能脱开"死"的背景。在法国，一则民谣说："爱，就是一点一点地死去。"但"爱"终究是对"生"的拥抱，死的阴影在这里只是增了生的厚度。日本美学家今道友信关于"爱"的一个提法是深契哲学智慧的，他说："爱并非是终止于死的生的衰灭，而是结集于死的生的迫力。"

命运与境界

哲学不是神赐给人的礼物。它肇始于人的自我意识，而这自我意识的获得是以人的永世负罪于神灵为代价的。《圣经·创世记》中描写的亚当和夏娃的故事或可看作一则人的命运的寓言，它以人在神与魔的张力下的抉择预告了哲学的诞生。

> 神造人，是照自己的形象造的，但神造人却并没有赋予人——也不希望人禀有——神所具有的智慧。
>
> 神为人的始祖在东方的伊甸立了一个园子，那园子中长满了结有果

子的树。他告诫说："园中各样树上的果子，你可以随意吃，只是分辨善恶树上的果子，你不可以吃，因为你吃了必定死。"像是一种因缘和合，蛇开始了它对人的决定性的诱惑。

蛇："园子中有一棵树上的果子分外好吃，你们不想尝尝吗?"

夏娃："园中树上的果子，我们可以吃，唯有园当中那棵树上的果子，神曾说：'你们不可吃，也不可摸，免得你们死。'"

蛇："你们不一定死，因为神知道，你们吃的日子眼睛就明亮了，你们便如神能知道善恶。"

也许是一种或然，神的造物终是逆着神意听信了撒旦，从此，人便有了"分辨善恶"的智慧。神和魔同时成全了人，人却凭借他对善恶的分辨宣示了他对他的成全者的独立。但此后人不得不面对他的无可规避的生命的大限。死使生变得分外珍贵，死也使生的意义真正成了一个问题。哲学属于有死的生命，它的根滋养在人的生而死、死而生的永无绝期的眷注中。

没有死，便不必寻问何以生，背负死的阴影对生的意义的探询使哲学充满了悲剧感。"分辨善恶"的智慧把人投向精神的炼狱，使人的心灵在这里不懈地自我谴责，自我盘诘。哲学的甘醇是由痛苦和忧患酿成的，它不像中国的道教那样为人承诺肉体的长生不老，也不像基督教那样为灵魂承诺地狱和天堂。它为生承诺一种惊惧、恐慌和纷乱再也劫夺不去的价值，为死承诺一份由生的价值的认可所必致的恬淡、泰然、从容如归。

"命运"是哲学无从回避的课题，但哲学的重心永远在于"境界"的提升。人从何处来，又向何处去，这疑惑是生发于与人的智慧俱来的命运感的；人当如何措置当下，又当如何超越当下，这属于另一类问题，它把人的智慧引向某种境界。用哲学的眼光看《圣经》，"旧约"是命运之约，"新约"是境界之约。境界并不躲开命运，人的智慧倘不落在知解理性上，命运的惴惴，必然导致境界的开掘。

《旧约》中的上帝是创造之神，也是惩罚之神。"原罪"对于人来说是一种命运，因"罪"而一再被"罚"也是一种命运。神同人的相应在于，"人格"意义上的"义人"的不存在是因为"神格"意义上的"义神"不存在。人只是因着利害的权度才敬畏神，而神赐福或降灾于人，是由于神要人对他保持无条件的敬畏。"善"是由以恶抗恶牵带出来的，神对人的过恶的惩罚所采取的手段之恶，足以为此岸的人间展示一种以暴易暴的楷模。

当上帝出现在《新约》中时，先前那个暴戾的主宰已经变成"慈悲的父"。人依然是有"罪"的，但神以救赎代替了惩罚。那个被钉在十字架上作了众人之罪的赎价的人是人之子，更是神之子，耶稣受难是人之难，也是神之难；神受难而为人赎罪，这是神对人的再造，是在以他对人的爱启迪人对人的爱。"如今常存的有信，有望，有爱，这三样，其中最大的是爱。""爱"是一种境界，神因"爱"称"义"成了"义神"，人也才因"信"称"义"而可能成为"义人"。境界是对命运的涵容和超越，这涵容和超越，使哲学进于它的本真。从《旧约》到《新约》，基督教的经典承诺的是信仰，但从这承诺所涵摄的哲学意味上可多少品出哲学本身的承诺。

古希腊是西方哲学的真正故乡，哲学在古希腊人那里所作的承诺远比希伯来人那里亲切、明了和透彻。在希伯来人那里，即使是哲学，也只能潜藏在信仰中，在希腊人那里，真正的信仰却毋宁说是对哲学祈向的信仰。被称作哲学之父的泰勒斯曾把万物的本原归结于"水"，这个非同寻常的开端很容易使人想到源自亚里士多德的一个著名观点：希腊哲学的发动缘于对自然的惊异。然而万物生发于水而又终究复归于水的命题，不正宣说着一种命运，一种对人来说不可乖违的命运吗？爱非斯城的晦涩哲人赫拉克利特是指称"火"为万物的本原的，他的直截了当的解释是："火产生了一切，一切都复归于火。一切都服从命运。""神就是永恒的流转着的火，命运就是那循着相反的途程创生万物的'逻各斯'。"

中西哲学史界一个差不多获得认同的观点是，古希腊早期哲学的着眼点在于"自然"，苏格拉底之后的哲学的着眼点在于"人"。其实，真正确切的判断也许应当是这样：古希腊的哲学的命脉自始便是为"人"所牵动的。只是前苏格拉底时期更大程度地为人的命运感所驱使，从苏格拉底开始，哲学的命意归向人的境界。同是出于对人的生命存在的现实而终极的关切，在"命运"和"境界"上的侧重不同，把古希腊哲学的早期同它的较后时期区别开来。

古希腊哲学中的原子论通常是被归入自然哲学范畴的，但原子论的真实底蕴却在于一种执着的人文思考。前苏格拉底时代的原子论者德谟克利特是以原子的旋涡运动述说命定的必然性的，在他那里，必然性是律令，是天意，是命运，是世界的创造者；后苏格拉底时代的原子论者伊壁鸠鲁则着意以原子运动的偏离直线喻说一种境界，在他那里，原子自作主宰地偏斜，意味着对个体自我意识的推许，对心灵宁静的前提——精神自由——的毫不含糊的肯认。古罗马哲学家卢克莱修的一个评断是中肯的，他说原子的偏斜打破了"命运的束缚"。从"命运"到"境界"，为哲学所承诺的是人对自身"自由"的自觉。"自由"意味着自己是自己的主宰，自己是自己的依据，自己是自己的理由，这涵谓对于万物中唯一有"自由"可言的人来说是初始的，也是终极的。"境界"的开拓固然只能在"自由"的天地中，"命运"的关切也绝不在人的自由意识之外。

伊甸园中的亚当和夏娃是以上帝为凭借、为理由的，他们的本始生命状态可以恰切不过地概之以"他由"。人类始祖的"自由"是从"分辨善恶"开始的，这开始也是"他由"的失去——不再无知无识，也便不再无忧无虑。只是在乐园失去后，哲学的种子才在人自己耕耘的田畴中悄悄发萌。倘把哲学的受难日作为哲学的纪元，哲学日历中最悲壮的一页或可说是苏格拉底之死。倘把自由意识的最初萌动作为哲学的不可再穷的源头，记在哲学日历第一页的伟大事件便应当是人类始祖如何偷食禁果。但显然，无论在怎样的分际上把握哲学的承诺，都不会有悖于一位哲人借普罗米修斯之口对哲学所作的以下告白：

> 对于那些以为哲学在社会中的地位，似乎已经恶化因而感到欢欣鼓舞的懦夫们，哲学再度以普罗米修斯对众神的侍者海尔梅斯所说的话来回答他们：
>
> "你们好好听着，我决不会用自己的痛苦去换取奴隶的服役：我宁肯被缚在崖石上，而不愿做宙斯的忠顺奴仆。"
>
> 普罗米修斯是哲学日历中最高尚的圣者和殉道者。

——摘自《哲学的承诺》
（原载《哲学与文化》1996 年第 10 期）

辑三 ｜ 人·人生·古今人物品题

人——一种“受动—能动”的存在

　　在一切既知的存在中，人是唯一能发问并致答的存在。人对自己境域中的“这”或“那”的未可穷计的发问必致对何以如此发问的发问，这向着发问的发问是发问者的反身自问。比起“这是什么”、“那是什么”、“那又是什么”的问题来，能够提出这类问题的“人”——“何以会如此”——或者更耐人寻味些；同样，相应于“这怎样”、“那怎样”、“那又怎样”、“这应当怎样”、“那应当怎样”、“那又应当怎样”的话题，“人怎样”、“人应当怎样”显然会亲切得多、持久得多地攫住人的只是因着诘问才被激活了的心灵。

　　人不能栖居在人的境域之外，人在创构属于自己的境域的生命活动中成为人。就像晦暝中一团燃烧不住的活火，人的生命之光以怎样的方式辐射到怎样的远处，人也便在怎样的远处内获得自己怎样的境域。这境域的边缘是模糊而隐约可辨的，它并非不可穿透，但穿透既得的边缘只是到达了新的边缘，诚然新的边缘又在可穿透中。

　　人没有一块与生俱来的镜子可供鉴照，人辨识自己的容止并在这容止中发见那非人莫属的神韵或风致，只有借着对人的生存境域的审视。这是对一个直接逼向人的心灵的问题的间接化，曲进的智慧把“我”的自问转为对“你”或“他”的探询：人的存在境域怎样，人的生命活动便怎样；人的生命活动怎样，人便怎样。这里，重要的在于人的生命的抚躬体证，有了这一层体证，对存在境域乃至生命活动的询问才不致疏离或遗忘了人的切己存在或切己存在着的人。

　　对人的话题即使像《圣经》所训示的那样从“神”说起，那“神”亦是与人相约的神。神与人的相约，意味着为人所崇仰的神毕竟脱不开人的崇仰，而为人所悉心领悟的神谕或圣言也绝不在人的竭其心智的领悟之外。神往往被尊奉于人终究难以企及的彼岸，不过，这富于实践感的观念的亲切，却只在于它印证了人对人的彼岸的向慕或敬畏，而这份向慕或敬畏之所以得以持存，乃是因着人永远无法在经验或现实的践履中达致那为人的心灵所祈望的虚灵之真际。因此，真正说来，神学仍不过是人之所觉的一个界域，对神域的喻说，说到底却还是对喻说神域的人的喻说。

任何一种有生的存在都是受动于其生存境域的存在。人同其他一切有生的存在物一样，首先必得以自然为生存境域因而受动于自然。就有生的存在物以什么为存在对象便是什么存在物——例如，鱼以水为存在对象因而是水生物——而言，人当然可以说是自然存在物。不过，人在受动于自然的同时也能动于自然，因此人不只是动植物那样的受动的自然存在物，人也是能动的自然存在物，因而是"受动—能动"的自然存在物。当人被称作"受动—能动"的自然存在物时，那"自然"已不再是自然主义或客观主义意味上的自然，而人也不再只是孤峭的主体意味上的人。人的"受动"而"能动"的活动把人客体化，也把自然人化；人和自然的这种相缘互化的共在诚然是从人说起的，但从人说起仅仅是为着获得某种切近的明证性。换句话说，即使是谈论"自然"，我们作为人也只能在活生生的人与自然的相缘互化的关系中去谈论，而且谈论者既然是人，倘要避免陷入超出人之视野的独断，那便也只能从人的生命活动这里获得一个如此论说所必要的差强人意的契机。

纯然的受动——从存在对象那里获取需要的满足因而受制于这对象——带给受动者的是命运的锁链。大自然一次性地给定了一味受动于它的动植物的生存方式和生命活动界限，动植物遂因着对自然的生存境域的就范而使自己归化于自然。能动是能动者对命运的抗争，它意味着人在同自然的对象性关系中的一种独特地位的赢得。人以自然为生存境域使自己必得对自然有所遵循，但人也以自己的有目的、意向和情趣的活动或所谓对象化活动改变或再造着自然。这对自然的能动的改变或再造不仅使作为人的生存境域的自然只能被恰当地称作"人化的自然"，而且，正因为这样，它也使人的生存境域不再局守于自然。

挣开自然的过紧拥抱并不是要委弃自然，人的新的生存境域是扬弃自然境域——使进入其中的自然境域赋有了别一种意义——的境域，即所谓文化境域。一块顽石被尚在开化中的初民打磨出对他们来说有了某种价值的棱角或锋刃，或是被有了更高审美情趣的今人雕成一尊石像或一件饰物，它便不再是自然物而是文化物了。所谓文化物，乃是人的意向、欲求和为这意向、欲求所促动的智识、美趣、能力在"物"上的实现，人以文化物为存在对象因而以人与文化物的关系为存在境域使人的存在成为一种文化存在。

作为人的存在境域的文化，或可看作一个有着复杂构成——可相喻以磁场、电场、重力场——的"场"。它形之于物，见之于人的物化和物的人化的方式，它也显现于人与人之间的非自然关系的关系。同人与物、人与人的关系成生动之一体的还有为人所创设而又构成人的更虚灵的对象性存在的境域，它们是语言、神话、宗教、艺术、科学、哲学等。正像人以人与人的社会关系为存在对象因而是社会存在物一样，人以语言、神话、宗教、艺术、科学、哲学等为存在对象，使人成为语言存在物、神话存在物、宗教存在物、艺术存在物、科学存在物、哲学存在物等。而且，人不仅以当下的人与物、人与人的关系为存在对象，以当下的语言、神话、宗教、艺术、科学、哲学等为存在对象，也还以这些存在对象的损益、沿革为存在对象，因此人又可以说是历史存在物。但无论如何，上述人与物、人与人的关系及语言、神话、宗教、艺术、科学、哲学等都可一言以蔽之谓"文化"，所以，人亦可理所当然地被简括而整全地称作文化存在物。作为文化存在物，人不可能不受动于文化，然而人也毕竟以批判、鼎革的方式能动于文化，就人既受动于文化又能动于文化而言，人当然可以说是"受动—能动"的文化存在物。

人的人化中的自然境域，人的不断为人所调整或重构着的相互间的社会历史关系的境域，人的关联于上述境域却又不累于上述境域的精神境域，构成人的文化境域。不论人们对这文化境域的整合机制如何理解，涵淹于其中的人的"受动—能动"性却总是文化的真正灵魂。人自己使自己生活在为人所创设的文化世界中，或者说，人的生命存在之所以是一种文化存在是由于人自己。在自己是自己的存在方式的理由的意义上，人当然是"自由"而非"他由"的。"自由"的内涵并不只是不牵累于他物，它的一个理所必致的诠解也在于自由者的功过自承或休咎自取。有人说人是"政治的动物"（亚里士多德语），更多的人则认为人是"理性的动物"，也有人别具理趣地把人界说为"符号的动物"（卡西尔语），然而在一种更虚灵、更趣近人生真际的格位上，却未始不可以说：人在一切"有情"中，是最堪称作自由存在物的存在物。

"自由"可以被界说为人的独异的生命活动——文化创造活动——的性质，"自由"又可以被把握为人在自己的文化创造中的一种祈向。作为人的生命活动的性质的自由是文化本体论意义上的自由，作为人的生命活动的祈向的自由是文化价值论意义上的自由。自由的后一重涵谓因着对前一重涵谓判之以"好"（good）而发生，自由的前一重涵谓也因着自由的后一重涵谓的获得而得以补足或完成。"自由"未始不可以关联于一种理想状态，但理想的"自由"之根却在于作为人的生命活动之性质的"自由"。理想的"自由"是配称于理想的人——或所谓理念形态的人——的，它启示给人们的是一个无底止的历史过程。倘不是把经验世界内永远不可能达于圆满的那种终局式的"自由"作为唯一目的，那么人们也许可以在这一点上确立更大的人生自信：自由的获得就在于祈向自由的人们对自己的有着自由性质的生命活动的发动。

"自由"从一开始就同"受动"有着不解之缘，单是这一层缘起就注定了"自由"的真实品格中绝不会有为所欲为的任性。"自由"之所以为"自由"当然是由于"能动"，但这"能动"只是着力于"受动"才有了自己的动势，因此这"能动"永远是"受动"之"能动"或所谓"受动"而"能动"。在"受动—能动"的分际上贞定"自由"，被贞定的"自由"更大程度地显现于人的生命活动的有待性——同存在境域相对待因而对存在境域不能无所依恃。但"自由"也还有其非对待性的一面，或所谓无待的向度，那便是人的道德的自我完善，心灵的自我督责，人格的自我提升，境界的自我超越。这是人的独异的生命活动在反观自照的内心世界的展示，是精神的自我审视和自觉反省。自由在这里体现为"自律"、"自得"、"自贞"的原则，人由此把自己和其他"有情"最后区别开来。无待向度上的人的自由带给人的是一个真正的内在世界，只是在这里才产生了所谓"境界"问题。"境界"自觉是人类史上赋有界碑意义的事件，被雅斯贝斯称作"轴心时代"的那个时代，其实即是"境界"自觉的时代。雅斯贝斯发现了这个时代的独特地位，但这个诗意朦胧的发现显然还可补上画龙点睛的一笔——"境界"意义上的心灵之光只是在这时才透出人类精神的地平线。

——摘自《人论（纲要）》

（原载《问道》第 1 辑，福州：福建教育出版社，2007）

"自由"的价值色调

　　自由是无色的，但人生的自由之光透过心灵祈向的三棱镜却折射得出异彩纷呈的价值色调。正像太阳的光谱通常现色为红、橙、黄、绿、蓝、靛、紫一样，自由之光见之于价值谱系之大端则约略有"富强"、"正义"、"和谐"、"真"、"美"、"善"、"神圣"等不同格位或取向。

　　自由不同于自然，一个重要契机在于自由主体的自觉。自觉意味着反省，反省促使作为反省者的人自作决断。简单说来，人的当机或致远的生命决断不外乎两重：一是可能与不可能，二是值得与不值得。可能与不可能是基于事态或境域之实然的条件判断，值得与不值得则是发之于谋划或动想的应然的价值判断。在"求则得之，舍则失之，是求有益于得也，求在我者也"的人生非对待或无待向度上，一般不存在可能与不可能这一实然的条件判断，因为被视为应然的"求在我者"的价值的实现对外部条件无所依待。在"求之有道，得之有命，是求无益于得也，求在外者也"的人生对待或有待向度上，那同样被视为应然的"求在外者"的价值的实现既然总是有赖于一定的实然的条件，那便同时存在两种判断：可能与不可能的判断往往由值得与不值得的判断所导引或挑起，因为人只是在有了一种应然的打算或致取之方向后才会去考虑实然的可能条件；值得与不值得的判断却又往往受制于可能与不可能的判断，因为人所谋求的应然总是有着相当的现实性的应然。应然的价值判断亦可说是"好"与"不好"的判断，它关联着自己确定自己生命走向的人对所谓人生——当下的与终极的——意义的认可与确立。

　　想要在每个心有存主——因而自由——的个人那里求得一个"好"与"不好"的标准是件困难的事，但这个不滞泥于经验个人之好恶迎拒的标准毕竟是内在于历史地展示着的人的生命实践的。它发于人的油然而生之情，又不委落于任何一个个体的情绪化的感受。把握具体情境下"好"与"不好"的分际，需要当境的人们的真切的生命体证，但如是的一种分辨或不致引出太多的异议：对虚灵的"富强"、"正义"、"和谐"、"真"、"善"、"美"、"神圣"判之以"好"，对与之相反对、相衬托的"贫弱"、"邪"、"乖"、"伪"、"恶"、"丑"、"卑俗"判之以"不好"。

"好"与"不好"的决断关涉意欲的弃取，这里所谓的"意欲"略相当于西方人自13世纪后期以来引入哲学范畴的"意志"（will）。同"意志"一样，"意欲"不属于认知范畴，而属于实践范畴，只是它的内涵在转换了的视野中已经有了别一种意趣的厘定。作为实践范畴而非认知范畴的"意欲"是"好"与"不好"的价值判断的源头，人生的诸多价值维度将由它——"意"而"欲"之——所隐含的那种动势一一引出。毋庸讳言，如此看重"意欲"是受启于孟子的心性之说和康德的先验人学的。但孟子的心性之说和康德的先验人学的主导祈向都在于人生的"道德"价值——尽管严于义利之辨的孟子并未一概否弃人对死生、富贵价值的追求，而康德甚至特别要指出"幸福"乃是人所可期望的"至善"境地的第二要素，亦即必得在"道德"的笼罩下而配称于道德的要素。与此略异，"意欲"的标举则旨在把人潜藏于心灵的"善"（"好"）根"善"（"好"）原作更广饶的掘发，从而力图把孟子所谓"人皆有之"的"恻隐之心"、"羞恶之心"、"恭敬之心"、"是非之心"扩充到爱"美"之心、求"真"之心，以至祈向"正义"、"和谐"、"富强"之心。因此，如果说由康德的"善（好）的意志"或孟子的"尽心"、"知性"说起的形而上学是道德形而上学，那么，这里所期许的形而上学乃是价值形而上学。一如道德形而上学，价值形而上学的起点是人的性情之自然，这自然不是自然主义意味上的，因为自然主义是客观主义的同义语，而人的性情之自然对于人来说是那种没有任何独断设定的不证自明的自然而然。

叔本华哲学的指归在于"意志的自我否定"，这意志的自我否定所否定的是那种一味逐利逞欲的"生存意志"，而否定"生存意志"的意志必是超越了"生存意志"的意志。超越了"生存意志"的意志原本是积极肯认人生当有价值的契机所在，但叔本华终究没有抓住这个契机。所以可以说，从"人之所以异于禽兽者几希"处寻觅人的"不忍人之心"，寻觅不限于"不忍人之心"的求达"富强"、"正义"、"和谐"、"真"、"善"、"美"、"神圣"

之心，亦即对"富强"、"正义"、"和谐"、"真"、"善"、"美"、"神圣"的那点"意欲"，由此而建构一种涵纳道德形而上学的价值形而上学，不仅意味着对康德哲学和中国古代儒家智慧在一定分际上的汲取，也意味着对叔本华的生存意志论的积极的扬弃。

——摘自《人论（纲要）》

真

　　"富强"是人所祈求的可证诸物质的感性世界的价值，"正义"、"和谐"是人所祈求的可证诸人的政治、伦理秩序的价值。除此两类价值祈求外，人尚有更虚灵的价值祈求，这便是人对开拓自己的生命视野、陶养或润泽自己的心灵境界的"真"、"善"、"美"、"圣"的祈求。

　　"真"作为一种价值，见之于情感即所谓"真情"，见之于德性即所谓"真诚"，见之于认知即所谓"真知"。"真情"、"真诚"可关联于"和谐"与"正义"，亦可关联于"美"与"善"，因此，与"美"、"善"相对应而相配称的"真"的价值当主要在于"真知"。"真知"所求对于世界乃在于"真相"，对于人生乃在于"真谛"。但对于人来说的世界，总是作为人的存在对象因而在体现人的目的、意向、智能的行动中改变着的世界，或总是进入人的生活而出现在有意欲、有教养、有历史文化背景的人的视野中的世界。因此，对于"真知"来说，没有人生"真谛"追问之外的所谓世界"真相"，也没有世界"真相"探寻之外的所谓人生"真谛"。

　　当然，"真"未尝不可以理解为"事实本身"，因而求达"真知"正可说是现象学所谓"面向事实本身"。这"事实本身"不是自然主义或客观主义者以之指谓的那种不染涉人的生命活动因而处在人的意向之外的"客观存在"，也不是康德以之为现象之基础的所谓"物自身"。依现象学的观念，与其说对象可离开人的认识而独立存在，不如说"对象在认识中构造自身"。由这一论断，胡塞尔把康德曾发动的那场"哥白尼式的革命"彻底化了。在他看来，先前一直被人们视为自己如此或自在的"世界"、"客观存在"原只是对于意识来说被动的相关性范畴。他说："关于存在论述的一般意义被颠倒了。这个存在首先是为我们的，其次才是自在的，后者只是'相对于'前者才如是。"胡塞尔更多地强调了赋有意向性的意识对于"存在"或"世界"的某种主动,其实对于这见解也还可以借鉴马克思的实践范畴作以下补正:无论是"存在"还是"我们"都处在人的"真正现实的、感性的活动"中,世界的人化和人的对象性的一致乃在于那种富于创造意趣的实践。

人对人生而世界、"真谛"而"真相"的认知固然离不开感觉和知觉,但这感觉和知觉总是统摄于心之思或心灵之思悟的。没有心之思的感知是动物式的感知,动物式的感知最可指望的结果只是直观的映像。心之思包括知解和领悟:知解是一种结构性思维,这结构是贯穿着逻辑线索的概念系统,它相系于句读有则的语言;领悟是非概念性、非结构性的心智能力,它显现为某种诗意或灵感,常归于不落言诠的默识冥证。知解或结构性思维的不可再分解的成分是所谓概念,概念意味着共相,共相的发生是人对事物依类命名的开始。没有共相意识,人对事物无从称谓,但称谓又不可能没有命题判断以至逻辑推理的运思背景。由概念、判断、推理构成的知解思维或结构性思维是环节有序的散文形态的思维,它的结构性或散文形态使其具有可操作性。在结构性思维中,形式化的语法、逻辑为思维提供了可资攀缘的脚手架,思维因此而便于操作,却也因此而易于模式化或套路化。犹如一面纽结密致的网,它自成一个系统,自我调节而不假外求,然而又正是由于这一点,注定了它总是同它想要捕捉的对象似曾相遇却又永不相契。结构性思维所能达到的求"真"判断是康德所谓的"规定着的判断",亦即把具体的个别或特殊对象向着某一普遍定则作归纳的判断,这样求得的"真"无论同人生之"真谛"还是同世界之"真相"都是有一间之隔的。

与知解这一结构性思维或散文形态的思维不同,领悟——亦可谓之为觉悟——属于诗性智慧。它借重具体意象径直把握某种具有普遍意义的真谛或真相,这真谛或真相的获得不以概念为中介,因而最终也无从用语言作表达。比如,关于诗。诗的真谛或真相是永远不会同运用概念的知解或结构性思维照面的,它无法定义或界说,无论怎样博大和细密的语言之网都不可能网住它的那点羚羊挂角的韵致。对诗成其为诗的底蕴的通晓,唯有靠直面一首又一首称得上诗的诗。当一个与诗有缘的人对可感的诗情玩味既久,或会在某个时刻豁然贯通,由对具体的诗作的玩味上升到对诗的普遍性或诗的真谛的了然于心。这了然于心便是领悟。其实,对于诗的真相或真谛的讨究是这样,对人生和世界的讨究未始不是这样。人生是一首大诗,世界是一首大诗。正

像诗是一种创造，人生和世界乃是一种比诗的创造更微妙的创造。这创造的
阈机隐在于永不重复的过程中，它只向那些以其拙真和不挠参与创造的人透
露些微的消息。就创造和把握创造最终走的是一条路而言，领悟或觉悟的先
机乃在于富于原创性的精神端倪的绽露，亦即那种突发的、骤然照亮一方新
天地的智慧之光的透出。这精神端倪的绽露或智慧之光的透出不是博闻强记
或逻辑推理的自然结果，在看似偶然的心智觉醒中那隐含着的是生命的某个
敏感点的被激发。这个敏感点往往使人的寻索中的精神在刹那间闪电般地聚
焦，然后彗星般地在精神的无穷宇宙中划出一道光亮夺目而独一无二的弧线。
它的发生与知识的博闻强记之间没有确定的当量可计算，但它的幸临却不能
没有足够的由结构性思维提供的知识作前驱；它也不是寻常生命流程的溢出
物，但离开真切而深刻的生命体验就永远不会遭逢那乍来的灵感。

　　"真"作为一种人生必当追寻和体现的价值，其依据深植于人生而世界、
世界而人生的存在中，也深植于人对人生而世界、世界而人生的究问中，而
且，这对人生而世界、世界而人生的究问本身也正构成人生而世界、世界而
人生的存在。正由于如此，甚至可以这样说："真"永远隐身在认知者的探
求中，探求的中辍是"真"的价值祈向的自我委弃，亦即"真"本身——所
谓"真谛"或"真相"——的悄然遁去。

——摘自《人论（纲要）》

善

道德意义上的"善"是人的价值祈向中对外在条件无所依待的价值，这无所依待性使它有别于"真"，也有别于"美"。没有认知对象，心灵不能自设价值之"真"；没有"表现性的形式"或"有意味的形式"，心灵也无从在失却必要的对象的情形下无可观审地审美。但德性的向"善"是对外一无所求的，它只需反观自审的心灵自做主宰。

道德之"善"是一种心灵境界，这种境界被自觉反省并明确认可发生在人类文化史上的"轴心时代"。这之前，人类早就有了趋利避害的意识，由趋利避害对冥冥之中难以左右的某种力量或运会的关注使人类产生了"命"或"命运"的信念，甚至与"命运"的信从相伴，人类也已经有了对朦胧中的"公正"境遇的期待，对人与人、人与世界的可能的"和谐"关系的祈求。如果说趋利避害的意识还更大程度地出于动物式的生存本能，而对"命"或"命运"的意识以至萌发中的对"公正"、"和谐"的希冀已开始使逐渐学会控制自己的人毕竟与动物有了区别，那么，使人与动物最后地分辨开来的便是人的求达心灵之"善"的道德。苏格拉底提出的人的"心灵最大程度的改善"问题固然也关系到"美"的观念和"大"的观念，但其要义终究在于道德的"善"。孔子说了许多"道行"、"道废"、"有道"、"无道"、"闻道"、"弘道"之类的话，而所有这些道理的指归也都在于他所谓的"依于仁"、"据于德"以对人的心灵"道（导）之以德"。引人向"善"的道德使人能够脱开肉体欲望的驱使，不为利害的计较所累，它让心智之光反观自照，由此把一个宽宏深广的内在世界或心灵宇宙开拓出来。

道德的"善"不是通常为人们所称赏的"正义"的附庸。"正义"正如古罗马的《法学总论》中所说，乃是"给予每个人他应得的部分的这种坚定而恒久的愿望"，而"给予每个人他应得的部分"的要求属于"权利"范畴。对"权利"的当有分际的孜孜以求是"正义"的应有之义，它必致诉诸具有强制性的法律。道德的"善"的依据却并不在于利益求取的允当或幸福获致的合理，它对人生的成全主要在于人格的高尚或心灵的纯洁。"善"和"正义"各有其价值取向上独立的一维，这使得道德境界和权利意识不以因果或主从相属而仅成一错落关系。同样，道德的"善"也有别于伦理的"和谐"。历来学人多把伦理与道德合为一谈，往往置道德问题于伦理的学说。其实，伦理缘起于家庭的血缘关系，比道德意识的发生要早得多，而且重要的是，处在伦理关系中的人几可说无从摆脱"命"或"命运"感的纠缠，而道德既然涉及人格高下的心灵境界，它便仅仅取决于一个人在切己的人生践履中的可能修为。

道德的"善"可祈于高尚，人际间的伦理则以"和谐"为至高的慕求。与正当权利关联着的"正义"价值的实现须得强有力的法制手段作保障，为人伦间带来某种温情乃至爱意的"和谐"价值往往也需要改进、移易中的习俗、风教来维系，而"善"或高尚的道德却只是每个人自己的事，尽管它也有必要予以"立法"，但那完全是另一种情形。

以外在权威的名义颁布的道德是他律的道德，他律道德的只可信从、不可致诘的端始是独断而非明证的。真正说来，道德的源头活水并不在人心之外，"善"的根荄就深植于人的生命的自然禀赋中，这禀赋便是孟子所谓人皆有之的"不忍人之心"。人有"不忍人"的"恻隐之心"——"羞恶"、"辞让"、"是非"之心皆由其派生，这对于人是不学而能、不虑而知的，其作为"良知"、"良能"乃是人与禽兽的"几希"之异。正是在这里，道德的"善"获得了它的最初的生机。

深藏于心灵的良知是"善"的不可再穷的源头，它是源，也是流；是始，也是终。一个人的人格境界的高下在于其良知呈现的自觉与扩充，而良知的呈现与扩充又只有在关涉人与人、人与集体以至族类关系的生命践履中才有可能。境界意味着心有存主的人的灵魂的深度，它经由繁复的人生践履显现于外，辐射于客体化的人际关系，又经由反省把拓展了的人生体验收摄于内，以酝酿其再度的提升或超越。德性之"善"的魅力永远只在个人生命的亲切处，那种真正有生机的所谓普遍的道德标准，必是从个人只要愿意体认总能体认得到的虚灵的良知那里导出，而不是由某一利害攸关的权威以纯然外在的方式所赋予。

　　同道德的"善"的知行不二的品格一致，道德上的立法——有似于艺术立法——终究乃是范本立法。不过，艺术的范本立法借重于天才的作品，道德的范本立法借重于可以圣贤相称的人的人品。在康德以实践理性承诺的"道德的神学"中，意志的自律固然是其出发点和贯穿始终的原则，但由此引致的对道德的最高境地的祈望也使其有必要作"灵魂不死"和"上帝存在"的悬设。悬设"灵魂不死"是为了保证自律的意志得以向着道德最高境地无底止地趋近，而悬设"上帝存在"则一方面在于以上帝的"全能"为"德"、"福"配称的"至善"作托底的保障，一方面却也在于以上帝这个"道德的元宰"为道德境界启示一个最高的范本。中国人的教化没有基督教的背景，道德上的最高范本是以圣人的名义确立的。圣人不像作为"道德的元宰"的上帝那样赋有"全能"的神通，但不论上帝还是圣人在道德这一价值维度上所指示的都是某种虚灵或极致形态的范本。极致形态的范本为经验中的修德者——无论是"道德的神学"意义上的还是"尽心"以"知性"、"知天"意义上的修德者——所可祈而不可即，但经验中的修德者总可以在祈向最高范本的德性修养中达到境界上的相当高度，从而为人们留下一个经验形态的范本。道德修养有如艺术陶染，概念化的道理是苍白的，千言万语只有指引到范本上，修德的道理才是一种活的道理或生命化的道理，否则，无论怎样富于逻辑严密性的话语都只会流于一种外在的说教。

——摘自《人论（纲要）》

美

不像"真"的祈向那样刻意于真相或真谛的捕获，也不像"善"的祈向那样存心于念愿的初起，真正的审"美"只是发生在人生脱落了利害、是非、善恶的执着的时刻。它荡开了智思，淡漠了意致，但它毕竟也是心灵的一种祈向。祈向而又非所措意，此祈向可谓"自然"——自然而然——的祈向；当其为人所自觉，为人所正视，因而多少为人所提撕时，它便又可谓"正在有意无意之间"了。

无爱美之心，无所谓美感。美感也可以被看作一种快感，但这快感既不像"刍豢之悦我口"那样因着肉体嗜欲的满足而发生，也不像"理义之悦我心"那样因着道义得以伸张而出现。的确，美感正如柏拉图所说，没有它人们不会感到有所欠缺，有了它人们会得到某种不期然的愉悦。不过，这并不意味着"美"对于人可有可无，无足轻重，而只是表明了人的审美活动的那份无所牵羁的逸致。从切近或明证处说"美"，"美"首先是对有着审美情趣或爱美之心的人而言的。爱美出于人的天性；一如"恻隐之心"是人的"善"的价值祈向的端倪，爱美之心是人的"美"的价值祈向的生长点。人对"美"的欣求发自自然而然的爱美之心，然而认定这一重价值并顺其精神性状更好地实现于人生的践履，则必得以审美的自觉或所谓美的自觉为不易之环节。审美自觉或美的自觉是人对审美活动的反思，反思当然是"有意"的，只是这"有意"也正表明了反思者对审美本身那种"无意"而为的品格的措意。以爱美之心出于人的天性而论，人的审美活动乃至与此相关的文学艺术创造显然要早得多，而以确认"美"为人生不可没有的一重价值当在美或审美自觉之后而论，人开始思考美因而出现关于美的理论却相对要晚得多。在西方，著名的史诗《伊利亚特》、《奥德赛》流播了近二百年后，希腊七贤之一的泰勒斯才提出了迄今公认的哲学的第一个命题——"水是万物的始基"，而标志着审美初次自觉的"什么是美"或"美是什么"的问题在柏拉图那里的明确提出，则至少比哲学的诞生晚了一个半世纪。中国的情形略有不同，但没有疑问的是，象征着汉文学创作第一个高潮的《诗》早在诸子蜂起之前就已经出现，而文学和审美的真正自觉却是晚至魏晋时代的事情了。无论中国还是西方，这审美活动与审美自觉的一早一晚，都可以从审美无关乎功利上的利害和道义上的善恶得到相当的说明。

略相当于"真"绝不会脱开人的悉心探求而独立存在那样，"美"不可能处于人的审美观照之外。一茎花、一丛草、一方山水自有其构形上的生态、地理机制，但它们只是在为人所观照、为人的心灵之光所辐射因而在其形象进入人的心灵世界时，才被人鉴赏或判断为"美"或不"美"。一幅画、一支曲、一座建筑总寓着创构者的赋有"美"的向往的匠心，其命意过程是审美过程，亦是对审美反观的过程。"美"关联着人的不为对待性境域和非对待性心灵欲求所累的独特情感，也关联着与这情感相缘互成的某种非关实质的形式。此形式或被称为"表现性的形式"（克罗齐语），或被称为"有意味的形式"（贝尔语），而其所谓"表现性"或"有意味"都可以从康德一再论说的"无目的而合目的性"得到贴切的理解。这里的"合目的性"与"无目的"保持着一种张力，"美"只存在于这张力中，一旦张力被打破，"美"便会因着审美的中止而隐去。但无论如何，这张力的发生或张力的某种分际的确定是由于"受动"而"能动"的人，因此，"美"的根据终究还在于人的"自由"或"自由"的人。

"美"之所以为"美"，是因着人向着一个可确定的价值向度的创造，"原始"的、不着"人化"痕迹的"美"是不存在的。所谓"自然美"并不是自然固有的东西在人的心灵世界的直接映现，堪以"美"称叹的自然是被人以敏感于形式的眼光所"发现"的自然。这"发现"不是被动地照见，而是发现者凭借自己的才情、气质、教养对被观照的对象的不无创意的摄取。在心灵中"成像"的自然是由心灵借其选择的形式赋予了这形式以神韵的自然，因而是经由人的心灵再创了的自然。诚然，发现者的灵感的发动不可能没有相应的这一种而不是那一种自然景观的刺激。比起"自然美"来，"艺术美"所涵的创造机制是毋庸分说的，不同的只是，"自然美"是人的心灵从观照对象那里选取某些形式——线条、色调、节奏等——赋以创造性的命意而有的，"艺术美"则除开命意的创造外，尚须相称地创作可整合为一体的诸多形式。

康德说："最高的范本、鉴赏的原型，只是一个观念，这必须每人在自己的内心里产生出来，而一切鉴赏的对象、一切鉴赏判断范例、以及每个人的鉴赏，都必须依照它来评定的。观念本来意味着一个理性概念，而理想本来意味着一个符合观念的个体的表象。"这段话在一定意义上可视为康德由判断力批判而论美的点睛之语，也堪称作留给美学史的不刊之词。倘有期于意味的更其圆足，尚勉可补充的是："最高的范本"或"鉴赏的原型"作为理想形态的"个体的表象"在一个又一个人的内心的产生乃是一个没有止境的过程，它同人成其为人的全部历史相始终。换句话说，终极意趣上的"范本"或"原型"只是被"每人在自己的内心里"向慕着，人们总要"努力在我们心内把它产生出来"，但那个"符合观念的个体的表象"却是任何人在自己的想象力的运作中无法最后地清晰描绘的。人们每在自己的心里对这"范本"或"原型"描绘一次，都意味着一次艺术创造，然而任何一次艺术创造对于呈现那终极性范本而言都会因着它不免受到的局限而是未完成的。

与理想的美在于"最高的范本"相应，艺术立法是范本立法。就是说，艺术立法是那与"最高的范本"相契而难以尽言的"精神"之韵致的立法，不是对那可操作化的律制或诀要的指点。优秀的艺术作品有待别具匠心的天才的创制，但任何优秀作品的作者，无论他是怎样的天才，都无法把作品中起点化作用的那种神来之笔以语言或逻辑概念昭示于人，他能留给人们的只是他的作品——一个可供有缘者在观审和效法中领悟其灵趣的范本。在美学和艺术史上，那些曾就艺术立法提出过中肯见地的人物中，显然康德是最值得称道的一个。他曾说："天才是天生的心灵禀赋，通过它自然给艺术制定法规。"并且，他指出，"这法规必须是从实践，即从成果，抽象出来的，在这成果（作品）上别人可以考验他自己的才能，以便使那个范本不是服务于照样重做，而是令人观摩摹仿……所以美术的诸范本是唯一的引导工具，来把美术传递给予后继的人"。此所谓天才以其创造的范本为艺术立法，说到底，亦正可谓"最高的范本"或"鉴赏的原型"为艺术立法，因为天才的有着典范式的独创性作品之所以可作为范本乃在于它无非是那"最高的范本"的摹本。所以，康德的天才为艺术立法之说，依其自身逻辑，或应作以下延伸：任何一部天才的作品都不是艺术创造所不能没有的自由想象力的界限；

天才作品作为可资后人效取的范本总是经验形态的，而经验的范本绝不等于那"最高的范本"或永远不可企及的理念形态的范本。艺术立法是借着经验范本的示范作用成为现实的，既有范本引生新的范本使艺术立法过程呈现为一部与人类史一样长久的艺术史。"最高的范本"或理念形态的范本是一种虚灵的真实，它作为心灵的内在之光烛引人们创造一个又一个经验的范本，而它本身在为人们启示一种艺术信仰时也被人们在艺术创造的践履中——在对"美"的无尽的祈向中——由探究而确认、由确认而探究着。

——摘自《人论（纲要)》

神　圣

对"真"、"善"、"美"诸价值的极致的向往，把人引向精神的"神圣"之境。"神圣"的价值在于人对自己在经验世界注定不可企及的虚灵的真实的祈慕和信仰。就其所指谓的一种高卓和圆融的心灵境界而言，"神圣"并不是"真"、"善"、"美"之外而同"真"、"善"、"美"并列的又一重人生价值。它是人历史地实现于经验世界的诸多价值在超越意义上的收摄与融通，是对健全的人性在诸多向度上展示的最大可能性的称述。一般说来，"富强"、"正义"、"和谐"等切于实用的价值并不能统摄于"真"、"善"、"美"诸价值，同样，"真"、"善"、"美"诸价值也无从统摄于"富强"、"正义"、"和谐"等价值。而且，即使是"真"、"善"、"美"诸价值亦非可相互统摄，"美"、"善"不可统一于"真"，"真"、"美"不可统一于"善"，"真"、"善"也不可统一于"美"。但人生诸多维度上的价值毕竟不是各不相干的，其中道德的"善"——纯粹无待或非对待性向度上的价值——对其他价值可能施与的影响尤其深刻。不过，这不是道德的"善"直接作用于其他价值，而是通过陶养人这一价值主体的内在世界去改变人在其他诸种价值选择上的态度和方式。一个道德高尚的人即使在"富强"价值上持积极进取的态度，也不会由此滋长那系于一己之私的贪欲和权势欲；一个品格低俗的人即使处于审美情境中，那无意或有意捕捉到的"美"也决然不会有"崇高"（壮美）的性状，并且，即使是发生在这里的"优美"也难免随其趣味向"媚美"处滑落。因此，"神圣"之境作为对人生诸多价值在超越意义上的收摄与融通，其收摄、融通的最切要的契机即在于道德上的"善"的祈向。

收摄、融通于"神圣"之境中的"真"不再是同"伪"相对待的俗谛意义上的真，这"真"超越世俗真伪而成一无待或绝对的真；收摄、融通于"神圣"之境中的"善"、"美"也不再是同"恶"、"丑"相对待的俗谛意义上的善、美，而成一自拔于世俗善恶、美丑之辨的无待或绝对的善、美。同理，"神圣"之境中的"富强"、"正义"、"和谐"作为绝对、无待的"富强"、"正义"、"和谐"，再也不必由贫弱、非正义、乖离的反衬而获得自己的意蕴。绝对的"富强"、"正义"、"和谐"、"真"、"善"、"美"既然不再有所对待，强为之命名便成不可名而名，强为之申义便成不可申而申。诸多价值色调在"神圣"之境中的浑化，反倒在整全上呈现出无色，这无色恰是"自由"的本色。这是一体无色的"自由"在经由世俗的三棱镜分色后的还原，它表征着人的有着价值追求的精神由相对而入于绝对。"神圣"之境的无色也是"神圣"之境的不执，不执是遣去尘累的潇洒，是荡开趋求的自在。但这潇洒、自在，既可说正相契于中国道家所谓"独与天地精神往来，而不敖倪于万物，不谴是非，以与世俗处"，又更可诠之以儒家所谓"所过者化，所存者神，上下与天地同流"。不过道家学说终究以"素"、"朴"为指归而主张"道法自然"，并不导引人们求取更丰赡的人生价值，而儒家"志于道，据于德，依于仁，游于艺"，所措意的亦主要在于道德意味上的"明明德"、"新民"而"止于至善"。

　　"神圣"之境永无可能尽致地实现于任何一个个人或民族，但对这一境界的认定却绝不是虚妄的悬拟。就其无论如何也不会全然坐实于经验而言，"神圣"之境确是一种"虚"境，但那虚是虚灵之虚，是用于界说非感性真实的另一重真实之"虚"。这不同于感性真实的另一重真实是"虚灵的真实"，它存在于人的本然的生命追求的方向上，作为"应然"构成人的终极眷注，以对"实然"中的人作恒久的价值提撕来确证其那份不言而喻的真际。从历史上看，"神圣"之意的价值内涵的厘定是相应于人的价值自觉状况的，其由执着于某一价值维度到更大程度地认可诸多当有之价值维度，由执着于所可能附丽的实体到渐次对信仰中的实体虚灵化，经历了漫长的过程。"图腾"崇拜曾经是人类发祥史上一个具有普遍性的事实，在它的带着命运感的瞩望中已经有了朦胧的向着某个神秘处乞援强盛或富足的意识。东西方民族几乎先后都有过多神的信仰，那信仰中的多神的世界其实是松散而远非自觉的"神圣"之境，在不同的神身上附丽着人的并不那么清晰却又性态各异的价值取向。希腊的多神信仰也许是最具典型性的，众神尽管尚未脱开"命运"的牵绊，但形形色色与人同形同性的神毕竟体现了人所渴望的种种价值，而且，甚至已经产生了多少超出功利和实用眼界的象征"美"的价值取向的美神。终于，在犹太教的耶和华神被希腊化——尤其是被柏拉图的"善的理念"升华后，基督教的上帝成了诸多自觉和正在自觉的人生价值得以辐辏的神圣存在。这全能、全善、遍在、永恒的神圣存在是"富强"、"正义"、"和谐"的化身，也是"真"、"善"、"美"的化身。历来对于上帝的诠释，究其根柢，终究不外乎是对人生诸多维度上的价值及其如何收摄、融通到一个神圣的焦点的诠释。从基督信仰的眼光看去，图腾崇拜、多神信仰都是人的一种错觉，然而，即便是一神教的上帝又何尝是一次性地走向人的呢？从《旧约》到《新约》，从摩西到耶稣，从圣奥古斯丁到圣托马斯·阿奎那，从路德、加尔文到保罗·蒂利希，上帝在一次又一次的诠释中留给他的崇仰者的形象大异其致。单就人的心灵对信仰中的"神圣"之境一次又一次的投射看，整个人类信仰的历史几乎可以说是一部错觉史，但这略成一个系列的"错觉"被发现为错觉，本身就是值得反省的。它不是在科学的意趣上，而是在人文的意趣上，因此可勉称之为"人文错觉"。"人文错觉"中隐藏了人对人生价值的终极性追问，其为人的心灵向着"神圣"之境攀升的不懈生机的呈现。依呈现所告白的那份人性之真切而论，它无所谓"错觉"，但每次呈现所取的富于象征或暗示性的意象符码，却总是特定民族在成全而又局限它的某一时代作出的有着设准意味的选择。呈现借重设准，因而也走出既有设准而选立新的设准，所以，凡被赋予了庄重的终极意义的设准——它必得在观念中永恒化才可能不负信仰的神圣，而这一时被认定的永恒化却又正是一种"人文错觉"——的人文价值，几乎毫无例外地都是一次性的。

——摘自《人论（纲要）》

人生与立志

年轻人立志要有历史感
——在中国人民大学 2011 级新生开学典礼上的致辞

2011 级的同学们：

你们好！

作为一名在人大任教多年的教师，看到你们这些年轻学子的到来，我感到由衷的高兴。我以一个老教师的身份，祝贺你们考入人大，欢迎你们来人大求学、深造。

你们正当人生的最好年华，按说，一个人在最好的年华里应当留下一生中最美好的记忆。我相信你们都是值得成全的人，我也相信人大是一个能够使你们在做人、治学上获得更大程度成全的地方。我也曾年轻过；凭着从年轻到不年轻的这段人生经历，我愿在此就做人和治学冒昧地说说自己的几点感悟，以与同学们共勉。

一、一个人应当守住自己的生命重心。这重心落在身外之物上是很难守住的，只有归置在非身外之物上才真正不可摇夺。什么叫身外之物？身外之物就是他人能给予也能夺走的东西，金钱、财物乃至职位、身份都属于这类东西。什么是非身外之物？非身外之物就是他人不能给予也不能夺走的东西，一个人的品德、操守及富有创造性的智慧都属于这类东西。想想看，谁能给予、谁又能夺走文天祥、张苍水这类人的人格、气节呢？谁能给予、谁又能夺走李白、杜甫写诗的那份灵感呢？孟子说过："求则得之，舍则失之，是求有益于得也，求在我者也；求之有道，得之有命，是求无益于得也，求在外者也。"（《孟子·尽心上》）其实，"求在外者"即身外之物，"求在我者"即非身外之物，一个人能自觉地去求取那"求在我者"就能守住自己的生命重心。当然，对"求在我者"的看重并不排斥对"求在外者"的追求，不过对这"求在外者"一定要"求之有道"，不能不择手段。

二、一个人心中不能没有一份"虚灵的真实"。通常人们所说的"真实"是感性的真实或可感的真实，却很少有人留意对人来说分外重要的"虚灵的真实"。比如圆形吧，碗口、杯口、纽扣的外形以至太阳和月亮在天幕上映出的轮廓，都可以称得上圆形，这些都是可感的真实的圆形。但真正说来，所有的可感的或感性的圆形都是有缺陷的"圆"，或者说都够不上完满意义上的"圆"。完满的"圆"是有的，这便是几何学意义上的"圆"，亦即一个平面上一个动点环绕一个静点作等距离运动所留下的轨迹。几何学上的"圆"是永远无法做出来或画出来的，因为几何学意义上的平面或点（静点、动点）在现实的时空中是永远找不到的。但它是衡量现实中的圆形圆到什么程度的唯一标准；它不是可感的，却是真实的，我称这样的真实为"虚灵的真实"。当然，几何学意义上的"圆"只是一个用例，其实任何一种美德、一种善举、一种蕴含创造性的技艺都有其极致的境地，这圆满到无以复加程度的境地是这美德、善举、技艺的"虚灵的真实"，一个人心存"虚灵的真实"，他就会在修德、治学、创意上孜孜以求。正像几何学上的"圆"我们永远不可能达到却又能够督促我们以此为标准把"圆"画得或做得更圆些一样，美德和技艺上"虚灵的真实"之境存在于我们的心目中，能够督促我们在德行修养和技艺创新上有更大程度的提升。

三、一个人立志要有历史感。这里所说的历史感关联着一种历史意味上的评价，历史的评价标准与囿于当下种种人为因素的现实评价标准总会有或大或小的距离，只有胸中怀有历史标准的人才可能超越当下的得失与毁誉，使自己的追求与更长远的未来相接相契。一个国家只要有军队，就需要有人来做军、师、旅、团长，但做军、师、旅、团长的人未必就一定是军事家，军、师、旅、团长的任命有其现实的标准，而军事家却是依历史标准认可的。同样，官员可以是却不一定是政治家，校长可以是却不一定是教育家，教授可以是却不一定是具有创造性思维的学者。所有这些都涉及现实标准与历史标准的异同。一般说来，与历史标准相接近的现实标准具有更大的合理性，与历史标准不相符的现实标准则缺少合理性。年轻人立志要有历史感，不要为做官员而做官员，为做教授而做教授，为谋职位而谋职位，而要依历史标准让自己真正成为一个在历史认可的事业上有所寄托的人。

以上看法自然都是书生之谈，不妥之处请同学们批评，也请在座的老师和学校领导予以教正。

在孔子说了"后生可畏"的话后，这条古训一直流传至今。我愿引这条古训警示自己，也愿借这一古训规勉在座的年轻的同学们：你们只有像康德说的那样，在步入学术殿堂时先期为一种"神圣的战栗"所充塞，然后将这持续的"战栗"不间断地调整为对于学业的"庄严的注意"，你们这些"后生"才有可能让你们的前辈们在足够长的时间里感到"可畏"。

同学们，最后我要说：

作为一位教师，我在学业上期待着你们；

作为你们的一位校友，我愿为人大更令人赞叹的明天与你们携手；

作为比你们年长近半个世纪的老者，我愿为你们有更多的幸运默默祝福！

学人立志·学业境界·学术创新
——在北京第二外国语学院跨文化研究院的演讲

今天（2012 年 6 月 12 日）下午我先就"学人立志·学业境界·学术创新"这个话题，讲点我的看法，然后用点时间，我们一起讨论。这个讲题，你们研究院事先把范围跟我说了一下，尽管没有具体地规定题目，但实际上仍是一篇命题作文。这和我在其他地方的演讲，由我自己拟一个题目的情形不大一样。这个题目，我起先没有觉得它有多大难度，到真正准备的时候才发现这题目很不好讲。这讲不好就是一种说教，我年轻时也很讨厌说教，"己所不欲，勿施于人"，我现在年龄大了，最好不要做让又一代年轻人讨厌的事。我琢磨着怎么能把这题目讲好，它确实跟具体的学术话题不太一样。七年前我到跨文化研究院作过一次学术交流，讲得比较具体，是一个很具体的学术话题，不能说我讲得很自如，但我自己讲得不困难。但今天这个题目，讲起来就有点涩，所以我要特别申明一下，如果讲得有毛病，希望在座的研究院的同学、老师、领导予以批评，也予以谅解。

（一）

我想从这样一个话题说起。很多年前，我看过一本书，里面记有一位西方人说过的一句话。最近我去找这本书，怎么找也找不着，时间久了，年龄大了，记忆力差了，就是想不起来是哪本书了。但有那么一句话是确凿的。这位西方人说："年轻人往往以为自己是不死的。"这话该怎么解读啊？我觉得应该这么理解：人在生命力旺盛的时候，对生命的短暂性、局限性，往往很难意识到。只有到了我这个年龄，似乎才有死亡的阴影慢慢地笼罩过来，生命短暂的话题也才变得切近起来。就像天快要下雨了，阴云由淡而密，开始有一种预告了，这时你会很自然地由云想到风，想到雨。死亡，是一个有点阴郁、不那么令人愉快的话题，但我今天还是想从这个话题说起，因为从这里说起对你们有好处。雅斯贝斯说过一句话，叫作："从事哲学就是学习死亡。"你看，这话和我刚才所引的那位西方人说的话是不是有点相应，有点意趣相通？雅斯贝斯的话听起来是令人骇怪的，从字面上解读它，你会觉得不可思议。既然死亡是我厌弃的，而它又伴随着哲学，那我为什么还要从事哲学呢？真正说来，雅斯贝斯说这话，并不是要我们重死而轻生，并不是要我们陷进死亡的阴霾。这就像庄子在《至乐篇》中通过髑髅（死人头盖骨）的口赞许死后的世界之乐胜于"南面王乐"，却并不是要人们径直赴死一样。实际上，雅斯贝斯是要我们由死而反观生，由死而关注我们有限的生命。

如果不死的话，人不会更多地考虑人生的价值，不会考虑所谓立志的问题。我今天谈立志的问题，想来想去还是选择了从死亡这个很有点阴郁的话题说起，其原因就在于非以死亡的沉重不足以唤起生命的深刻。想想看，如果人不死的话，投身火里不死，掉进水里也不死，从楼上随便跳下去也不死，那还有谁愿意去思考人生的价值、人活着有什么意义这样的问题？在伊甸园里，亚当、夏娃活得无知无识，也活得可以说是无忧无虑。我想，这两个人，当时如果按照上帝的嘱咐去做，他们是不会死的。在他们没有吃分辨善恶树上的智慧果之前，上帝曾对他们作了不死的安排。不死的这对男女，肯定不会去考虑他们活着有什么意义，他们为什么要活着。这样的问题根本提不出来。像古希腊奥林帕斯山上的那些神，他们也从来不会考虑这个问题，因为他们不死啊。只要不死，生命就一直延续，不管怎么活着，总归是活着，这样，谁还会去考虑为什么活着呢？死的问题不存在，生的意义这问题就提不出来。上帝曾经警告过亚当、夏娃："这棵树上的果子不能吃，吃了你会死的。"但蛇跟他们说："上帝是骗你们的，你吃了不会死，而且你会变得跟上帝一样聪明。"结果先是夏娃经不起这个诱惑，她吃了，然后给亚当也吃了一个果子。两个人果然头脑清楚了，眼睛亮了，能分辨善恶了，而且确实并没有死。但上帝说过的话毕竟会兑现的，你当下没有死，并不表明你永远不死，既然你吃了禁果，你就总有一天要死。《圣经·新约·罗马人书》里面有一句话，叫作："罪的工价乃是死。"讲的就是这件事。犯了原罪，原罪的代价就是，你必得死。这是人类的始祖的故事。一旦他们开始死，由他们繁衍的子孙，每一代，有生必有死。这一有死，就有了一个问题，就是说，生命有了大限。生命有了大限，就使得有限生命当中的人会考虑一个问题，这便是：我该怎么度过我这有限的百年左右的时间？我活着有什么价值？有什么意义？跟这样一个人生意义的问题的提出相应，人就有了所谓立志的问题。

当然，多数人并没有意识到这个问题对于我们的深刻和重要。他们是别人怎么活着，就怎么活着，主流往哪儿走，也跟着往哪儿去。这样活着，既省事又安全。顶多有利益上的争竞，并由这争竞发生种种冲突和纠纷。多数人是这样的。真正对人生有所自觉，能自觉提出活着有什么意义、为什么要这样而不是那样安排自己的人生这一问题的人，应该说，很少。宗教涉及这个问题，哲学要思考这个问题。像中国儒家的学说，它既不是一种严格的宗教，也不是一种严格的哲学，但它作为一种教化，作为一种学问，也分外关注这一问题。我在面对你们这么多年轻人的面孔时，先把这样一个让你们听了多少有点沉重的话题提出来，是要激起你们对生命的敏感。这用存在哲学的话说，就是向死而生——先把自己推到生命的穷尽处，然后回过头来思考我们应该怎么活着。这样，你才会觉得立志的问题不是一个可有可无的问题，而探讨它也未必就只是一种说教。应该说，立志的问题是一个人生终极性问题，它对我们每一个人又都很现实。这问题虚灵而实在，对于祈望人生达到相当的自觉的人来说分外重要。

古罗马有一位哲学家叫卢克莱修，他说到了两种存在：要么是有死的生命，要么是不死的死亡。一个活得自觉的人，首先应当明白自己是有死的生命。用我们中国名家惠施这类先贤的话说，任何一种有死的生命都可以说是"方生方死"。就是说，你一出生，死就与生形影相随了。你生着，就意味着在死着。我们通常把死看作是一次性的。实际上，死跟生一样，都不是一次性的。像我这么大年龄的人，也是从婴儿长起来的，也有过少年时代。我的大学母校校庆的时候，让我回去做个学术演讲，同时让我写点回忆文章。我想，我写点什么呢？后来，我把记忆中留下印象的一些琐事写了下来，题目就叫作"那时我还年轻"。那时我还年轻，现在却不年轻了。我怎么就从一个婴儿，从一个少年，从一个青年，长到现在这个样子了呢？你们千万不要说别让自己长得跟我一样老，我倒是希望你们一定要长得比我还要老。这是对你们的祝福。你们不要落在黑格尔说的话上，他说，一个人要留住一个永恒的青年人的形象，那唯一的办法就是早死。我还是希望你们最好长得更老一点。从一个婴儿，到现在这样一个老人，其实我的每一年都有变化——事实上，我每一个月都有变化，每一天都有变化，每一小时都有变化，每一刹那都有变化。这便是"方生方死"。如果每一刹那没有变化，怎么可能每一分钟有变化呢？每一分钟没有变化，怎么可能每一天、每一月有变化呢？时光就像流水一样，我们一生下来，我们生着，我们也死着。这样一个生的过程结束的时候，死的过程也才结束。那个时候，生完成了，死也结束了。我们每个人的生命长度就这生死如影随形的几十年，或者百年左右，这百年左右对于我们每个人只有一次，它是宝贵的。既然是宝贵的，我们应该怎么去安排它？这便有一个立志的问题。

往往活得比较自觉的人，对人生的意义有所了悟，尤其是有透彻了悟的那些人，他们的死往往是对他们的生的最好的诠释。例如，苏格拉底。他被当时的雅典法庭宣判死刑，罪名是不敬神，蛊惑青年。这是很重的罪，却是莫须有的。苏格拉底完全有机会从监禁他的地方逃走，他也可以通过缴纳一笔赎金，让自己苟活下来，但苏格拉底没有作这样的选择，他就待在关押他的地方，等待死刑的执行。他要以他的死，来诠释他的生。他如果逃走了，他生命里某种风骨性的东西，某种境界性的东西，也就消失于无形了。结果，他从容地选择了死。这死，是他对自己生命分量的富于悲剧感的告白，是他对他所理解的生命意义、生命价值的最直观的阐释。我们知道，苏格拉底的哲学的使命，用他自己的话说，就是"最大程度地改善人的心灵"。你说他不敬神也罢，你说他蛊惑青年也罢，其实，他做的就只是这件事。做了这件事，就要承担做这件事可能带来的后果。他可以死，但是他不能放弃他的信念，不能放弃他学说里面渗透的那种人生追求。又如，希腊化时期的一位名叫伊壁鸠鲁的哲学家。这位哲学家同样以他的死印证了他的生，只是他的死法跟苏格拉底的死法很不相同。伊壁鸠鲁是个原子论者，他是主张原子偏斜的，这使他的原子论跟德谟克利特的原子论有了本质的区别。他是这样描述原子的偏斜运动的：原子在不确定的时间、不确定的地点，稍稍偏斜，它不仅仅做直线下落运动，它还稍稍偏斜。原子自己让自己偏斜，这就把原子概念中的形式因素体现了出来。什么是形式因素？按照定义，原子是一个坚实的、独立的、不可再分割的物质微粒。如果仅仅说它是物质微粒，那就只是把原子的质料因素规定了。它的形式因素是什么？形式因素是原子的独立和自我做主。如果原子只是作直线下落运动，那就像卢克莱修说的，犹如雨滴，如果没有风的话，它会一直往下掉，最终扬弃在雨柱里，它作为独立的点，它的独立性、它的自由、它的可能的选择就在这里消失了。伊壁鸠鲁是这么一个原子论者。当他预感到自己快要死的时候，他叫他的学生们弄了一个大的铜盆来，注入了温水。他坐进铜盆，洗了个温水澡，接着他要了一杯醇酒喝下去，然后告诫他的学生和朋友："要忠实于哲学。"就这么一句话，"要忠实于哲学"。"要忠实于哲学"，即要忠实于由原子偏斜所述说的人的自由；体证并宣示人的自由，便是他的志向所在。像苏格拉底、伊壁鸠鲁这两个人，都可以说他们以他们的死，对他们的人生作了独特的诠释。他们的死，表达了他们的志向所在、他们的信念所在。无论苏格拉底，还是伊壁鸠鲁，如果要用丹麦的神学家、存在哲学的先驱人物克尔凯郭尔的话说，都可以说是那种找到了可以为之而生、为之而死的人生目标的人。

我们中国的孔子，这是大家都知道的人物。《论语·宪问》里有这样的记载，一位隐者类型的人称孔子为"知其不可而为之者"。大家注意，"知其不可而为之"是隐者型的人对孔子的批评，但也未必不可以把它理解为对被批评者的嘉许。想想看，如果没有一种坚定的信念，没有一种"朝闻道，夕死可矣"的承诺，有哪一个人可能做到这一点呢？孔子一生所从事的事业，可以概括地说，是以儒立教，为中国人立了一种教化；这教化在于对人的生命趋向的指点，它在两千多年中一直起着作用。孔子对他一生的追求有过"志于道，据于德，依于仁，游于艺"的概括，他也说过"朝闻道，夕死可矣"。你看，"志于道"，他一生就立志在这个"道"上。"朝闻道，夕死可矣"，那意思是说，只要他真正了悟了这个"道"，早晨了悟了，就是傍晚死去，他也心甘情愿。孔子所说的这个"道"，可以了解为一种"导"，它意味着从根本处对人生态度的指点，对人生当有的价值取向的导示。儒家之教是"成德之教"，儒家之学是"为己之学"，孔子要指点别人、引导别人，那他一定会把领悟到的人生道理付诸自身的践行。孔子所谓"志于道"或"朝闻道"的这个"道"，有两个不可缺少的精神性状。第一个性状是，它有价值导向。第二个性状是，它有超越当下的形而上的品格。儒家之道的价值取向是通过"义利之辨"体现出来的，这"义利之辨"最后要一直辨到什么程度呢？要辨到"无求生以害仁，有杀身以成仁"，亦即所谓"杀身成仁"。后来孟子把孔子的话作了另一种表述："鱼，我所欲也；熊掌，亦我所欲也。二者不可得兼，舍鱼而取熊掌者也。生，亦我所欲也；义，亦我所欲也。二者不可得兼，舍生而取义者也。"大家不要把这几句话看小了。这几句话，可以说，是把儒家教化推到极致后，一个终极性的断制。生命不是那么重要吗？但是，居然还有比生命更可贵的东西。动物只知道生命的可贵，所以，动物只知道趋利避害，只知道怎么延续自己的生命，怎么繁衍它们的后代。动物只知道这一点。人跟动物不同的地方有很多，但最根本的一点就在于，人懂得有一种人生价值超出了生命的价值。这种价值一旦跟生命的价值两者不能兼得，要做两难抉择的时候，孔孟告诉我们，可以"舍生取义"，可以"杀身成仁"。那么孔子对道的笃信、恪守，到了什么地步呢？到了"知其不可而为之"。尽管在当时的社会条件下，他要把他所主张的"道"——这个"道"体现在政治方面，也体现在人生修养方面——真正推扩开来，他自己甚至也意识到，这是"不可"的，但是他还要去做，还要"为之"。为什么？因为这是应该的。尽管做起来有难处，可能这个人做不到，那个人做不到，但不能因此说这个道理本身不能成立。这是对我们中华民族在教化上所作的一次决定性的引导，是对人生底蕴的富有历史深刻性和终极意味的揭示。我们民族在遭遇最危难的时刻，"舍生取义"、"杀身成仁"，往往是所有炎黄子孙获得最后力量的精神源泉。这一点，就近而言，在抗日战争中体现得很突出。对抗日战争，我想，你们这个年龄的人虽然陌生，但是通过看电视、看电影，总还是可以了解一些。从这些你们多少可以知道，"舍生取义"、"杀身成仁"是怎么回事。

孔子周游列国时，在陈国和蔡国之间曾经被围，当时情境很危急。在这种非常危急的情况下，他的有些学生对是否还要按照以往的信念去做，开始有了疑问。孔子看出来了，于是就先后叫了三个学生来，询问他们的想法。

他先把子路叫进来。这是个很直率、有武功、很勇敢的学生。孔子说："你看，我们不是野牛，也不是虎豹，现在居然流落在旷野，找不到归着。对此，你有什么感想？"子路一脸怨忿，嘟嘟囔囔地说："恐怕我们的仁德修养得不够，所以人家才不信任我们；我们的智慧还不行，所以我们提出来的主张人家才不愿意采用。"孔子说："伯夷、叔齐，是不是仁者？伯夷、叔齐他们所信奉的那种东西，又有多少人相信呢？"他又说到比干，这是以死而对纣王进谏的人，他是纣王的非嫡系的叔父，被纣王剖心虐杀。他说："比干，算不算很有智慧的人？但为什么纣王不听他的？"言下之意，问题不在于你修仁德修到一定程度，别人就一定相信你，也不在于你的智慧达到了一定高度，你提出的主张人家就一定会采用。孔子让子路走了，把子贡叫了进来，对他说："我们不是野牛，也不是虎豹，现在居然流落在旷野，找不到归着。是我奉行的道不对吗？我怎么到了这个地步？"子贡说："夫子的道至高、至大，所以天下容不下夫子。"他接着说："夫子能不能把这道的高度稍稍降低一点？"他的意思，用我们今天的话说，就是折中一下，好让人家容纳你。孔子批评子贡说："你这个人志向不远。你以为你往下贬一贬，往下降一降，就能实行了？你不是一个一心想着如何修养仁德、如何修道、如何把这种信念贯彻到底的人，你想的只是怎么才能为这个礼崩乐坏的乱世所容纳。你这个志向不行，你走吧。"孔子又把颜回叫了来。他把刚才的话又说了一遍，问颜回有什么想法。颜回说："夫子的道至高、至大，所以天下不能容。如果是我们没有好好修道，没有按照我们的道提出好的主张，这是我们的问题，是我们自己的丑，我们自己的不堪。现在的问题是，我们修养道德了，并且提出了契合于道的治理天下的主张，而有国者（当权者）不能容我们。这是有国者之丑。不容于有国者，这正表明了我们是君子。"听了这番话，夫子高兴了。倒不是说孔子愿意听好听的话，而是孔子觉得，颜回讲得有道理。孔子的"道"并没有错，但这"道"在当时的情况下不能为有国者和天下人所接受，孔子所能做的只是"知其不可而为之"。这"知其不可而为之"表明，"志于道"的孔子对他所执守的"道"的确信和他就此所立之"志"的坚定。我今天给我们在座的跨文化研究院的年轻人说这些，就是要劝勉你们在自己身上蓄养点"知其不可而为之"的精神，而这精神正同立志关联着。

人生从终极处看有一个意义何在的问题，对此我们要有相当自觉的意识。我们是学人，我们能不能关联着人生意义的终极性思考在治学方面立一个大志？在今天，可以说，学风已经败坏到空前的地步，学人品格已经相当令人失望的情况下，我希望有一批学人，从年轻的时候，立一个大的志向，把学术作为值得自己终生追求的事业，把对更高学理的探讨作为自己"可以为之而生，为之而死"的人生目标。如果有人能发愿，能立这样一个大志，那么，我们民族的学术传承就不至于薪火绝传。立这样的大志的人多几个，我们民族学术振兴的希望就会多几分；学术的可能好的格局的赢得，不在学人的努力之外，一个好的学人从年轻时就应当懂得，学人的职志在于"学以致其道"。

（二）

下面，我说一下学业境界。1992 年我出版了一本叫作"两难中的抉择"的书，书的后记里写了这样一段话："治学的底蕴原在于境界。有人凭借聪明，有人诉诸智慧，我相信我投之于文字的是生命。"在我的记忆中，我谈治学的境界开始于这段文字。在这段文字中，我把治学的境界分了三个层次。所谓以"聪明"治学，我是指那些看准了机会、看准了时潮，把学术迎上去，借助学术来获得名利的人。以聪明治学的人，往往能够如愿以偿。但以我的看法，这叫种瓜得瓜，种豆得豆。你既然要名利，你得了名利，这不就是你种什么得什么吗？但是学术是不是就应该这样？那是另外一回事。对于应该如何治学，每个人都可以有自己的看法。我以"聪明"称治学的功利层次，并不算说它的坏话。所谓以"智慧"治学，我是指在治学上有创造性但终究把治学当作一种职业、一种技艺的做法。比如炸油条，我把油条炸得别人都赶不上，大家都喜欢吃，这里面有我的发明，有我的诀窍。如果治学能做到这样，我认为已经算得上很有智慧了。但是，我觉得，学术还应该有它更高的境界。就是说，治学并不仅仅是为了有发明、创造，好的义理还应诉诸践行，让它进到自己的生命。孔子说过"古之学者为己"，"为己"是指，学到了好的道理，用在自己身上，使其在自己的生命状态里面得以体现出来。比方说，学了谦虚的道理，就要学着做一个谦虚的人。谦虚当然可以作为一个名词来解释，你只要解释为善于听取别人的意见，不骄傲，就算对了。但这样被了解的谦虚只是流于字面的知识。谦虚也可以被把握为一种让人称赞的姿态，比如，每到一个场合，都设法给别人造成一种谦和、虚心的印象，做出谦虚的样子，但这时，谦虚在你那里就变成了一种表演，它本应有的那种真切感没有了。真正说来，当一个人在律己中让谦虚融入了他切实的、极自然的一举一动，他可能才真的懂得了谦虚，而这样的谦虚作为美德是生命化了的。换句话说，它不在真切的生命之外。

2000年的时候我做了一件事。《读书》杂志在那一年曾受委托，搞过一次所谓"长江"图书奖的评奖活动。可能评奖过程出现的问题比较多，于是就有人出来议论、批评。这时，一位办学术"打假"网站的朋友给我打了个电话。我记得那是个暑假，我到南方去了。他打长途电话给我，希望我对《读书》杂志组织的评奖活动表个态。我对他说，自己也算是《读书》的一个老作者了，80年代曾给这家杂志写了不少东西，但1989年后就没有什么来往了，对他们评奖的做法不想说什么，况且自己从来就不参加任何评奖活动。后来他一再跟我说："你就把你撇开，你对这件事总该有点自己的看法吧。"后来，我就写了一封信给他。我跟他说不要把它当作一篇文章，就是一封信，算是我跟他之间交换个人的看法。在这封信里面，我说了这么一段话："比起古人来，我们时代的主流学术可以说是喜剧式的。愈益被拥进'文化工程'、'文化产业'、'文化市场'怀抱的学术正被'规划'为一种量化生产，名目繁多的'项目'资助和日盛一日的评奖活动诱使学人名正言顺地为名利奔竞。学术的境界酵素在消释，心智因着良知的隐去不再有直面时风之颓势时的痛苦。名利在通行的评价体制内的直言不讳使学人委身为欲望的奴隶，学术在遗忘了它的天职后遂嬗变为沽名钓誉的场所。"接着，我在下面写了几句颇有点激切的话，这些话现在看来，可以说是我属文以来写下的最刻薄的文字。我说："从马克思那里讨学问的人不再记得这位哲人的'要直扑真理，而不要东张西望'的教诲，言必称孔孟的心性之学的祖述者竟至会淡忘了那'羞恶'、'辞让'之心；修西学的人固然陌生了耶稣的境界和苏格拉底的风骨，而操着鲁迅的话语动辄嘲讽他人为'正人君子之流'者，自己却成了真正的'小人'。"中国当时可以称得上显学的就这么几种，马学、中学、西学，还有鲁学，鲁迅的研究也是显学之一。我的这些话都不是信口说的，可以一一举出有代表性的人和事来。不过，还是不说了吧。

面对这样一种学术的格局和学风的颓势，重要的还是想想我们自己吧。如果我们把学术视为庄严而不无神圣感的一种事业，那我们对它的当有境界就不能不诉诸自己生命的承诺。

学术的境界在我看来，首先要解决的就是，学术的自觉问题，这也可以说是学术的独立价值的认可、学术的当有尊严的确立问题。学术不应是任何一个社会文化领域的奴仆或附庸，它应该有自在的重心或相对独立的格局。我觉得这是谈学术境界的一个前提。许多社会文化领域跟功利关联着，跟功利纠缠着，而学术，我认为，一定要有超功利的品格。学术如果失去了超功利这一维，就很容易为其他社会文化领域功利的东西所吸引，就有可能陷溺于功利而不能自拔。政治领域、经济领域，都是功利的领域。这里，我要特别强调一下学术与政治的关系。政治的功利特征是非常明显的。我且不说其功利取向属于哪一种，不管是所谓"革命的功利主义"，或是别一种功利，总之它属于功利的领域。而学术，至少对于功利的求取是间接的。它的职志在于探索人生的真谛，破解世界的隐秘，界定包括政治在内的诸多社会文化领域的职分，研究其所当行与所不当行。这里，不妨举一个具体的例子来说学术。公元 6 世纪时，东罗马皇帝查士丁尼曾聚集了一批法学家以他的名义编纂了一套法学典籍，其中有一本书叫"法学总论"或"法学阶梯"。《法学总论》在谈法学之前，先给正义作了一个界说。书中说，"正义是给予每个人他应得的部分的这种坚定而恒久的愿望"。在对正义作了界说之后，接着它才说，法学是关于正义与非正义的科学。这便是一种学术探讨。对法律、法律所涉及的政治，要规定其本分所在、职能是什么、界限在什么地方。它绝不会拿法律来说审美，把法律和文学艺术混为一谈。事实上政治的职分是有限度的，政治要做的事情只在于给予每个人社会参与和文化创造以同等的权利，带给社会一个相应的秩序，让这种秩序能保障每个人的合法权益。除此以外，政治不必做更多的事。政治不必管文学艺术创作，李白、杜甫写诗，用不着当时的政治制度、律法告诉他们应该怎么写。我们现在的文学艺术创造为什么要老让政治管着？政治管文学艺术，一定管不好。甚至经济领域，一味由政治发号施令也管不好。同样，道德、伦理等领域也是这样。使各社会文化领域达到相当的自觉，这是学术的事；正如我刚才所说，各社会文化领域同学术的关系就在于，学术厘定、弄清楚它们的本分所在，它们的价值所在，从而由此指出它们的界限所在。看起来，学术并没有做其他什么，但它做的这件事很重要。学术没有理由依附政治，依附经济，而一旦它依附于政治，依附于经济，变成了政治、经济的奴仆，变成了功利的一种附庸，就会蜕变，就要堕落或败坏了。我觉得这一点，对学术的境界而言，是至关重要的。就是说，要让学术获得相对独立的地位，使学术成其为学术。对于学术的重心在什么地方，它到底应当做什么，我们学人一定要有相当的自觉。有了这种自觉，才谈得上所谓学术的境界。

再一点，我要说作为"冷慧"的学术。学术如果纠缠在功利中，它就难免成为营求功利的一种手段。如果说治学的境界应该有若干个层次的话，那么使学术沦为庸俗功利的层次大概是最低的层次。然而，学术退去了功利的热情却又有可能成为一种"冷慧"。作为"冷慧"的学术固然体现了学术的独立格局，但又会流于孤峭而失去人文关切的底色，这是学业境界的第二个层次。"冷慧"是对功利欲求的拒绝，但毕竟未达于学术的真谛。学术不能忘神于功利，却也不能于人生无所承诺。古人有"学以致其道"之说，"致道"之学是学业的更高境界，它意味着学人在治学中孜孜于生命的投入。以生命治学而有生命化的学问，这种学问首先在于学人把所学用于道德的自我完善，人格的自我提升，此外，也还在于学人以其所学有所担当，而这担当不为利害所囿。对于以生命治学的人来说，为他所赞许的美德是他所必得身体力行的，而为他所认可的正义也绝不在他的生命体验之外。我是主张以生命化的方式治学的，这是一种治学的境界，也是一种治学的途径或方法。

下面，关联着学业境界，说一说生命化的治学方法。治学的生命化，首先强调的是，学人自身须得蓄养丰赡、深刻而具有相当强度和敏感性的生命。人们通常总是这样看待研究的，以为研究就是从所考察的对象那里抉发某种还不曾被揭示的有价值的东西。生命化的研究方法并不否定人们的这个看法，它只是由此把研究者主体的素养的问题提了出来。我曾经说过这样的话："一个研究者在研究对象那里唤起的是他自己生命中有其根芽的东西；他不能无中生有，这'有'既是对研究对象而言，更是对研究者自身而言。"这是什么意思呢？我来打个直观的比方。比如，不同的人对星辰的观察。漫天的星斗，天文学家看上去，跟我们对天文知识全然不知或一知半解的人看上去，会大相径庭；一个诗人，一个文学家，一个有相当审美情趣的人，其视野中的星空也与常人绝不相同。一条狗看着满天星星，可能全然莫名其妙；一个躺在摇篮里仰望星空的婴儿也绝不会想到牛郎织女的故事。所以我敢据此断言：只有诗意的眼光才能发现诗意，只有良知不曾沉睡的人才能从历史人物那里体悟到时间永远带不走的良知。一个心中没有一点诗情的人，再好的诗也欣赏不了；藏了一肚子机诈的人，无论他怎样熟读二十五史，他所能读出来的一定都是些狡计和权谋。所以，我说生命化的方法，首先在于学人身心的修养。就是说，这里有一个你跟你的研究对象相互成全的问题。你在阐释历史的时候，你成全着历史，升华着历史，而在阐释中被你激活的历史却又润泽了你的生命从而成全了你。事实上，历史只是在阐释中才是可理解的，而阐释历史却有待于心思纯正、学养深厚的人。过去我们深信不疑的所谓"客观的历史"、"历史的本来面目"一类提法，大体说来都是成问题的。什么叫历史的本来面目？其实，当你把历史述说得可理解时，你已经把它纳入了你的理解结构，对它作了与你的理解结构相应的阐释。你在理解历史、阐释历史时，也就让这被理解被阐释的历史打上了你的生命格调的烙印。所以，在这里，我要指出："不论我们自觉与否，我们每一个人都在以自己的方式塑造着人的形象，并且以这形象为理由到历史中寻找印证。对于意识到这一点的人来说，重要的当然不在于如何从中摆脱出来以便使自己获得一种纯粹'客观'的视野，而是在于如何正视这种对历史诉诸切己生命的阐释，从而让尽可能不落于狭隘的生命成全历史，让在阐释中被升华着的历史成全生命。"我称这种使生命和历史有可能相互成全的研究方法为生命化的方法。

生命化的方法显然很看重创意者、研究者的个性，这种方法所确立的一个信念是，阐释者对阐释对象所作的赋有个性的阐释，同时也可能是对阐释对象的合于"公意"的阐释。"公意"是什么？"公意"并不是众意，众意是多数人的同意，而多数人的同意往往会被证明是错误的。"公意"意味着一个虚灵的标准，这个标准不以任何现实中的强力、趋势、风气、嗜爱所支持或培塑的偏曲之义为转移。这"公意"略相当于清代史学家章学诚所谓"史之义出于天"的那个"天"，世俗中的多数人的习见与它无缘，反倒是某些特立独行的人的个性往往约略与之相契。李白、杜甫的诗深美有味，达到了极高的意境，但如果让那些文学修养不足、审美品位不高的人来吟诵，却未必读得出平仄中的神韵来。若是评选诗中佳作，他们也许会选择他们所熟悉的俗谣，未必会称叹李、杜。这时，如果有某个懂诗的人，力排众议，独能欣赏被众人冷落的诗作，那么，他这个不合群的个体的看法反倒是更合于"公意"的。我再举个书法创作的例子来说"个性"与"公意"的关系。真正好的书法作品都是极有个性的，书法史上没有两位书法家的风格是一样的，也没有哪两件书法作品是雷同的。但就在这全然个性化的书法作品中深藏着书法成其为书法的那种"公意"。对于艺术来说，创造意味上的"公意"不在于划一的模式，而在于永不重复的个性。当然，这里所说的个性并不就是这个人与那个人简单化了的不同。如果单就不同而言，正像世界上没有两片相同的树叶，所有会写字的人都有自己的与他人不同的字体，这种人人不同的字体确实有其殊异性，但它不是书法范畴的个性。"个性"与"公意"的相契是在创发的意义上说的，艺术创造是这样，学术研究中的新颖见解的提出也是这样。

（三）

第三个问题，我说一下学术创新。新是相对于旧而言，创新离不开对旧有的继承；创新还要有当下的机遇，要有时代和环境提出的新问题作为推动力。所以，在我看来，学术创新的契机首先在于把握追溯旧有和回应新机的张力。

关于追溯旧有这一点，我想我至少可以谈这样一个问题：20世纪德国一位叫雅斯贝斯的哲学家曾指出，人类文化史上有过这样的时代，这是一个堪以"轴心"命名的时代。他说，这个时代的特征在于，它之前的所有的时代都在为它的到来作准备，而它之后的各个时代，又都会以不同方式回味它。雅斯贝斯说，这个时代出现了一些前所未有而此后也决然难以出现的人物，如古希腊出现了苏格拉底，中国出现了孔子，古印度出现了佛陀。说这些人物"空前"似乎不难理解，但说这些人物"绝后"可能就很难被人们接受了。我们所熟悉的教科书给我们灌输了这样一种观念，即社会总是进步的，科学总是发展的，以后的时代一定会超越过去和现在。按照这一观念，"轴心时代"的提法似乎就难以成立。然而，实际上，"轴心时代"的话题，是须得从另外一个角度去理解的。"轴心时代"成其为"轴心时代"，不在于它在工艺、技术或萌芽状态的科学上比它之前的时代有了多大进步，而在于这个时代出现的哲人或圣贤提出了一个它之前的时代不曾提出的问题，这个问题便是：人除开考虑切己的生死利害而以动物式的趋利避害为基本选择外，还有更重要、更值得思考的问题吗？换一种说法，有没有高于生死利害的价值值得人去追求呢？这个问题不仅以前无从提出，而且一旦提出便永远不会过时，因此，"轴心时代"之后的所有时代都不能不以这样或那样的方式回味"轴心时代"，回味"轴心时代"的哲人、圣贤在这个问题上所作的指点。

那么，"轴心时代"的那些哲人、圣贤到底做了些什么呢？佛陀、孔子、苏格拉底，甚至耶稣，到底对人类作了怎样的训示呢？若要一言以蔽之，我们可以这样说，相对于生死利害这一人生的"有待"向度，"轴心时代"的哲人、圣贤们发现人生当有的另一个向度，即人生的"无待"向度——这"无待"向度唯有人才可能有，因而它标志着人和动物的最后区别。我们要吃饭，要穿衣，我们生活中有许多用品要取之于外；我们要取之于外，便对外部的环境条件有所依赖。这有所依赖，便是有待。生理意义上的生命要维系就不能不同外部世界进行物质交换，外部世界为我们提供生存条件，我们便不能不受制于它，受它的限制，我们便对它有所依赖，便因此变得有待。凡生死利害的问题，都属于人生有待向度上的问题。"轴心时代"以前，生死利害问题是人生的全部问题。但是，人生毕竟还有另外一个向度——无待的向度。什么叫无待？若是你想做一个善良的人，一个诚实的人，一个正直的人，只要你愿意做，总可以做得更好，这跟外部条件没有关系。善良、诚实、正直等等，这类价值属于人生的无待向度。无待，意味着对外部条件无所依赖，不受外部环境的限制。因此，一个人在这一向度上做得如何，是要全然自己负责，不能推诿于外的。孔子说过："三军可夺帅也，匹夫不可夺志也。"他说"匹夫不可夺志"，为什么不可夺？"三军可夺帅"，为什么可夺？这便是有待、无待的话题。做帅是有待的，要有人任命你，你才能做帅；你被任命后，你率领的三军不被击溃，不被打垮，你才能持续地做帅。条件一改变，帅就被夺了。与三军之帅不同，匹夫之志是无待的，存之在我。匹夫，在古代本来是指平民出身的男子，也就是我们今天的普通人。普通人的志向你不可夺。这个志是不受制于外部条件的，只要他自己不改变，你夺不走。比如文天祥，他曾经是帅，仗没打好，做了阶下囚了，这时帅被夺了。但他还有一样东西，只要他自己不放弃，你夺不走，这便是所谓气节。他这个人的道德、操守、人格，只要他自己守得住，别人就夺不走。无待的东西中，除了品格、气节，还有那种富有创造性的智慧等，例如李白、杜甫写诗的灵感，你能夺走吗？设想，李白、杜甫，走夜路，遇到了打劫的，强盗可以把他们口袋里的钱财全部洗劫走，甚至连衣服都可以剥走，但有一样东西拿不走，这便是他们写诗的灵感。人身上最可贵的是亲者不能给予、仇者不能夺走的东西，它之所以不能给予也不能夺走，是因为它无待。"轴心时代"的哲人、圣贤们发现了人生的无待这个向度上的价值，并为他们所在的民族提示了一种获取和恪守这类价值的教化，就此而言，他们的所作所为可以说是前无古人的，也可以说是后无来者的。往后，历代学人、思想家的人文思考，可以说都笼罩在"轴心时代"的哲人、圣贤所导示的人生大格局下。换一种说法，此后任何时代堪被肯定的学术创新都无不带有"轴心时代"的烙印。我们说创新不能不追溯旧有，其实这最要追溯的旧有便是"轴心时代"的哲人、圣贤们留给我们的永不衰朽的启示。当然，历史上的每一次创新都是对于下一次创新来说的旧有，创新的接续其实也正是值得追溯的旧有的传承。

当然，追溯旧有通常都是由回应新机引出的，否则对旧有的眷顾就有可能流为一味思古了。所谓回应新机，是指敏锐地发现时代新机运并予以相宜的应对。对于回应新机，我们可以举中国学术史上的若干例证予以说明。比如，春秋战国之际，由"礼坏乐崩"所标识的"文敝"——亦即孔子所说"文胜质则史（饰）"——便是当时学术的一种新机运，而诸子蜂起则可看作对这新机的回应。这里，要分外指出的是，回应新机的诸子之学从一开始就没有停止过对旧有的追溯，《汉书·艺文志·诸子略序》所谓诸子"亦'六经'之支与流裔"，正可以看作对这一不可轻觑的追溯的申示。其中孔子创始儒学而借"六艺"立一"为仁由己"、"文质彬彬"的教化，可以说是最具有典型性。秦汉以来，中国学术就其主脉而言，有过两汉经学、魏晋玄学、隋唐佛学、宋明理学、清代朴学等诸多形态的嬗替，这不同学术形态的发生、演变无不涉及新机的回应和旧有的追溯。从学术史看，创新并不神秘，但也确实不易，因着回应新机而追溯旧有，或由追溯旧有以回应新机，这几乎是所有写进学术史的学术创新的不二法门。今天，我们谈学术创新，不可忘记历史为我们提供的启迪，因而不可不把握好新机回应与旧有追溯间那种相宜的分际。

在学术创新不能没有回应新机与追溯旧有的必要张力这一前提下，我接着就个性——这涉及个体与类的关系——说说人的创造性思维。我有这样一个看法：任何一种富有创造性的思维，任何一次富有创意的智慧之光的闪现，都跟个性鲜明的个人有关。凡是所谓集体创作，一般来说，都靠不住。为驳斥一度被倡导、被标榜的集体创作，我曾举过一个直观的例子，我说你谁见过李白、杜甫合写的诗？这两个人，一个被后人称作诗圣，一个被后人称作诗仙，都是诗坛登峰造极的人物。这两个人相遇过，而且交情不算浅，但没有听说他们合写过诗。这里不存在两位优秀诗人会合作写出更优秀的诗这样的逻辑。诗或文学创作是这样，一般来说，学术研究也是这样。在盛行的主编制下曾有许多集体编著的书问世，那是一大群人做的，似乎人越多，越能做到集思广益，但事实往往是参与的人愈多，编写出来的书质量愈低。我并不全盘否定主编制，大型的辞书、工具书不以主编制的方式编纂决然难以竟其功。我针对的主要是研究性、创新性较突出的那一类书。学术上的合作未必全然不可，但是人不宜多。事实上，好的经典作品基本上都是一个人撰著的。因此，我敢说，任何创造性的思维都是同个性直接关联着的。对个性的提倡，并不意味着对某一族类或者整个人类先前积累的蔑视。真正有个性的人，恰好是最看重族类或人类的这些精神资源的，否则他不会成为一个真正有个性的人。我说真正有个性，是指刚才说的书法艺术上表现出的那种个性。就是说，我所强调的个性，是跟一种公认的、我们很难一次性地确定下来的标准有关的个性，它是以这个标准作为参照的个性。说任何真正的创造都在于个性，这本身就是在肯定有个性的个人对历史中所有有价值的精神资源的珍视。我曾经打过这样一个比方。我说，就好像一把斧子，有个性的个人的创造就像这斧子的锋刃，而使这锋刃得以附着的斧子的其他部分便是绝不可少的族类或人类的文化积累。斧子必须有一定的重量，这样劈下去它才会有力量，族类或人类的精神资源就是有其锋刃所向的这斧子的分量所在。我借这个比喻要说的是，真正的创造是类对个体的一种嘱托，对有个性的个人的一种嘱托。它一定是通过个性显现出来，而这个性后面一定有整个族类、人类的精神资源作为创造的武库，一种随时可取用的装备、设施或原料。

还有一点我要指出，我以为学术创造的得以可能在于范本引导。创造从来就不是一个道理问题，从来就不是任何无论多么严密的逻辑推理所能奏效的。创造机制的调动，创造过程的实现，没有足以吸引人的楷模或范本的诱导而难以想象。不妨再举书法的例子。学书法，要从临帖开始，不能一味地讲道理。有志于书法的人，入门最可靠的办法就是，根据自己的爱好，自己的兴趣，选取一个与自己气质相投的书法家的书法作品去临摹，久而久之，就能有所收获。道理不是不可以讲，但好的道理讲来讲去终归会落在书写练习上。诀窍是讲不清楚的，照着范本练习得多了，不经意间，得心应手，不知不觉，就开始有自己的风格了。要去问某位书法家，他那独特的风格是哪天早晨或者哪天晚上出现的，他肯定说不清楚。但是，你问他过程，他会说得很详细，会把他曾效法过的书法作品一一列出来，并相应地说出不少体会来。这个，就叫作范本引导。写诗也是这样。没有听说过办一个写诗的训练班，办上几个月、几年，请一流的诗人轮流讲课，这班办完后居然人人都会写诗了。可以说，这种事是不可能的。写诗最好的途径就是，自己对生活多留意观察、体验，多读好的诗作，多动手试写。就是说，要直面生活，直面经典。唐诗宋词，那些好的诗，要多读，多体会，多效仿。人心皆有诗。读得多了，体会多了，心里面的那点诗意就会被调动起来，并终于忍不住写了出来，那就是诗了。除此，没有第二条学诗的路。诗歌的创作，书法的创作，创作的奥妙，几乎都隐藏在范本引导的过程中。所有的艺术创作都是这样，真正的学术研究，也是这样。你想真正尝到学术研究中的那点真味，你就必须更多地去读一流的学术著述。学术经典，中国有一套，西方有一套。你没有真正接触这些经典，不能对经典里面的东西真正有所了悟，所谓学术创新就只是一句空话。这也是范本引导的问题。总有学生来问我，说怎么读书就能把里面最有价值的东西读出来，我能说些什么呢？我除了告诉你哪些是一流著述应该读外，还能告诉你的就是下功夫读下去。如果你读得快了，就一定要放慢。慢到什么程度？慢到一字一句地照抄它。比方说老子的《道德经》，你就抄一遍试一试，一定会有收获。抄一遍为什么会有效果呢？这是因为你在抄的过程中，思维放慢了。真正写书的人，他的思维节奏没有那么快，他不会把想说的话从着思到遣词造句用通常读书的速度写出来。他要慢得多。而你在一字一句抄写的时候，边写边思考，这节奏会接近于他写作的节奏，产生思想共鸣的几率就会增大，本来难以读懂的书就有可能变得容易读懂。你读懂的书多了，你的运思的灵感就容易调动起来了，久而久之，不知不觉之间，你的学养深厚了，那种发现问题、捕捉问题的焦点所在而予以破解的敏感性就被培养起来了。这敏感性是一个很难说清楚的话题，它相当于文学艺术创作上的灵感。学术思考的这种敏感性什么时候被触动，是不好作计划的，但它并非不可捉摸。就我的体会而言，思维的敏感点被触动，往往就像打出了一个火星，这个火星会一下子把很多储存在你心中的东西照亮，把它们依一定的方式关联起来——这时一条思路就出来了。我这是在谈我的一点真实的体会，我把它称作范本的引导。

其实，就像书法一样，学术的历史在一定意义上可以说是一个范本传承的历史。如果写一部书法史，你离开了一件又一件书法作品，哪有书法史可言？而所有称得上书法的书法作品，没有哪两件是一样的。这里，个性显得非常突出。一般说来，后世的书法家总是他之前的书法家的效仿者，他以他之前的书法家的作品为范本，从效仿中获得启示，逐渐开始自己的创作，并最终有了自成一家风格的书法作品。从上一代的书法范本到下一代的书法范本，书法传承的历史就这样展示在其中。学术的传承与书法的传承有其相类似之处，实际上这里有着思维范式——它体现于学术著述——的嬗替。千万不要以为学术中最重要的东西是逻辑推理，把学术的命脉归结为逻辑可能是一个误区。在学术中逻辑推理永远是第二位的事，而第一命题的出现，或者说，你的思维的敏感点被触动，你创新的那个火花被点燃，才是第一位的。而这通常不是既有逻辑的延伸，反倒是先前逻辑的中断。我举个数学的例子——我年轻时比较喜欢数学，有点体会。无论是初等数学，还是高等数学，公式、定理就那么多，记住它们并不难。但当一道难题摆在那里的时候，如何运用这些公式、定理才是真正的问题所在。你必须找到一个开始着手的地方，然后才有一条逻辑线索的形成，这时你才可能一步一步演算下去。一步一步演算是合乎逻辑的，但最早从哪里开始，这是没有逻辑的，是不能凭着你的记忆、凭着你的推理推出来的。你先得找到一个出发点，它有待你的某个敏感点的被触动，这才是破解数学难题的真正重要的东西。解数学题，诀窍在哪儿？诀窍就是你要多练习、多摸索。解着解着，那个敏感性就培养出来了。敏感性培养出来后，别人可能很难找到的突破口，你很快能发现，于是，难题迎刃而解。思维的敏感性是没法传授的，它的培养要靠范本——解一道又一道例题——的引导。范本的作用，不可轻视。千万不要撇开范本走捷径，走捷径，往往是欲速而不达。

前些天，国学院一位就要毕业的博士生向我询问学术的路该怎么走。我说："你是做思想史研究的，你真正的路子在于苦读一批经典，苦读一批称得上范本的思想史方面的著述。中国、西方各有其经典，而生活在我们这个时代，一个好的中国学者，必须直面这两套经典。你是中国人，不懂中国的经典是不行的；你处在西方思潮主导世界潮流的时代，不懂西方的经典也是不行的。"晚清以前的中国学者，只要从先秦的孔、孟、老、庄，读到宋明的程、朱、陆、王，以至清代的朴学，也许就足够了。你若是一位西方学者，当然也可以不理会中国，而只需对古希腊以来的西方经典下功夫。但你是处在现代的中国学者，你就不能不修习这两套经典。经典是什么？经典就是范本。而经验的范本后面还有一个最高的范本，我称它为虚灵的真实。任何经验的范本都有这样或那样的局限，这些局限表明它们都有待新的经验的范本予以改进或补正，新的经验的范本依然会有局限，因而又有待更新的经验的范本的出现。经验范本的层出不穷，表明学人的治学祈向或志向上有着一个至高境界的虚灵的范本；这至高的虚灵的范本永远不会出现在经验中，但它是衡量经验的范本堪为经验范本的标准所在，是烛照经验范本成其为经验范本的价值之光。正像文学艺术创作没有止境，学术创新永远不可能在某一天宣告终结。

在座的年轻的同学们、朋友们，如果你们立志治学的话，你们将成为新一代的学人。历史上的学人曾为我们这些后学提供了一个又一个学术创新的范本，我们这些处在中西文化融会背景下的学人能否也创造出不负时代期望的新的学术范本呢？这问题对我们构成一种鞭策，愿我们努力，愿我们共勉！

要忠实于学术
——在北京外国语大学青年教师学术发展工作会上的演讲

今天（2012 年 12 月 28 日）下午，我原本应该在贵校的海外汉学中心作"语言自觉与先秦名家"的演讲，这在 11 月初就已经约好了。昨天上午贵校科研处告知我，"海外汉学中心"的那个会取消了，希望我能在今天的这个会上就"学人境界与学术创新"的话题说点自己的看法。我不能拒绝贵校的盛情，但突然改为另一个题目，这让我有些紧张。从公孙龙所谓"白马非马"、"物莫非指，而指非指"或惠施所谓"南方无穷而有穷"、"今日适越而昔来"讲先秦名家的语言自觉，看似艰涩，其实不难；而"学人境界与学术创新"的话题似乎要好讲得多，但要讲出点有意思的东西来，却并不是件容易的事。下面，我就冒昧地开讲了。不妥之处，请各位匡正。

（一）

我要讲的第一点是，学人的心中要有两个裁判，一是良知，一是历史。

在座的学术同行大都是青年人，我的话就从这里说起。人在青少年时期是富有诗意的，率真、浪漫而充满理想；而当由青年走向中年时，功利的考虑开始压倒一切，人往往为功利所累。滚在功利的旋涡中而不自知的人常会生出种种寻机觅巧之心，机巧之心占了上风，就可能被一时的名利牵着走，以至于会为了名利不择手段。这种情形，在一定意义上，可以说就是"利令智昏"。"利令智昏"是个贬义词，通常被看作针对心术不正或全然变坏了的人而说的一句成语，其实，它对于一般人照样适用。"利"往往使人心志沉迷而失去明智的判断力，一个人失去了明智的判断力，当然可以说是"智昏"了。名利诚然不可以一概否定，但名利一旦成了人的主要追求甚至唯一追求，它就可能变为诱人的鸩酒或毒饵。真正说来，学术是一种事业，而且是那种涵养着超功利境界的事业。一个人事业上的成功可能会带给他相应的名和利，但从事学术的学人不能把名利作为主要目的去预设。名利只是在学人无心于它的时候才无碍于学术的尊严和纯洁，也只因是这样，它才可能被视为对勤勉者的一种报偿而得到肯定或认可。

不必讳言，现在学术界的虚华、浮躁之风是令人担忧的。这些年来，拥堵在书市的著作、论文数量惊人，而真正有创意、有真知灼见、有一定学术价值的文字却寥寥可数。学人们忙于量上的竞逐、攀比，沉潜于某一问题而作从容思考的人已是凤毛麟角。与熙熙攘攘、大操大办、赶场般的热闹相应，学术的"学以致其道"的使命正在被遗忘。学术有了喧腾的外观，也因此而愈益落寞。对于学术的这种境况，人们当然可以有不同的解释和评判，不过在我看来，学术如此毕竟是一种病态，而其症结就在于学术在被寡头化了的功利价值牵着走时愈来愈降格为人们追名逐利的手段。在一种观念靡然成风的时候，多数人是对身处其中的风气缺少反省的，所以我们常会看到这种情形，不少人稍稍冷静下来的时候对当下的风气也会表示一种质疑，但当几乎不容抗拒的潮流涌过来时，他们还是不会轻易放过这潮流可能带给他们的攫取名利的机会。换句话说，现在有相当多的人，是在以自己的行为参与或助长他们在多少清醒时未必全然认同的那种风气或潮流的。面对这样的学术现状，作为一个年逼七旬的老学人，我很想同你们这些年轻的学术同行作点交流，就我们如何使自身涵养无愧于学术的学风问题同各位作点交流。

首先，我以为，一个学人无论处在什么样的学术环境中，都不可忘记我们自身就有的学术裁判，这位裁判即良知。良知略相当于康德所说的"好的意志"或"善良意志"，它呈现于人的扪心自问，是每个人借以驱散心头种种昏昧的内在之光。中国古人将它称作人把自己与禽兽区别开来的那点本心之明或所谓"明德"。《大学》开篇即说"明明德"，那意思是说要让人心中本来就有的那点"明德"明朗起来，呈现出来。良知难以言喻，对于良知被遮蔽的人来说它杳然不见踪迹，但对于常能自我反省的人来说，它时时就在自己的心间。笛卡儿哲学的第一命题是"我思故我在"，这"思"主要出自认知的角度，如果把这命题改一个字，变为"我省故我在"（我反省故我在），那么这由反省所发现的"我在"便是良知的油然而在。一个学人若是能听从良知的呼唤，就不会被利欲和虚荣牵着走，就会有一颗稳住心志的定风珠，从而不会被时下的风气卷裹而去。换一种说法，有了良知这个裁判，学人治学就会心有存主、重心自在，就不至于左顾右盼于外在的利害。

良知是用以自审的；愈能自觉反省的人，良知在他那里愈有尊严而愈强有力。但正因为这样，以良知的名义规范或约束他人便显得分外软弱。对于不能自省因而良知不能呈现的人来说，良知似乎只是一个赘词。这时，我们就需要请出另一位裁判——历史。它公正而严厉，从不会枉屈，也决不会苟且。对于良知呈现或良知遮蔽的人，历史的裁判都起作用。我们应当敬畏历史，敬畏历史的人会唤起自己的良知。历史这位裁判代表一种"公意"，它会把一切掩盖真相的东西剔除掉，让事物的真实面目愈来愈清晰地显露出来。那些曾经叱咤风云、不可一世的人物，当他们退出现实舞台而走进历史的时候，历史就开始了对他们的审视和评判，并且随着时间的绵延，持续的评判会使接近最后结论的结论愈来愈准确，其是非功过会愈来愈分毫不爽地被确认下来。至于学人，既然留下了白纸上的黑字，更是不会被历史委屈，而只会被历史更快地、更精准地作出鉴别。心中有了历史这个裁判，一个学人就既不会肆意妄为，也不会因为缺少一个赋有终极性的评价标准而在现实的挤压或诱惑中失去进取的方向。历史这个裁判会警戒人，也会激励人。而且，它是最可敬畏、最可凭信的告诫者和劝勉者。就历史这个裁判对人的激励、劝勉而言，心中有了它，你就可能做到"富贵不能淫，贫贱不能移，威武不能屈"。就历史这个裁判对人的警示、告诫而言，心中有了它，你就会在学术的路上走得战战兢兢、如履薄冰，对自己笔端流出的文字格外谨慎、小心。

（二）

接下来，我讲第二点：治学要诉诸真切的生命体验，要让学术研究生命化。当然，我说的主要是人文学术。

人们通常以为，研究的要道在于从研究对象那里窥寻先前人们还不曾发现的东西，这自然是不错的。不过，我要提请在座各位注意的是，研究主体的素养在整个研究过程中所起的作用可能要大得多。我曾经就此打过一个比方："比如，不同的人对星辰的观察。漫天的星斗，天文学家看上去，跟我们对天文知识全然不知或一知半解的人看上去，会大相径庭；一个诗人，一个文学家，一个有相当审美情趣的人，其视野中的星空也与常人绝不相同。一条狗看着满天星星，可能全然莫名其妙；一个躺在摇篮里仰望星空的婴儿也绝不会想到牛郎织女的故事。"同一个星空，在不同的观察者那里会留下大不相同的内心图象；形成怎样的内心图象而又以怎样的语言把它描绘出来，这与观察者主体的判断力、领悟力、爱好、情趣、生命情调有着密切的关系。就天体的观察终究会打上观察者的某种生命色调而言，我们可以说，任何一种有着人文意趣的学术研究，都不可能脱开研究者主体的生命的参与。与其在研究中一味强调如何还原研究对象的"本来面目"，不如告诫研究者主体当以怎样的生命素质悉心投入。把研究者生命素质的涵养视为研究的中心环节，我称这样的研究为生命化的研究。

生命化研究或治学的生命化在认知的层次上与诠释学相通，诠释学通常说的诠释者、研究者的理解结构与诠释对象、研究对象的关系问题，也是生命化研究所要解决的问题。一般说来，研究者总是带着一定的理解结构去理解和探索研究对象的，而对研究对象的理解与探索往往又会促动研究者相当程度地修正或更新原来的理解结构，从而获得新的更能把握研究对象、更能窥知研究对象奥秘的理解结构。于是新的理解结构在研究者接触新的研究对象后又会再度被修正或更新，如此循环往复，研究者的理解结构的修正或更新与研究视野的拓展、研究深度的掘进成为密不可分的同一个过程。这可以说是研究者的理解结构与研究对象底蕴之揭示的一种相互促动，它是生命化治学的一个重要环节。事实上，研究者如果没有自己相对确定的理解结构，就有可能在研究中优柔寡断、心无存主，而研究者所具有的理解结构如果一成不变，他就又有可能在研究中思维僵化、见识陈旧。研究者在研究中既不可没有一个明确而稳定的理解结构，却也应使这理解结构赋有开放性和不断更新的活力。就这一点而言，治学的生命化意味着研究者主体对更好的理解结构的获得须有相当的自觉。理解结构属于认知层次，但对理解结构的自觉已经不再局限于认知。

比认知高一个层次的是价值抉择上的赋义层次，这是生命化治学或学术研究生命化的要旨所在。孟子曾经谈到孔子如何"作《春秋》"，他说："其事则齐桓晋文，其文则史。孔子曰：'其义则丘窃取之矣。'"孟子的话说了两层意思：一层意思是，《春秋》的素材固然取自鲁《春秋》、晋《乘》、楚《梼杌》等，其所借以寓义的史料不外乎齐桓公、晋文公等春秋五霸时期的那些事由，而记录这些事由的文字原出于史官之手，但《春秋》之所以为《春秋》，或《春秋》之所以得以成为传之后世的经典，却在于一种"义"的赋予。另一层意思是，《春秋》中贯穿的"义"是孔子"窃取"的，所谓"窃取"，指既经笔削的《春秋》纪事隐含了孔子个人对某种历史评价标准的选取。为《春秋》纪事引入一个评价标准，即赋予了《春秋》纪事以价值取向确然的意义，亦即使这看似编年纪事的典籍有了一个人文的魂灵。有了这个魂灵，《春秋》才得以成为可流传千古的经典。这里，一个分外耐人寻味的事实是，赋予《春秋》以"义"或人文之魂是孔子尽其人文教养而秉其个性而为的，然而这极富个性或极具个人性的"窃取"却又是相契于一种"公意"的；个性和"公意"缺一不可，它们的一致述说着经典得以产生的秘密。

"公意"不是多数人同意的那种"众意"；任何一个时期或一种情境下的"众意"都可能有相当大的局限性，其最佳状况也不过是构成一定形态的"众"的诸多个人之意向、见地的调和。正如李白、杜甫的诗，它是诗人富于个性的创作，但诗的意境却是"公意"所认可的；相反，若是由若干人共同创作一首诗，这经由众人同意撰写出来的诗一定不会有较高的意境，一定会与"公意"认可的那个审美标准相去甚远。无论是孔子"作《春秋》"，还是李白、杜甫吟写诗作，抑或其他思致创发或文学艺术创作，人的任何真正的精神创造都是以某一活生生的生命个体为主体的，都是以其独一的个性承诺历史的"公意"的。因此，我称那种以全身心的独特生命体验投入的研究为生命化的研究，而这种研究在我看来，其最重要的特征就在于以个性切近"公意"。

以个性切近"公意"的要津，显然主要不在于有着可操作性的运思技巧，而在于研究者尽可能健全、尽可能深厚的生命局量。这生命局量是身心修养的结果，它把学术研究所须有的富于穿透或突破性的智慧同研究者的人格气象或心灵境界关联起来。陆游论诗曾有"汝果欲学诗，功夫在诗外"之说，这诗外的功夫其实就是诗人的人格气象培壅或心灵境界提升的功夫。德国诗人、文学家歌德也曾说，"在艺术和诗里，人格确实就是一切"，"一个作家的风格是他内心生活的准确标志。所以一个人如果想写出明白的风格，他首先就要心里明白；如果想写出雄伟的风格，他也首先就要有雄伟的人格"。在歌德看来，文学作品的不平凡的风格的后面一定有着文学家的不平凡的人格；人格也许并不直接参加文学艺术创作，但没有文学家的伟大人格，就绝不会有文学艺术作品的伟大风格。其实，诗等文学艺术作品的创作是如此，富有诗意——某种创造性——的学术研究何尝不是如此！所谓治学的生命化或生命化的学术研究，把治学与生命关联在一起，其最深刻的底蕴就在于，这样的学术研究分外看重研究者主体的健全而睿智的生命形态的养成。

（三）

现在，我讲第三点：学术创新与范本引导。

创新永远属于个性鲜明的人，这个性是指独特的理解结构、独特的生命局量及相应的学术眼光和运思方式在一个人那里的形成；创新又永远离不开族类或人类既有的精神资源，这些资源不仅是创新者可以随时取用的装备、设施或原料，甚至也是其学术个性得以形成的条件。因此，从一定意义上说，创新是个体把类的精神之光聚向一个新的焦点，使聚焦了的光得以穿透笼罩在思想王国某一蹊径上的雾障。

世界上没有两片相同的树叶。当然，世界上也不会出现两个相同的人。每个人都是带着他独一无二的天赋来到这个世间的，这独一无二的天赋是个性的先天依据，而成全这份天赋以形成自己的个性是每个人的天职所在。任何一种事业上的创新都是以创新者当有个性的成就为前提的，学术上的创新自然也不例外。如果一个人走上学术之路不是全然无可奈何或分外勉强的，应该说，选择了学术的人总归与学术有一种缘分。已经置身于学术界的人，当然还可以重新审视自己，重新选择对自己来说更相宜的事业，但大多数人，这时所最要做的便是如何确立一种自信而把自己的学术个性培养起来。在我的记忆中，不止一个年轻学人曾向我问起同一个问题："您凭着您的学术阅历说说看，我有学术研究的天赋吗？"这问题很难回答，但他们问得很真诚。我通常会这样说：一个人的天赋要靠自己去发现，这像藏在地下的矿物，有的藏得深些，有的藏得浅些，只有你钻探和挖掘后才可能发现它。藏得浅些的，容易发现些；藏得深些的，不容易发现，但难发现的也许会是优质矿。我这样说不是敷衍，不是随口应付，打个比方说话简单了些，但说的是靠实的话。钻探、挖掘矿藏要花力气，我们要找准自己身上的天赋并自觉地成全它，同样得下锲而不舍的功夫。学术创新有赖于从事创新的主体，任何一个不辜负自身天赋的人都有可能成为这样的主体。在座的各位年轻的学术同行，应对自己可能做到的学术创新有自信，因为这自信的依据在我们每个人自己身上。

除开天赋的自觉和与此相应的创新主体意识的确立，学术创新的问题还有许多环节需要探讨。这里，我要特别说一说范本引导。创新的机制不在于知识的记诵，也不在于逻辑的推绎，而在于足以吸引人的楷模或范本对心灵的诱导。学书法的几乎唯一的办法是临摹可称之为范本的书法家们的书法作品，学写诗的最可靠的途径是反复吟玩可称之为范本的一流诗人的诗作，临摹得多了、久了，吟玩得多了、久了，身心深处藏着的艺术天赋、诗歌情韵就会被唤起，并逐渐在与范本寓托的那种灵明的感通中生出创造的冲动。这并非所谓诀窍的诀窍，其中的微妙难以言喻，却又总会极真切地呈现在亲历者的那种投之以生命的体验中。书法的最终学成在于一种书法新风格的雏形的出现，而当学诗者开始在一次又一次写下的韵语中摸索自己的意境时，他可能已经是一位初出茅庐的诗人了。起先，摹仿的成分要大得多，后来这种痕迹越来越少，而被效法的范本的神韵渐次被内化后，一种与效法者个性相契的神韵开始萌生。一切似乎都在不知不觉中，但初学者这时已经可以从事创作了。从最初的近于笨拙的摹仿，到创作的萌芽的发生，永远不可言喻的奥秘几乎都隐含在范本引导的过程中。所有的文学艺术创作无不是这样，而把"学以致其道"作为使命的学术研究也是这样。学术研究中的心思运用留给人们的一般印象是逻辑的推绎或概念的思辨，其实，这只是看到了学术研究的较浅近的层次。真正说来，学术研究中一个新的运思敏感点的触动，一种新的探索视野的打开，往往是超越逻辑而富有诗意的。所以，就创新而言，其措思匠心的那种高卓或圆融并不亚于任何文学或艺术的创作。正是因为这一点，我以为，学术研究上的创新同样须有范本引导。何谓学术研究？实际上它像何谓诗、何谓书法等问题一样，是难以用定义式的语言回答的。学术和学术研究的三昧同样难以言喻，但却见示于一流的学术著作。学术创新不应流于一种空论，有志于此的学人便应当沉下心来去阅读可称之为学术范本的若干经典论著，去领略寓于这些经典论著中的运思的机奥。

我曾在一部书的自序中写下了这样一些话："一个有原创性天赋的西方学者，也许只须从一套西方的经典——从苏格拉底前后的古希腊哲学到当代的分析哲学、存在哲学、宗教哲学——中去汲取神思创发所必要的学养，一个晚清以前的明达的中国士人，大约也只须借助一套中国的经典——从《周易》、孔、孟、老、庄的诲示到周、张、程、朱、陆、王的洞见——就可以去做'学以致其道'的功夫了。但处于西方学术主导世界思潮之当代的中国学人，便不能不寻问两套经典以求精神的升进。"这段话写于十多年前，而且主要是就哲学而言的。现在看来，即使在哲学领域，可视为范本的经典似还可以作些补充。尽管不同专业领域的研究者，不必要也不可能悉数读完古今东西的所有经典，但当代中国学人须得比古人、比西方学人研读更多的经典论著，却是情理之中的事情。每一个范本都是一条线索，诸多范本用种种线索把我们每个学人个体同族类或人类的精神蕴蓄关联在一起，这使我们身处其中的思想天地大了许多，也使酝酿学术创新的过程在投入其中的学人个体那里变得更加漫长了。我们不能不看到，学术研究——我说的主要是人文学术研究——可能带给一个诚实而勤勉的研究者的某种悲剧感。这种悲剧感在于：如果经由范本引导所作的学养积累或学术个性培养的时间还不够长，学术创新所可能达到的境界便不会太高，如果学养积累或学术个性培养的时间更长些，学术创新可能达到的境界固然会比较高，但研究者在历经这更长的时间后可能已开始进到他人生的中年后期甚至老年。对于一个以学术探索为终生志业的人来说，他的学术人生的黄金期，是在他的学术积累臻于成熟而其生理上的衰老还不至于影响他的正常思维时。这个时段不会很长，正因为这样，它才显得分外珍贵。在座的年轻的学术同行们，在未来的学术探索中你们还有很长的路要走，我希望你们用自己的努力让属于你们自己的学术黄金时期来得略早而持续更久些，但千万不可急于眼前的名利而揠苗助长。为此，我也衷心祝愿你们有一个足以配称你们的学术承诺的健康的身体！

　　年轻时学西方哲学，记住了不少有趣的故事，其中一个是这样说的：古希腊哲学家伊壁鸠鲁在意识到他的大限将到、死神已经走到他门口时，坐进铜盆，洗了个温水澡，要了一杯醇酒喝下去，然后告诫他的朋友说："要忠实于哲学。"现在，在我结束我的演讲时，我愿借了他的话——我把"哲学"改为"学术"与北外年轻的学术同行、年轻的朋友们共勉：要忠实于学术！

　　谢谢大家！

古今人物品题

苏格拉底

人类文化史上有过这样的时期，在这一时期里，那些在后来愈益显现出其非凡生命力的民族开始找到了自己的价值归着，并对这一归着有所自觉。这是一个民族从某种必得承受的"命运"感向着人生"境界"的觉醒的超越。这价值归着的最初提示者，在中国是孔子，在印度是释迦牟尼，在希伯来人那里是耶稣，在古希腊是苏格拉底。对于整个西方来说，苏格拉底扮演的是这样一个角色，他第一个——在耶稣莅临人世间前四百多年——从"命运"中挣扎出来，把他体悟到的人生当有"境界"以哲学的名义诲示给了人们。

苏格拉底的一生富有传奇色彩，他的人生就是他的哲学，或者说，他的哲学全然是以他切实的人生践履书写的。这是一个诙谐、机智却又纯正、笃实的人，他的独立不羁和他对一种神圣使命的承诺使他的生命充满了悲剧感。他个性鲜明，卓尔不群，他对当时的种种"众意"的违忤恰表明了他的个性与历史的"公意"的相契。不消说，他很像经由黑格尔诠释的那种古希腊悲剧中的悲剧人物，不过演绎在他身上的悲剧毕竟是现实而历史的悲剧。

苏格拉底哲学的慧眼在于对人的心灵的确信，这能够亲切体证"美"、"善"、"大"等价值的心灵在他那里正通着所谓世界目的或宇宙心灵。他年轻时也曾像穷究"始基"的先辈哲人那样对宇宙自然的研究投注过非同寻常的热情，但他终于无法安于对不含任何价值目标的那种世界终极原因的寻找。阿那克萨戈拉的支配世界秩序的"心灵"（"奴斯"）一度吸引过他，然而他很快发现这冰冷的毫无价值取舍的"心灵"原只是为他所厌弃的"始基"的再一次设定。于是他摈弃了一切外骛的方法，开始从一个全然相反的方向为困惑中的思考寻找出路。他显然没有置所谓世界的最后原因于不顾，而只是把这原因同时也看作理由或目的，并由人的心灵对"好"（"美"、"善"、"大"等）的感受去契接作为世界最后原因的那个"好"。他解释说，正像人们观测日食并不直视太阳而是从水中看它的投影那样，他的方法是到人的心灵世界去觅求存在的真理。他称这是"次好的研究原因的方式"，但他认为这对于他来说是唯一可行的方式。

苏格拉底松开了通常被人们看重的感性事实，转而诉诸对"美"、"善"、"大"等的界说。他告诉人们，他的出发点在于："假定有像美本身、善本身、大本身等等这类东西存在。""假定"，当然是就逻辑上说的，它的一个不言而喻的前提是假定者对所假定者的深信不疑。这是一种拟制，苏格拉底的以人的"心灵的最大程度的改善"为宗趣的哲学须得从这一拟制说起。但这拟制虽带有悬设的性质，却并不是妄庸的独断。依苏格拉底的本怀，人的心灵中既然有对"美"、"善"、"大"的趣求，那么如同循着日食在水中的投影即可发见日食的存在一样，从呈现于人的心灵祈向的"美"、"善"、"大"即可确认那"美本身"、"善本身"、"大本事"的"存在"。其实，"美本身"、"善本身"、"大本身"对于苏格拉底来说不过是"美"、"善"、"大"的那种圆满或极致状态，它们更大程度地存在于人对"美"、"善"、"大"诸价值无尽追求的祈向上。这可以被称作西方最早的价值形而上学，亦即价值祈向上的那种形而上学，但毋庸讳言，对世界终极原因的目的论式的认可使这形而上的"美本身"、"善本身"、"大本身"也多少染上了某种实在论的色彩。此后，柏拉图的理念论把这种形而上学的价值取向和实在论倾向都引向了更深微的境地。

苏格拉底哲学的全部意义，倘一言以蔽之，也正可说是对"善"——一个有着丰赡得多的价值内涵的"好"——的自觉。这学说的形上理趣是深刻的，但它的真实品格不在于思辨而在于实践。它对它所在的时代是批判的，而这批判所取的超越的姿态使它不再囿于狭隘的民族和时代的视野。敦喻"善"的心灵祈向，提升和纯化人的灵魂，借此以遏止人在既得文明中的退堕，是苏格拉底在其有生之年终日奔竞的事业。无知而又不自知的雅典人以"不信神"和"蛊惑青年"的罪名处死了苏格拉底，也便为雅典乃至希腊拒绝了比日后败亡于马其顿、再亡于罗马的可能好的命运，但这一悲剧性的事件却把苏格拉底的导师形象在西方文化的大格局中定格化了。正像耶稣的死是宗教为人类所作的牺牲一样，苏格拉底的死是哲学为人类所作的牺牲。因着这牺牲，哲学的日历掀开了神圣的一页。

——摘自《心蕴——一种对西方哲学的读解》

柏拉图

在苏格拉底的诸多追随者中，最有哲学天赋而最能领悟苏格拉底学说神韵的是柏拉图。这位雅典的名门望族子弟给了哲学一种雍容大度的贵族气，哲学在他的文字和学园中显得高雅、含蓄而又富于苏格拉底那样的生命情调。他善于从毕达哥拉斯学派、巴门尼德、赫拉克利特那里汲取智慧，但在他那里，苏格拉底的影响始终是根本性的。"理念"是柏拉图睿思的灵根，赋予"理念"以"善"缘的"善的理念"则养润着这千古不朽的哲学的勃勃生机。他的哲学不落在"命运"的朦胧处，那穿透"命运"的非凡心灵总守持在"境界"的格位上。

"理念"是对苏格拉底的"定义"的经典化。就它的圆足无欠、不待于外而论，它有着巴门尼德的"存在"——"一"——之"体"；就它作为殊多事物的范型或标准而论，它又有着巴门尼德的"存在"所没有的对"多"的导向之"用"。"理念"把"一"与"多"的关联涵纳于它的体用不离的逻辑中，因此认识也才由于"多"被收摄于"一"而得以可能。赫拉克利特的"火"的迁流不驻（呈现为"多"）与巴门尼德的"存在"的幽闭自处（孤寂的"一"）的对峙，至此有了真正可指望消解的生机。这消解不是恩培多克勒或阿那克萨戈拉那样的折中式的，而且，重要的是，它不像前者的"必然性"或后者的"心灵"那样只是再次把人引向对"命运"的默从，而是经由心灵之门以升达于"境界"的体认。

对"理念"的证可永远不可能借重感性的或可见的世界，但对任何一类事物的"理念"的体认都离不开这类可见事物对心灵的叩动。一位美的姑娘，一把美的竖琴，一个美的汤罐，这诸多可感的美的人或物引动着获得美感的人对"美"之所以为"美"作穷原竟委的追问。一位姑娘是美的，美并不是一位姑娘；一把竖琴是美的，美也不是一把竖琴；一个汤罐是美的，美仍不是一个汤罐。当下的人或物的美不是美的依据，相反，美的人或物成其为美的人或物乃是因为"美本身"。这被苏格拉底用以界说或定义美的"美本身"，亦即柏拉图所谓的"美"的"理念"。"美"的"理念"不是由诸多可见或可感的人和事中的美的性向抽象而来，它必得从美的性向所指达的某种极致情形去领会。一种性向成其为这种性向在于这一性向的"理念"，同样，一类事物成其为这类事物在于这类事物的"理念"。以实证的方式从若干张床中当然可以找出这些床的"共相"或"共性"来，但这价值中立意味上的"共相"是永远被动于每个个别的有着感性的复多性的床的。柏拉图也说"床性"，这"床性"之所以不同于由抽象方式得到的"共相"，是因为它指示着床的某种圆满性状。床的抽象的"共相"是被动地依从于既有的床的，指示床的那种最佳性状的"床性"却作为一种理想主动地诱导着造床者造出一张又一张当下还不存在的更好的床。"床性"即床的"理念"，床——一种事物——的"理念"，正像"美"——一种性向——的"理念"一样，并不能从可感或可见处推证而出，它必得从其所指示的那种至佳性状或极致情境中去领会。这领会——无论是对前述的"美"一类性向的"理念"的领会，还是对这里所说的"床"一类事物的"理念"的领会——须是凭着"理性"，它所达致的则是一种境界。

从逻辑上说，有多少种事物，就应当有多少个相应的"理念"，有多少种规定人的德性或事物属性的性向，也就应当有多少个"理念"与之相配称。但柏拉图对水、火、石头等非生命物是否有"理念"是出语嗫嚅的，而对头发、污泥、秽物等卑微或龌龊之物，他甚至说："相信有它们的某个理念，恐怕太荒诞了。"对"理念"在事物和性向上的运用不无限制或禁忌，表明"理念"的使用者对这一概念的"善"（"好"）的取向的经心，而"理念"的"善"的价值取向本身则意味着"善的理念"对诸多"理念"的笼罩和烛引。诸多"理念"构成"理念世界"，这"理念世界"为"善的理念"所照耀犹如可感的世界为物质的太阳所照耀。"理念"的这一善根善源是缘自苏格拉底学说的，它贞定着柏拉图哲学的内在品质。

柏拉图在他的后期著述《政治家》中曾说起"中的标准"或"中庸"概念，这为人们切近地体会他的"理念"的韵致提供了一条新的入路。"中"在这里并不是人们在随机比较中所取的某一居间位置，而是一种美德或一种技艺做到恰如其分的那一度。这一度是绝对的；向高于、大于或多于这一度处的偏离谓之"过"，向低于、小于或少于这一度处的偏离谓之"不及"。正像中国古代先哲所说的"中庸"一样，所谓"过犹不及"乃是指"过"或"不及"都同样地未能切合于"中"。在经验的现实中，"中"是永远不可企及的，这犹如现实中的圆形永远不可能圆到几何学定义中的那个圆一样。但对于一种美德、一种技艺来说，尽管它在践履中永远无法做到"中"这一度，却永远不能没有"中"这一度作它的底蕴或标准。"中庸"或"中的标准"把"可见世界"同"可知世界"虚灵而又亲切地贯联在一起，从这里最可真切见出柏拉图的理念论乃至他的整个哲学的独特风致。

愈到晚年，柏拉图的有神论倾向愈明显，灵魂不死则差不多是他终生的信念。以"善的理念"——亦可谓之"至善"——为措思重心的理念论的价值内涵，并未因着对神明和灵魂的笃信而稍有冲淡，甚至反倒可以说，对神明的敬慕和对灵魂不死的执念使理念论的价值取向更赋有了一种神圣感，但与此同时而来的便是"理念"施于人的心灵以他律要求的阴影的浓重。对于这一点，后世的哲学家们分辨审慎而批评允当者莫过于康德，他对作为一种"创业"的理念论的"异常特殊之功绩"作了高度评价，并指出："柏拉图因并未充分确定其概念，故有时彼之言说甚或思维，与其自身之志向相反。"

——摘自《心蕴——一种对西方哲学的读解》

康　德

在被人们的瞩望赋予了种种奇诡色调的哲学和美学史中，康德的出现似乎是一个耐人寻味的例外：这位自苏格拉底、柏拉图以来最富有原创性的哲学家，竟是一个生平没有任何传奇事迹可数的人；他作为近代西方美学的真正奠基者，甚至对当时德国以至整个欧洲调动了一代人的生命激情的艺术创造从不曾有过太多的关注。从容和深邃吞没了热情的涟漪；像渊默的雷声，只是在时空的更远处才引发了精神的更大震荡的康德学说，其始源处终究保持着肃穆的平静。除开学术，康德没有生活，他的运思的起伏就是他的生命的律动。

康德的学说可一言以蔽之为"批判哲学"，也可一言以蔽之为"先验人学"。"先验"是用以指谓那些独立于个别经验却并不乖违经验而使经验得以成为可能的先天形式或原则的；"批判"则意味着一种独特的考察，这考察分外强调被考察的人的某种心意机能的纯粹性。如果说"批判哲学"更多的在于指示康德学说的措思方法，那么，所谓"先验人学"则是对这一学说所涵淹的心灵眷注的道出。康德以为，"哲学在古人看来原是指教人什么才是'至善'的概念，并指教人什么是求得它的行为的"，而且，他主张"我们最好还是维持这个名词的古义，而在理性努力经营使其成为一门学问的范围内，把它理解为求达至善之术"。依据康德为哲学所作的这个界说，我们有理由这样理解康德的学说：这一通过理性的批判开辟道路的学说，是以人生终极价值的探寻为使命、以对"至善"之境及其求取之道的指点为指归的。它是一种"人学"，一种以一系列先天综合判断作表达的"人学"。

从康德对哲学所作的界说及他在理性范围内提出的几个问题（即"我能够知道什么"、"我应该做什么"、"我可以希望什么"、"人是什么"）看，可以说，把握了康德的所谓"至善"，也就把握了康德哲学的最高问题，而"至善"问题，说到底是一个终极眷注上最圆满的"好"的价值问题。康德自我称许的"哥白尼式的革命"主要是就一种全新的思维方法而言的，诚然这方法终究隶从于他对价值祈向中的"至善"的求达。学者们更多地看重康德的《纯粹理性批判》是因着新的运思维度第一次在这里提出，然而就康德哲学的全局看，它主要应被视为一篇"消极的"导言。

圆满的善在康德哲学的瞩望中意味着为道德的善配称以相应的幸福，因此这"至善"便有了"德"、"福"两重要素。"通过意志自由来实现至善，乃是一种先天的（道德的）必然"，康德所谓的"至善"——一种纯粹存在于人的祈向中的价值极境——乃意志自由所必致；有意志自由才有对"至善"的"期望"，有意志自由才有对"至善"这一实践的极致境地的预设。但作为"至善"的第一要素的道德上的至高的善本身即意味着修德的意志同道德法则的全然契合，这契合是任何有限意志都不可能企及的，它只显现于德性修养的一个无底止的过程，因此要使至高的善或意志同道德法则完全相契成为可能便不能不以修德意志的无止境的延续为前提，亦即不能不悬设灵魂不死。至于"幸福"，依康德的说法，"乃是尘世上一个有理性的存在者一生中所遇事情都称心合意的那种状况"，它只是在为道德所制约并由此而成为修德的一个必要的结果时才构成"至善"的第二要素。就是说，只有在"幸福"配称于"德性"的情形下它才被纳入"至善"范畴作为其要素之一。然而，无论如何，倘在一个自然过程中，不管这过程怎样漫长，道德价值精确配称以相应的幸福都是期望不到的。至善的最终可能——至上的道德配称以充量的幸福——不能不指望一位道德的主宰作保障，于是康德又悬设了上帝的存在。"灵魂不死"与"上帝存在"已经是宗教的话题，这正如康德所说，道德学就其本意来讲并不是教人怎样谋求幸福的学说，乃是教人怎样才配享幸福的学说，只有加上宗教以后，我们才能希望有一天依照自己努力修德的程度来分享幸福。"至善"作为一种终极的价值眷注属于哲学的境界，也属于宗教的向往，哲学而宗教、宗教而哲学使康德学说显得亲切而虚灵。但"灵魂不死"、"上帝存在"终究是理性的一种悬设，它由人悬设而为人悬设。在这里，"求达至善之术"的哲学是以人为目的的，那"纯粹理性限度内的宗教"也是以人为目的的。

对于康德来说，"美"不是客于事物的属性，论"美"不能置"美"于审美——康德往往又称其为鉴赏——判断之外。当他说"美本来只涉及形式"时，那不外乎是要指出"美"与"物自身"无关，它只结缘于人的感性直观从对象那里捕捉到的作为"现象"的形式。不过，这感性形式并不归附认知因而不经由知性范畴的措置以成就某种知识，同它相应或配称的是人的情感的愉悦。所以康德又说："美若没有着对于主体的情感的关系，它本身就一无所有。"在康德看来，美在于"形式"，美也在于"情感"；"情感"是被纯粹形式唤起的那种情感，"形式"是合着情感愉悦的形式。美一刻也离不开美感的直觉，它只在某一纯粹形式与愉悦情感相缘共生的当机判断中。

康德认为，天才为艺术立法是"精神"上的立法，不在于那些可操作化的律则或诀要的指点。每一个可称为典范的作品都是独一的，它引出那另一个独一的典范；各具独创性的作品所蕴含的"精神"异致而又相贯，这是美的艺术中的"精神"的再生。在康德看来，想象力的自由是艺术的生机所在，"没有自由就没有美的艺术，甚至于不可能有对于它正确评判的鉴赏"。即使是被视为典范的作品，也并不构成自由的想象力的樊篱；任何范例都有祈向理想的一维，正因为这样，经验的范例便绝不等于那经验的创作永远不可企及的"原型"——"最高的范本"或理念形态的范本。艺术立法是通过范例而成为现实的，既有范例引生新的范例使艺术立法成为一个没有止境的过程。理念形态的范本是一种虚灵的真实，它作为人的心灵的内在之光烛引人们借着既有范例而创造又一个范例。美的艺术的攀缘不在于规诫或准则的预立，重要的反倒是那趋向审美观念的心灵的陶冶。这是康德的结论。

——摘自《美：眺望虚灵之真际——一种对德国古典美学的读解》

老　子

老子身世扑朔迷离，但以他的名义流传下来的《老子》或《道德经》一书毕竟真实不妄。在《史记》所载述的几种老子生年的说法中，最可凭信的一种是：老子姓李名耳字伯阳，谥号聃，曾任"周守藏室之史"。他在周地居住了很久，亲眼看到周一天比一天衰落，就离开周地西去，打算过一种隐居的生活。当他西出函谷关时，关尹留住了他，勉为其难地请他著书，于是老子就写了"言道德之意"的文字上、下篇。然后，离关西行，从此再也没有人知道他究竟去了哪里。

老子之学生发于春秋末世，在那个礼乐越来越失了原有分际以致孔子不免作"是可忍也，孰不可忍也"之叹的时代，世人中已经出现不少被孔子称为"隐者"的人。从《论语》的多处记载看，孔子对隐者一向是敬重的，他即使每每遇到这类人的讥评、奚落，也只是聊作"鸟兽不可与同群，吾非斯人之徒与而谁与"的感慨，而他自己也常常会由衷地说出"天下有道则见，无道则隐"、"贤者辟（避）世"、"隐居以求其志"一类话。可见，当时产生老聃这样的"隐者"或"隐君子"原是很自然的事，而儒学的创始人也并非与真正的隐者或隐君子在心灵深处扞格不入。《论语》中提及的隐者无一不是敏于洞察而智慧内敛的人，他们有自己的人生信念。但人生信念确然的隐者们未必都能或都愿意在一个足够高的境界上把这些信念提升为一种人生哲理，能够做到这一点并且终于做到了的，只是那有过"周守藏室之史"的履历而又悟出"法自然"之"道"以"自隐"的老子。

老子学说作为隐者之学，决定了它不可能像孔子学说那样在此后的传衍中有严格的师承可言。师承俨然的儒家之学在孔子身后尚会有"儒分为八"的嬗变，老子论道之言在道家后学那里有可能大的损益就更不足为怪了。可以断言的是，传世的《老子》一书绝不是那个生活在春秋末期的老聃在"将隐"时一次性地写成的，但同样可以断言，那个与孔子同时而比孔子年岁略长的老聃在他生前已经对所谓"法自然"之"道"的徼妙有所了悟，因此对

"致虚"、"守静"以"复归于朴"的人生态度有所体认。所以，尽管《老子》其书几经老子后学的补缀、集纂、损益和编次，而且这过程已经无从考述，我们仍不妨以"言道德之意"的五千言为研究老子或老聃思想的主要依据，甚至仍可以认定老子其人为《老子》一书的命意者或草创者。

老子学说辐辏于"道"，一切从这里说出来，一切又归结于此。"道"意味着某种虚灵的境地，也意味着导向这虚灵境地的某种途径。《老子》二十一章说："道之为物，惟恍惟惚。惚兮恍兮，其中有象。恍兮惚兮，其中有物。窈兮冥兮，其中有精。有精甚真，其中有信。"这段话不能当作对"道"的定义或界说去理解，把它执着为定义或界说就可能把"道"实体化。其实，老子讲"道之为物"，原是拟物而谈。说"道之为物"略相当于说"道这个东西"，说"道这个东西"并不是肯定"道"是一个"东西"，说"道之为物"也不是肯定"道"是一个"物"，一个实体。老子从没有为"道"下一个定义，也从不曾以"道是什么"一类语式提出问题，对于"道"他只是一味地用"惚兮恍兮"、"恍兮惚兮"、"窈兮冥兮"去形容，以这种形容引导人们去悉心体悟、默识冥证。"其中有物"是拟物论道，"其中有象"是拟象论道，"其中有精"——"精"与"情"通——也是拟"精"或拟"情"论道，真正说来，"道"既非"物"，又不具"象"，也无所谓情愫，拟物、拟象、拟情以说"道"，不外乎要人们去心领神会那通于万物的"道"的真确而可信的消息。

老子是个生命真切的隐者，就隐者的人生态度而言，他可能并不打算也不主张著书立说的，因为他悟出了"道可道，非恒道"的道理。"道"如果能用语言说明白，那就不成其为原本只有凭着意会、凭着体悟才能了然于心的"道"了。所以，老子倡导"不言之教"。但"不言之教"终须以言诱导，这用后来庄子的话说就是"言无言"。不能用言词恰如其分地说出来的意味，如果不得不诉诸言词以求表达，言说那种意味固然是一件难事，理解那被言说的意味同样是一件难事，这最突出地表现在"道"这个用语上。一般学人解释"道"，总会把它放在一个隐喻的语境中，以"道"为通常所说的"道路"的升华，这当然大体是不错的。但重要的是，如何就此使"道路"给予我们的启示进到一个更深的层次。道路是行走者走出来的，而行走者走路总会朝着某个目标，就是说，道路总是导向某个方位的。因此，可以说，"道"作为"道路"的升华自始就隐含了"导"的意趣，而对这意趣的领会只能在可喻以行走的人生践履中。老子的"道"指示给人们的是一种虚灵的动势，它成全事物却又不取外在于事物的他力干涉的方式，它集"有"的性向与"无"的性向于一体，因而反倒是对通常所谓有为无为的超越，而这超越本身就意味着一种价值导向。

从价值导向看"道"之所"导"（导引），老子的"道"最深微、最亲切的旨趣就在于顺应"自然"而不刻意、造作。《老子》二十五章有这样一个说法："故道大，天大，地大，人亦大。域中有四大，而王居其一焉。人法地，地法天，天法道，道法自然。"说的是人、地、天都以"道"为法，而"道"以"自然"为法，"道"之所"导"不过"自然"而已。这里所说的"自然"不是一般人心目中那种成形见体的自然界的万事万物，而是显现于万事万物之盎然生机的某种动势和天趣，换句话说，这所谓"自然"，是指森然万象自己如此、自是其是、自然而然。

——摘自《由"命"而"道"——先秦诸子十讲》（修订版）

孔 子

"自然"的"素"、"朴"指示着老子学说的终极眷注，这眷注对于孔子的启迪构成儒家教化的发端。孔子从来没有贬低过那种自然而然的"素"、"朴"的价值，不过他的开始于"素"、"朴"的价值追求并不停留在"素"、"朴"上——那个意味深长的"绘事后素"的比喻表明，他要在获得一种"素"、"朴"的人生底色后去描绘儒家的人文理想的画图。

孔子讲过"人之生也直"这样的话，那意思是说，人生来就有一种朴直、真率的性情。他又讲过"人能弘道，非道弘人"一类话，这类话告诉人们，他所说的"道"是要借着心灵开悟了的人去弘大、扩充的。如果把"人之生也直"与"人能弘道，非道弘人"的说法关联起来，我们得到的是与老子的"道"相通而又终究不同的另一种道理。就是说，单就"弘道"之人其"生也直"而言，孔子以人的自然而然的"直"的性情为出发点，显然与老子所谓"道法自然"有一脉可通，但老子的"道"是出离于人的任何作为的，因此，依其"生也直"的人能够"弘道"而言，孔子从一开始就同老子分道扬镳了。孔子与老子信守的"道"相通而又不同，这对于中国思想史、学术史是意义重大的，它使以孔、老为创始人的儒家、道家学说在此后两千多年中保持了一份微妙而富于精神生机的运思张力。

孔子名丘，字仲尼，春秋末期鲁国人，出生于鲁襄公二十二年（公元前551年），辞世于鲁哀公十六年（公元前479年）。他活了七十三岁，是先秦诸子中生卒年代最确定的人物，也是生平事迹中最少那种悬而未决的疑问的人物。作为儒家教化的创立者，孔子是性情中人，又是格位极高的"弘道"者。在弟子们的印象中，孔子的性情、气质和举止，温和而庄重、肃穆，威严而没有暴戾之气，恭谨却又从容、自然。这"温而厉，威而不猛，恭而安"的情态，是对生命化于孔子的儒家成德之教的最亲切的阐示，从这里可以直观与弘道者的真切生命同在的所谓儒者之"道"。"三军可夺帅也，匹夫不可夺志也"、"志士仁人，无求生以害仁，有杀身以成仁"，这些万古不磨的警句述说着以道自任的儒者先师的生命力度。而《论语》中对"子之燕居"、"孔子于乡党"、"其在宗庙朝廷"以至衣、食、举止等细节的记载，也从另一个侧面描绘了一个情趣盎然、性格鲜明的孔子。孔子所立儒家之"教"，所称一以贯之"道"，并不是要禁锢或减杀人的性情，相反，正因为这"道"和"教"结缘于人的性情，它才可能为性情真切的儒者所领会和践行，并且，正因为这种领会和践行，人的性情也才可能为"道"所点化，为"教"所陶染。

在我们所能看到的记有孔子行状的文献中，无论是《论语》、《孟子》，还是《史记·孔子世家》，孔子都是被作为一个"仰之弥高"的圣人描述的，而被描述的这位儒家始祖的一言一行又都极其亲切、自然，毫无造作、矫饰。可以这么说：孔子致学立教的本怀，是要成全人的更富有活力的生命，这成全就在于从人的性情自然处对人生作某种"应然"的提撕。"应然"指示着一种价值祈向，它植根于"自然"，不是"自然"之外的企求，但它也意味着一种主动，一种导向，一种对浑然于性情自然中的无为生命性状的有为的开出。在孔子这里，"道"与人的性情的相即不离寄托了"人能弘道，非道弘人"的信念，而这信念实际上是对道家自然无为主张的包容和扬弃。

孔子的生命格调很高，但这高又不在真切的性情之外。魏晋时代，何晏、王弼之间有过"圣人无情"与"圣人有情"的争论。如果依他们都把孔子尊为圣人而论，王弼的"圣人有情"论显然更切近于孔子的生命情调。可以设想，孔子一旦被削去了性情，那就可能变为某种理境上的一尊偶像。偶像化了的孔子，也许依然是可敬的，只是已不再可爱。孔子其人固然因为他对一种极高的人生境界的指点而分外可敬，但他毕竟也还是一个极可爱的人。在孔子的人生践履中，理境和情境是相融为一的，理之所至也是情之所往，他所体悟到的那一层人道而天道的理致是培壅或润泽于一种高尚的情操的。

孔子之学，一言以蔽之，可谓之"仁"学。在孔子看来，"仁"作为人成其为人的本始而终极的价值，其根荄或端倪在人的性情的真率、自然处，其极致则是一种虚灵而真实的境界——"圣"的境界。孔子以"仁"立教，并不是要排斥相系于人的肉体生命的"死生"、"富贵"的价值，而是要引导人们作这样的抉择：在"死生"、"富贵"这一必得借重外部条件（因而"有待"）才能实现的价值与辐辏于"仁"的德性人格（非可推诿于外因而"无待"）的价值不能兼得的情形下，人可以割舍前者而任其自然，却不能丢弃后者而稍有苟且。"死生有命，富贵在天"并不是那种执着于"死生"、"富贵"的宿命式说教，由"无求生以害仁，有杀身以成仁"的价值弃取看，"有命"、"在天"（任其自然）所述说的乃是一个高尚的儒者所当有的不以"死生"、"富贵"为念的那层生命的洒脱。

"仁"而至于"圣"，使儒家之"道"从孔子开始便有了其"形而上"的品格。这"仁"道的"形而上学"是价值形而上学，而非实体形而上学。由人的生命自然的"仁"的端倪提升至"仁"的极境的"圣"，在孔子这里走的是"中庸"的道路。"中庸"所指示的是一种极致，一种没有底止的圆满，它不可能坐实到经验中来，却只是凭着觉悟到这一点的人向着它的努力而把人的某一价值追求引向一种极境。孔子的"中庸"趣求是落在"仁"而至于"圣"这一德性向度的，正是因着它，道德的形上境界才得以开出，道德形而上学也才可能成立。孔子谓："中庸之为德也，其至矣乎！"这里所说的"至"，即一种尽其完满而无以复加之境。德性之"仁"的"至"境是"仁"的形而上之境（"圣"境），因为它永远不会全然实现于形而下的修养践履中。所以孔子也这样称叹"中庸"："天下国家可均也，爵禄可辞也，白刃可蹈也，中庸不可能也。"

孔子的学说是生命化了的，他的生命情调是他的学说的直观而浑全的展露。在既经认定的价值取向上，孔子以自己的人生践履确立了一个人之为人的难以企及的范本，尽管这范本是经验的范本，还不是虚灵的最高的范本——而最高的范本作为可设想的某种仰之弥高、趣之弥远的极致形态，只在致道者对"道"的无尽的追慕中。

——摘自《由"命"而"道"——先秦诸子十讲》（修订版）

墨 子

孔子身后，儒学遇到了它的第一个强有力的对手墨子。墨子名翟，《史记》中关于他的记述只有寥寥数语：墨翟，宋国大夫，善于设防御敌，主张俭朴节用。有人说他与孔子是同时代人，也有人说他生活的年代在孔子之后。从先秦典籍所能提供的史料看，墨翟的先祖很可能是宋国人，他本人生于战国初年的鲁国。他做过宋国的大夫，游历过齐、卫、楚、越等国。《墨子》一书的《耕柱》、《贵义》、《公孟》等篇记有他的若干故事，从这些故事中可大略窥见他的生命情调和人格操守。

在一个嗜欲放纵、弱肉强食的时代，墨子留下的是一种唯"义"是求的人生风范。当然他所说的"义"最终是落在"兼相爱，交相利"上的，不过在他这里，由"兼爱"而求互利并不掺杂个人的考虑或一己的私欲。孟子曾严词斥责墨子的"兼爱"主张无视父母的亲情（所谓"无父"），但他还是对这位墨学创始人"摩顶放踵，利天下为之"的做法给予了相应的评价。同样，墨子所行之"义"也完全不同于老庄的自然之"道"，而庄子依然由衷地赞叹：墨子真是天下难得的好人啊，即使已经形容枯槁他也不放弃自己的努力，实在称得上是一位才德之士了。

墨子的坚忍不拔、清苦自守使墨家学说经由他的生命践履成为一种人生的教化，这种教化引导人们在有生之年勤勉节俭、摈绝歌舞和音乐，一朝过世只需粗衣薄棺、不求厚葬久丧。把这样的教化推向社会是很难被一般人接受的，但它毕竟在当时造就了一个极有宗教精神的团体。据说，在墨子周围，"服役者百八十人，皆可使赴火蹈刃，死不旋踵"。追随墨子的这些人是不主张侵扰、进犯别人的，但他们的确善于运用作战器械，精通防御战术。

墨子显然是一个擅长言辩的人。墨子与人辩论，不仅信念坚定，慎于逻辑和措辞，而且气势夺人，分毫不让。相比之下，老子、孔子要含蓄、从容得多，墨子出于救世的急切，放言立论总不免咄咄逼人。老子因"道隐无名"而主张"行不言之教"，孔子也认为微妙的"性与天道"只能"默而识之"，"不言"和"默"不可能引发论战，真正说来，先秦时代的论辩之风是发端于墨子的。重论辩必然重逻辑，墨家后学在逻辑研究上的自觉同墨子立论往往取辩难的方式有着深刻的关联。

有如老子、孔子的学说，墨子学说不是一种知识，而是一种教化。这教化归结到一点，即所谓"兼相爱，交相利"。如果一定要拈出一个字来概括墨子学说的宗趣，那么，选择"兼"字可能是最恰当的了。曾是法家人物而后来又转向杂家的尸佼就说过："墨子贵兼。"就是说，墨子推崇"兼"，以"兼"为贵。在墨子这里，"兼"的意味是由"别"反衬出来的；"别"，既然着意于人与我之间的分别或区别以表达对差异、差等的认可，反其意的"兼"，就在于强调人与我之间不作分别或摈弃差等。由"兼"而要求一种没有差等的爱，这爱被称为"兼相爱"或"兼爱"；由"兼"而要求一种不分彼此的利或"天下之利"，这利被称为"交相利"。懂得"兼相爱，交相利"这一道理并按这一道理去做的君王被墨子称作"兼君"、"兼王"，反之，被墨子称作"别君"、"别王"；懂得"兼相爱，交相利"这一道理并按这一道理去做的士人，被墨子称作"兼士"，不懂得"兼相爱，交相利"这一道理的士人被墨子称作"别士"。与"兼"、"别"的这一分判相应，墨子死后分为三派的墨家后学无一不以墨学正宗自居而蔑称不同于自己的派别为"别墨"。

抽去了"情"的涵润而只作为一种道理讲的"兼爱"必然是实利化了的爱，它是墨子学说的核心价值所在，也是墨子学说得以推绎为一个严整体系的最终依据所在。墨子是提倡"尚贤"、"尚同"的，而"尚贤"的那个"贤"的标准在于"兼相爱，交相利"，"尚同"的那个"同"的最高目标也在于"兼相爱，交相利"。墨子主张"非攻"，而"非攻"不过是"兼相爱，交相利"在制止或消除国与国、家与家之间的侵夺或攻伐行为方面的体现。墨子也是主张"节用"、"节葬"、"非乐"、"非命"的，这些主张明显出于一种"利"的考虑，但这"利"是与"兼相爱"一体而论的"交相利"之"利"。墨子甚至引导人们"尊天"、"事鬼"，不过上天和鬼神的可尊可敬终究仍在于"天"、"鬼"对"兼相爱，交相利"的赞赏和推重。墨家后学中的一支分外看重逻辑，但他们的著述无论是《经上》、《经下》、《经说上》、《经说下》，还是《大取》、《小取》，其辨名实、论取舍，用心所至无不在于标举"兼相爱，交相利"。墨家后学中的另一支尤其擅长布防、守御之术，而他们的著述无论是《备城门》、《备高临》，还是《迎敌祠》、《旗帜》、《号令》等，其对防御技艺的悉心研寻也都背负着"兼爱"而"非攻"的使命。

——摘自《由"命"而"道"——先秦诸子十讲》（修订版）

梁漱溟

国内不少梁漱溟的研究者都把梁漱溟划归"儒家"范畴，这在我看来，实在是一种误解。其实梁漱溟自己就声明过："对于人生苦乐的留心观察，是我出世思想的开窍由来，从而奠定了此后一生归宿于佛法。"我想，留心读书的人们一定注意到了，他说的是"此后一生归宿于佛法"。当然，在一定意义上对梁氏也可以以儒相称的，但他这个新儒家是从佛家的方便之门中走出来的新儒家。我有时称他为"佛光烛照下的一代儒宗"，有时称他为"佛格中的儒者"，不为别的，就为着他在人生意义信从的究极处始终心系于佛这一点。

梁漱溟是在"五四"的背景下亮出自己的生命底色的，这底色同他身临其境的时潮并不相应。他上无师承，下无学派，只是单枪匹马去做精神和文化上的"截断众流"的事，没有生命上的那种"锲入"的"犟劲"是不可想象的。"五四"有"五四"的价值，"五四"也有"五四"的偏至，从容而公允地评说"五四"只能是在历史把评说者同"五四"拉开一段相当的距离之后，但在当时，要直面"五四"的偏至而试图作一种矫正，需要有人豁出全副生命直扑过去。历史关节点上的人物往往是在来不及化妆的情形下登台亮相的，梁漱溟在仓促中扮演了这个在他看来"舍我其谁"的角色。他当时不可能有牟宗三写《才性与玄理》或《心体与性体》时那样平静的心境，甚至也来不及像熊十力那样"劈空"造出一部《新唯识论》来同铺天盖地的潮流相抗衡。他只能草草地披挂上阵，用一篇《东西文化及其哲学》的演讲来左遮右挡。但正是这一篇散逸的演讲为儒学在一个向度上的新生提供了最初的起点。

"五四"是孔子的声望跌落到冰点的时期，梁漱溟在人们"谈到孔子羞涩不能出口"的时风中刻意为儒门张目，他的底气不在于学理方面的酝酿，而在于生命体验的真切。他以深切的生命感受去契接孔儒教化的命脉；接上了这条命脉，他就不再是孤家寡人，而就有了一层活生生的历史文化背景，也因此成了那个时代的某种渊默中的民族心灵的代言者。梁漱溟曾有过一个看似很可怪的说法，很多人可能没有在意。他说"强未必良"，"弱未必恶"。我可以这么说，这里的两个"未必"是一声振聋发聩的断喝，这断喝是对"富强"价值一元论的斥退，也是对人生的另一重价值——心灵趋于高尚的德性价值——的提示。从"戊戌"到"五四"，从康有为、严复到陈独秀、胡适，一批率先觉悟到民族贫弱必然招致侵凌的知识分子愈来愈寡头地追求"富强"的价值，人生意义和文化价值在功利这一外扑向度上的认同，把民族精神引向倾斜。梁漱溟决绝地说出"强未必良"、"弱未必恶"，乃是对这种精神倾斜的警告或提醒。

梁漱溟不是喜好从文墨中寻找美趣的人，他也不是爱作惊人之语的风流名士。说起来，他这个人有点"质"胜于"文"，多少有几分野气。但正是这点元始朴茂的野气使他的生命气质中多了一份美感。

少年时代的梁漱溟，曾在利害的思索中寻求所谓"准道理"，十六七岁后则从利害的思索转向苦乐的追问。这苦乐的追问显然牵连到生死，生死问题在他这里的情结之深，从他十八九岁时两度想到自杀可以想见。由苦、乐、生、死找到的"准道理"是对小乘佛教的信仰，因此他曾一度拒绝议婚，并从二十岁时开始素食。梁漱溟并未写过在生死上立论的专著或专文，也没有在任何地方述说过切己的生死体验，但从两度试图自杀这一点上，我敢说"死"的阴影曾经纠缠过他的敏感的心灵。用海德格尔的话说，这是"先行到死中去领会自身"。梁漱溟过早地进到这一层领会，这是他这个没有自己信从的"准道理"便活不下去的人皈依佛法的真正底蕴。后来他接触了儒家经典，在二十八九岁时最终放弃了出世为僧的念头，但这并不意味着他从佛到儒的改宗。为儒家的道理所吸引的确使他的信仰有所转变，但这更大程度上是从小乘佛到大乘佛的转变。大乘佛出了世还要入世，这入世原是它的"方便之门"。为功利所发动的欲望的激情，像不可遏止的海浪向前涌过去，只是在撞到死亡的礁石时才骤然被击得粉碎而化为一片宁静。从这里，我们有可能多少悟出梁漱溟的人生眷注富有戏剧性的迁变的秘密。

梁漱溟曾提出"世界文化三期重现"说，这主张同他的生命情调全然相契。他认为以"意欲向前"为根本精神的西方近代功利主义文化是古希腊文化的复兴和重现，接下去，在世界意义上还将有以"意欲调和持中"为根本精神的中国文化的复兴或重现，乃至以"意欲向后"为根本精神的古印度文化的复兴或重现。在他这里，世界文化变迁的应有程序是以西方式的利害分辨的功利主义开始，以古印度佛教所启示的那种破我执、法执的境界告终，中国式的"调和执中"似乎只是一个中间环节。这种构想中的文化演变同他个人的人生态度的转换过程大体相应，就这种相应而言，我们甚至可以说他所谓的文化哲学几乎就是他个人反省人生意义的思想经历的推扩。

——摘自《百年新儒林——当代新儒学八大家论略》

（北京：中国青年出版社，2000）

熊十力

当梁漱溟对东西文化作了"伦理学"辨示而刚刚开始寻索文化伦理的"心理学"契机时，一个以"亦佛亦儒"辞汇表达儒家义理的哲学体系诞生了。这体系被称作"新唯识论"。在阐说新论的著作的署名处写着：黄冈熊十力造。

熊十力是一位极有性情的人。他的弟子牟宗三一再说他"不无聊"，这"不无聊"的评语便很能切中他的性情之真。孔子品藻人的材质有"中行"、"狂"、"狷"之分，以此作判别，可以说熊十力是一位典型的"狂者"。拿"中行"作批评的标准，他的性格中似有许多可责备的地方，但熊氏一生从不应酬，从不逢场作戏，从不屈己阿世，也就是说，在他身上嗅不到任何"乡愿"的味道来——这毕竟是一个不争的事实。

这是一个以质直的心灵追求理境与情境一体相融的人，虽然气质上有所亏，但理性上却能自我督责。浑整地说，牟宗三对熊氏的第一印象大体不错。他这样描述他终生尊重的老师："我当时耳目一振，心中想到，这先生的是不凡，直憋地不客气，凶猛得很。我便注意起来，见他眼睛也瞪起来了，目光清而且锐，前额饱满，口方大，颧骨端正，笑声震屋宇，直从丹田发。清气、奇气、秀气、逸气：爽朗坦白。不无聊，能挑破沉闷。直对着那纷纷攘攘，卑陋尘凡，作狮子吼。……我在这里始见了一个真人，始嗅到了学问与生命的意味。"当然，"真"还不是"正"，"真"而"正"才合于"中行"。"中行"之人，喜怒哀乐发之于心而衡之于心，既在性情之"真"处，也在性情之"正"处。一个人涵养心性或所谓变化气质，先得从"真"做起，没有了"真"，单求礼仪上的"正"，就会流于孔子所深恶为"德之贼"的"乡愿"。"乡愿"的要害是失真，是一切应对中的事都做到"非之无举"、"刺之无刺"，但就是没有了真性情。以熊十力带有"狂"态的生命之"真"去鉴照流俗化了的"乡愿"之伪，有极强的对比度，坦白地说，同对"新儒家"的学思、理路的探究、检讨相比，我更看重体现于梁、熊诸夫子的德性践履的那种人生的真味。

　　同梁漱溟一样，熊十力的人文情思起于执着的人生体验。他虽不曾因为生死问题的煎熬动过自杀的念头，但那种情通万物的悲怀使他敏感的灵魂很早就开始躁动了。熊氏是一个终生未脱去朴野之气的人，少年时不习礼仪，简脱放诞，在乡间放牛常裸体坦卧于野寺。据他说，他十三岁那一年，在一个大地萧索的秋天突然为大自然的生灭机相所触动，一种万有皆幻的失落感袭上心头，从此心灵再也无法平静。他逼着自己去究问造化的隐秘和人生的理由，对安身立命之道的寻求使他一步一步投向孔儒之教。熊十力在他的"衰年定论"《乾坤衍》一书中说他"少年时读五经，訾孔子为宗法思想、封建思想"，估计这里所说的"少年时"大约是他十三岁之前。从他1919年发表于《庸言》杂志的《健庵随笔》和《翊经录绪言》看，至少在他二十八岁时他已经是孔儒之教的忠实信仰者了。这期间王夫之的"道器一元"的观念对他起了决定性的影响。佛学对于他一直是一种必要的缘契，但他从来就不是佛家的人。

　　"新唯识论"是相对于佛学经典《成唯识论》而命名的。其第一命题是"体用不二"，这"体用不二"其实就是王夫之所谓的"道器一元"。单是"体用不二"这一命题就规定了整个"新唯识论"的儒学性质。熊十力对自己学说有一个提纲挈领的说法，他把这一学说的精义归结为三个"不二"或"为一"，即"于宇宙论中，悟得体用不二。而推之人生论，则天人为一。……推之治化论，则道器为一"。

　　所谓"体用不二"，是说宇宙本体并不是宇宙万物之外或之上的一种存在，它遍显于生机盎然的宇宙万物，而这生生不已的宇宙万物原又只不过是非可直观的本体的一种发用。熊十力由此认为："无体即无用，离用元无体。""体用不二"煞似"新唯识论"的根荄所在，然而在我看来，熊十力学说的真正枢纽是"天人为一"或"天人不二"。一个由"顿悟万有皆幻"而寻求"安心立命之道"的人，即使最终不免作体用之思，其神情契入处也必是天人之际。《新唯识论》中有这样的提法："本心即是性，但随义异名耳。以其主乎身，曰心。以其为吾人所以生之理，曰性。以其为万有之大原，曰天。""故此心即吾人之真性，亦即是一切物的本体。"可见熊氏说"本体"从一开始就不曾脱开人心所秉具的良知。此后，他对体用关系的发挥也从未脱开孟子所谓"尽心、知性、知天"的天人不二的局度。所以我说，虽然熊氏在对他的学说作一种必要的逻辑表述时是从"宇宙论"的"体用不二"说起的，但他的学说所由发生的契机却在于对人生意义在天人不二处的冥悟。

至于"道器为一"的治化论，虽逻辑上由"体用不二"的本体论或"天人为一"的人生论推出，但问题却要复杂得多，因为这涉及"新儒学"思潮的文化难题："返本"与"开新"。熊十力直称自己"以返本为学"，但他不能避开"中西之辨"背景下的"开新"——亦即开出新时代的"外王"事业——的民族要求。熊十力的全部文化忧思几乎可以说正凝注在"返本"与"开新"之间，而"返本"与"开新"的关系并不那么宜于以"不二"相喻，也正以最直观的方式显露出他以"体用不二"、"天人不二"、"道器不二"所作概括的他的整个学说的内在扞格。

应当说熊氏晚年对他盛年有所承继（这主要在"内圣"方面），也有所歧离（这表现在"内圣"与"外王"、"返本"与"开新"的脱序处的一种纠葛），那歧离虽然是以遥承孔子的方式作表达的，但毕竟已经是对涵存于孔、孟以至宋明儒一线学脉中的儒家道统的荡开。

——摘自《百年新儒林——当代新儒学八大家论略》

附　录

"做人是万事的根本"
——书信摘句 113 则

1

　　一个对自己的时代有责任感的研究者决不会为思古之幽情所牵缠，反顾以往，追溯过去，总是为着现在和未来的。中国近代以来的全部历史表明，这个一度同时代脱节了的文明古国，以怎样的方式走向世界，也就以怎样的方式走向未来。这种逻辑到了今天依然如故，我想，你约我写的一组文章的归着点大概就在这里吧。也许文章只有契合着时代的主题，才会"新"，才会有活的灵魂。

——摘自 1985 年 1 月 10 日《致王焱》

2

　　学术自觉就是学术使自己成为自己，而不是其他，至于它同其他领域——例如政治——的关系，那是在承认学术就是学术而不是其他的逻辑前提下才好探讨的，否则，倘是一回事，那还谈什么关系？承认学术自觉就是承认学术有相对独立的价值。且不去说学术为政治服务的提法是否精当，我想，即使精当，那也只有在学术取得独立价值，达到自觉的程度上，才能更好地为政治服务。这如同说一个人为国家效力，同是一个人，一个自觉其为国家主人翁的人比一个奴隶能够更好地为国家效力。学术不能只是附庸，作政治的附庸的学术即使为政治作"注释"、"论证"，那种"论证"和"注释"也是蹩脚的、低劣的。倘承认学术自觉，一个随之而来的推论就是不应以政治的强制手段干涉学术问题，真理是探索的结果，不是由某些掌握一部分政治权力的人颁布的。

另外，承认学术的相对独立，就应当尊重学术研究本身的内在逻辑。应当看到，它既有应用研究的一面（这种研究服务于当下的社会实践），也有抽象的理论研究的一面（这种研究服务于明天、后天的新实践）。只强调前一种研究，不重视后一种研究，是急功近利、眼光短浅的人的偏见；没有"纯"理论的探讨，理论对实践的反作用就不会有后劲。

——摘自 1985 年 1 月 20 日《致薛德震》

3

陈勇说我在天涯海角沉入反省之中，那是在用写诗的语言写信。诗的语言一般说来也许是最好的，但用在写信上便会露出它的瑕疵来……

你还记得从"父老兄弟"转而去寻觅"朱九思的引力"的那位作家吧，他跟我谈起过一套系统的人生哲理，这些哲理至今仍使我惊诧不已，我几乎要从这里把怀疑的眼光投向故意以"超功利的审美姿态"出现在我面前的一切人。经验（当然还无法升华到理性）告诉我，有的人把舞台当人生，也有人把人生当舞台，曾指出过我的气质为"古典型"的人，其"现代审美态度"背后却隐着比我功利得多的功利动机。我现在宁可取这样一种世俗眼光：忠于人生，也许其间会留下一点"审美"——当历史把它作为历史而同回味者的立足地拉开距离的时候；决不要去附庸那莫名的风雅。我喜欢触摸到现代真谛的现代派，但我讨厌找一副现代派的脸谱来硬充某一角色的远离现代的"现代派"。

——摘自 1985 年 2 月 24 日《致张志扬》

4

无论如何，我还算是一个比较幸运的人。在我生命的转折关头，总有一些使我终生难忘的人，以他们的精神的活力，唤起我对自己民族的一个可能好的命运、前途的执着追求。你说得对，我们不能苛求历史对当下发生的一切都那么公允，但倘着眼于长远，则应当相信"历史还是公正的"。

——摘自 1985 年 4 月 16 日《致于旭》

5

大作《关于人道主义的争论》（出版时更名为"人道主义——当代争论的备忘录"，以下简称《争论》——编者注）在我收到后，我用了一天半的时间细细拜读了三遍。同您的"论美"一样，您的"论人"给予我的启迪是多方面的。我们的年龄之差并不悬殊，但我始终把您视为我的师长。在我的心目中，您是当代中国学界少得可怜的几位有见识、有理论良心、有时代感的值得尊敬的学者之一。《争论》再次加深了我对您已经形成的印象——在现在的学术氛围下敢于写现实感如此强的东西（作为您的个性的对象化），这本身就说明了很多。

《争论》有不少精到的见解，但我想，您现在需要的不是来自我的更多的赞美之词。我只把一些疑窦和建议提出来，供您作更多的思考，也许您会从这里体味到我对您的一种特殊的敬意。

一、"讨论是健康地进行的"。面对现实，这种提法也许有其策略上的意义，面对历史，则只有在赋予它以讽刺的意味时才可以这么说，而您在文中显然不是在后一种意味上这样说的。人道主义的问题在中国的讨论才刚刚开始，但仿佛已经有了最后的结局。乔公的文章宣布了讨论的结束，它以一种超乎学术的手段，板起一副权威的面孔，已经在向人们"颁布"关于社会主义人道主义的"真理"了。人道主义的"讨论"至少在一年多的时间里是被迫中辍了，既然"讨论"已不复存在，哪里还谈得上什么健康？您在文章中说"动辄以势压人，甚至采取行政手段干预学术讨论的情况""并没有出现"，而实际上谁都知道"清污"是怎么回事，如果说"持不同政见者的理论纲领"之类的提法，仍不算"抓辫子、戴帽子、打棍子"，那么怎样做才算呢？难道一定要和"反右"、"文革"时一模一样才算吗？

二、人道主义讨论的时代背景，您的提法是对的，但我建议您强调一下，否定马克思主义人道主义的那种观点的全部理论基础是，指导过"反右"、"社教"、"文革"的那种印着左的路线纹章的"马克思主义"，相反的观点的理论基础则在于对马克思主义的本来面目的回复。有人说，只有发展马克思主义才能坚持马克思主义，这固然是不错的，但依我看，似应再补上一句，只有先回溯到马克思本人的马克思主义那里去，才能取得马克思主义在中国的坚持和发展的起点。

三、个体与整体的关系是马克思主义人道主义的原则问题。您的提法是对的（这个提法我也曾多次在有关全国性学术会议上说过，比如在 1982 年 9 月在庐山召开的"全国现代西方哲学研讨会"和 1983 年 4 月在北京大学召开的"马克思主义与人学术研讨会"），但似应把这个关系的正确处理的最后归宿——活生生的个人的发展、"自由个性"的实现——指出来。您在文章中提到"个人中包含着历史和社会"，说得是很深刻的，但没有就此多说几句，重说几句。马克思曾直截了当地指出："人们的社会历史始终只是他们的个体发展的历史。"（马克思：《致巴瓦安年柯夫的信》——1846 年 12 月 18 日，见《马克思恩格斯选集》，人民出版社 1972 年版，第四卷，第 321 页）他把是否真正能使个人获得全面发展看作判定"真实的集体"和"虚幻的集体"的唯一标准，他以为在未来的"真实的集体"中，"个人是作为个人参加的"（马克思：《德意志意识形态》，见《马克思恩格斯选集》第一卷，第 82—83 页）。×××辈把"从个人出发"看作"人道主义"的核心，其实是在有意固执传统的偏见时无意地说出了本来带有真理性的话，问题只在于从什么样的个人出发。马克思、恩格斯就曾说过，他们的历史观"是从现实的、有生命的个人本身出发"的（上书，第 31 页）。

四、文中所说"人的本质是一切社会关系的总和"，怕是不正确的。马克思的原话是："在其现实性上，它（人的本质）是一切社会关系的总和。"这便是说，"一切社会关系的总和"（由生产力、生产关系、上层建筑诸领域的社会关系构成的有机社会系统）是人的本质的对象化、客观化、现实化，但人的本质并非直接就是这些社会关系。社会关系的"总和"既是对人的本质的确证，又是人的本质得以实现的保证，但还不能说就是人的本质自身。"人的本质"是主体意义上的概念，"社会关系"是客体意义上的概念，其关系的深刻处在于人的双重存在：一方面作为主观自身存在，一方面又需要客观的"人的世界"作为它的存在对象。作为人的存在对象的社会关系诚如您说既制约着人，又被人改造和生产着。制约也罢，改造、生产也罢，所环绕的都是现实的人——"现实的、有生命的个人"。

社会关系不是自然派生的，也不是上帝赐予的，它的创造者是需要这种社会关系以实现自己的人。

五、"自由"是人道主义讨论中至关重要的概念，您把自由区别为政治上相对于纪律的概念和哲学上相对于必然的概念，这是对的，但似还可以补充一点，即作为哲学概念的自由，一是认识论意义上的相对于必然的概念，一是价值观以至于本体意味上的相对于"他由"（奴隶地位）的概念。价值观以至于本体意味上的自由概念的基本含义应当是"自主"，即人的重心在人本身，这同以人为本位、"人是目的"等说法是同义的。价值而本体意味上的自由是人的本质的核心规定，认识论上的自由，是因着价值而本体意味的自由的实现手段和方式而提出的。至于政治上的、法律上的自由则是更低层次的概念。

六、资产阶级人道主义的核心是"以物的依赖性为基础的人的独立性"，马克思主义人道主义的核心是真正的"自由个性"（见《马克思恩格斯全集》第四十六卷上卷，第 104 页）。二者都在于某种历史观，前者在于"法学世界观"（人的产物而外在于人的"法"，作为"物"是高于一切人之上的权威，而每个个人在这个权威下面获得自己的自由、平等的权利——异化、赋有历史合理性的异化——"法治"），后者在于"唯物史观"，它是对"法学世界观"的扬弃，对作为权威的外在存在物"法"的扬弃（不是摒弃）。"现实的、有生命的个人"在这里是出发点，也是归宿；"唯物史观"所要求的"真实的集体"（通过实践手段）不再把个人放在阶级、国家等集体的"隶属"的地位，这种集体是以每个人的自由发展为前提条件的一切人的自由发展的联合体。关于这一点，您如果觉得有道理的话，亦可参考。

似乎还有一些问题可说，不过毕竟是写信，就此打住吧。

——摘自 1985 年 6 月 12 日《致高尔泰》

※附高尔泰1985年7月19日的复信

克剑兄：

问候你好。

你对拙作的批评很正确，把你的意见吸收到文章中，顿使文章生色不少。有一点我要解释一下：我在文章中说"讨论是健康地进行的，没有出现抓辫子、打棍子、以行政手段干预学术讨论的情况"，这当然是不符合事实，我是故意这样说的。因为第一，下面的文章很尖锐，"将欲取之，必先予之"；第二，因为这样说明显不符合事实，即使说了别人也不会相信，所谓"必先予之"，其实并未予，别人不信，等于未说，何予之有？这是我当初的想法。北京的朋友们都说这样写好，但是看了你的信，我认为你说的也有理，现在已把你的意见吸收到文章里面了。文章年内能发表，那时再请你指正。你有兴趣来成都，我非常高兴，何况你又愿意带一篇文章来。你的文章，我们一定给你收入集（子）。希望你在文中谈谈美学与人学的关系，即人的问题在美学研究中的核心意义，好吗？总之，盼望你一定来。敬礼并祝

安健！

高尔泰上

七月十九日灯下

6

要想在"实"学上做出大学问，不可不注意"虚"学的功底。倘要看清地上山川的来龙去脉，有时竟需要你升到天上，从直升机或人造卫星上投下似乎超然的一瞥。

——摘自1985年8月4日《致李孺义、易宏伟》

7

《再谈"自由自觉的活动"》终于见刊，你是付出了很大努力的。这篇答

难的文字并不曾站在《手稿》研究的时代高度上，它的境界受制于诘难者所提出的问题。倘说这篇短文还有一点什么意义的话，我想，这主要还在于表明国内学术交流风气的变化。它似乎在更大程度上属于历史。

学术一旦成了某种外在权威的附庸，它的处境固然会很困难，而社会得益于学术也就更其可怜了。为梁启超所指责的不同学术力量的消长取决于"他力"（学术之外的力量）而不取决于"自力"（学术自身的力量）的现象，是"封建社会"的产物，倘在今天依然沿延下去，怕是一种不大正常的事。

——摘自 1985 年 8 月 4 日《致邵波》

8

编者和作者的相互理解是不易的，建立在相互理解上的密切配合就更不易了。好的文字往往同时属于作者和编者。

——摘自 1985 年 8 月 9 日《致王焱》

9

时代有它的脉搏，这脉搏会使关于它的各个心灵有同样节奏的起伏，是历史的悲剧感让我们彼此体会到对方。

——摘自 1985 年 10 月 29 日《致纪树立》

10

您说得对，李贽的命运太不好，我们这一代，有理由比李贽的命运更好些。但理由归理由，没有理由的事在我们这一代人身上可能还会发生的。

——摘自 1986 年 6 月 10 日《致易中天》

11

我一直认为在今天的中国，重要的也许不在于黄金黑铁，甚或不在于工艺、行政，重要的是如何为这父母之邦浇铸一颗富有时代活气的心灵。

也许以后还要走路，像孺义所设想的那样——在一种动态的生活中保持学术事业的相对稳定，在游移中求得精神生命的发展与完成。

——摘自 1987 年 4 月 29 日《致李孺义、易宏伟》

12

我们处在一个新的（相对于"五四"的）民族反省的时代，凡是真诚地对待自己生活的人，免不了会遇到许多麻烦，但这麻烦也许就是对他的人格超升的一种成全。

——摘自 1987 年 6 月 17 日《致胡建》

13

我的人生的路，走得格外艰辛，这当然是自作自受。我曾经给一位朋友写信自我解嘲说，我是"不平于不平之世——惑于不惑之年"。其实这说的是我的生活，也是我的心境。思想原本是无拘无束、最有资格享受自由的东西，但意识形态的制度化，风俗习惯的虐政，学界本身的门户主教之见，超学术力量（诸如对于学术来说作为"他力"存在的政治等）的肆意干预，却使这自由的骄子沦为精神的乞丐或权威的奴隶。一个不再产生新思想的民族是化石化了的民族，一个只允许有一种定型思想——神圣化了的思想——的民族是心灵死寂的民族。一个人如果对这些从来不曾思想，他或者还可以心灵宁静地生活，但是倘使他对思想已经有所思想，那就十分糟糕，他的心灵一旦开始躁动，怕就再也难于恢复到以前的平衡了。我的命运的结局是悲剧性的，这我很清楚，但我已经不能阻遏它……

——摘自 1987 年 9 月 25 日《致四弟黄克国》

14

宏伟感受到的"危机"，也是我感受到的"危机"，不过，我以为能感受到危机的人，也许才是真正神经健全的人。内心深处没有一点悲剧意识的人，一定是浅薄的人，他们的乐观是动物式的无忧无虑。人有了智慧也就有了痛苦，当然这只是人生的一个侧面。

这排满坟头的墓地，谁曾踩下那生（命）的脚印？我愿两位兄弟在一群群的行尸走肉中，永远不要失去生（命）的灵气。

——摘自 1987 年 7 月 17 日《致李孺义、易宏伟》

15

自库尔勒分手后，我们再也没有找到晤面的机会，天地这么宏阔，似乎有很多蹊径可走，但每个人对自己的人生之路并不能作更多的选择。不过，我以为，不论做什么事，有一点是共通的，那就是做一个真正的人——职业并不等于价值选择。在做人上，我永远相信你。

——摘自 1987 年 10 月 3 日《致王建臻》

16

人的灵感是羞涩的，她需要兴致导引才肯露面；北京选择了你，而你更需要北京。我只是无可奈何才流落到闽海一隅，对于你的走，我有理智和情感的纠葛，但留恋之情最终化作了更多的希冀。

一切生灵中，只有人间世才谈得上选择，但可供选择的机遇并不是时时对每个人都报以感性的诗意的微笑。生活为你再次提供了机遇，你在感受到充实时，大约会更珍视自己生命的创发的。

——摘自 1987 年 10 月 22 日《致陈晓明》

17

"文"是一种慢功，日积月累，功到会自然成的。学问的事大约主要不是凭借天才，而是凭借看似拙笨的努力。

——摘自 1987 年 11 月 15 日《致胡建》

18

人是一个小世界，你有你的精神重心，你要像你。只要你没有失去自己的"格"，有时跟人吵一架，甚至动了几下拳脚，也算不了什么的。不是生活跟你过不去，重要的是不要自己跟自己过不去。人生原本没有命定的律则的，不要太多地责己，不要太压抑，看准了的事就去做，有时有些累了就歇一歇。

——摘自 1988 年 1 月 6 日《致陈晓明》

19

《圣经》中伊甸园的故事给人这样的启示：亚当和夏娃在摩罗的诱惑下吃了智慧果才成为人类的祖先的，由此看来人的智慧必是打着摩罗的印记的，这便是说，它总是不大守规矩的。而且，一旦亚当、夏娃有了智慧，便永远失去了先前的乐园，所以又可以说，智慧是痛苦的。哲学不是"爱智"吗？以求取智慧为志业，也就是以寻找痛苦为志业。在新的一年里，虽然我不愿看到你心智的痛苦，但却仍希望你的慧识有所增进。

——摘自 1988 年 1 月 12 日《致谭华孚》

20

福州和武汉的市尘气味，常常使我追恋塞外的荒阔和广漠，但这于归着感只有一种象征的意味。

中国的学人原是不配被成全的，北边凉了些，南边便跟着叫冷，待稍稍暖和过来，大家便一个个像英雄过一阵子似的，接着就是拉杆子、抢地盘，索要买路钱。大家都想宣布自己是奥林帕斯山上的宙斯或昆仑山上的元始老儿，但所做的却大多是剪径的二三流小盗的勾当。

——摘自 1988 年 1 月 25 日《致张志扬》

21

你不必为我担心，一个有良心的学人，能把自己的发乎心灵的话说出来，能够为见惑于人的理论难题提出一种不囿于世俗的思考，是最大的快事。原在五年前就该说的，现在说出来并不早。

——摘自 1988 年 2 月 11 日《致梁从诫》

22

虚伪在普遍化，全民族就在这自我欺骗而又自我安慰中延宕着。希望在哪里？——然而有几人真正感受到一种彻心的痛苦？

——摘自 1988 年 4 月 26 日《致陈晓明》

23

生活上的事要能拿得起，也要能放得下。有些事不必太认真，只管把心思放到自己感兴趣的东西上去。人生总是艰难的，它折磨人，也常常成全人。

——摘自 1988 年 5 月 26 日《致甄建均》

24

中国是一个出青红帮的国度，像我这种为学理和人道迂拙苦思的人，政治风险一来常不免做示众的牺牲的角色，政治风险一过，又常常被不知什么时候冒出来的各种"码头"、"教主"挤得几乎无路可走。

——摘自 1988 年 6 月 23 日《致潭深》

25

在人生的转折点上，果断是必要的，等待和忍耐也是必要的。

——摘自 1988 年 6 月 30 日《致易宏伟》

26

《"·"、"··"、"∴"、"O"、"叿"及其他》是一篇随感性的文字，是书评，也是人评（评及明清之际著名哲人方以智），具有对中国传统文化的价值观和中国知识分子的文化心态反省、观照的性质。我肯定了×君在资料占有、考证方面所下的功夫，但通过对方以智哲学思想的评说，对该书的理论框架（"两个对子"）和该书关于中国明清之际的启蒙思潮的提法提出了委婉的批评和匡正。它或者有可能对中国明清之际的文化史或哲学史的研究在思维向度上提供某种启示，并因此牵及深层的中国文化思考。

——摘自 1988 年 7 月 30 日《致黎鸣》

27

这个已经和正在成为历史的世纪发生过一系列人类文明史上前所未有的怪事：两次世界大战、希特勒的法西斯主义、斯大林的大清洗、中国的"文化大革命"……揭示这中间潜藏着的文化之谜，对于人类未来文化价值取向的选择有着不小的意义。

——摘自 1988 年 8 月 12 日《致南茶》

28

二十四年前分手时，我们还是十八九岁的少年，现在都已是年过四旬的人了。岁月带走了我们的青春，但永远带不走留在心中的学友间的诚挚情感。我会永远眷念我们从小学到高中的同学生活，永远记着二郎神庙、老虎沟、虢凤公路和三十六丈深的井。

银录参军那一年，你、我、自贤和银录四人的合影我还保留着，那时大家穿清一色的乡下人的布褂，很有意思；每次看到这张珍贵的照片，我总会回忆起很多事，总会有一种亲切感。

——摘自 1988 年 8 月 21 日《致岳贤》

29

你的信唤起我的许多记忆，从俱家村到虢镇。你我的人生经历都是难堪的，只是你没有离开过对你并没有多少情分的故乡，而我却苦苦走了大半个中国。……在这样的时潮中要想做个堂堂正正的人是不易的，命运不断在嘲弄我们，我们只有用全力去扼命运的咽喉。人总是要随时光而去的，不必拘囿于脚下的那一片泥土，但青海之行尚须斟酌。

——摘自 1988 年 9 月 12 日《致王自贤》

30

眼下人们所重的仍是黄金黑铁、工艺行政，弄哲学差不多像出家求法，很难被世俗理解的，但这民族不仅需要滋养起一副强健的躯体，也毕竟需要重铸一个不负于时代的灵魂。

——摘自 1988 年 10 月 15 日《致李曙华》

31

从论"人"到研究"文化"，这些年我的学术生活常遇到麻烦。除开谨防政治上的不测外，还得时时留心学界的纠葛，左支右绌，格外费力。这次对×××的诘难，我只想作些辩白，避免误解，却不料他终不肯收回"无知妄说"、"全盘否定"之类的重得可怕的断语。从我写的第二次答难的文字中，你和景元先生看得出"防守"和"痛苦"，可谓深知我心了。从理性上讲，治学上的真正谦逊，在我看来也许是为谦逊概念所支配的角色意识的被忘却，但真正做起来，我也常不能免俗——怕在学界留下"狂妄"、"好争"的印象。

——摘自 1988 年 11 月 10 日《致刘奔》

32

哲学也许会引人耽空趣寂的，但我更多的担心却在于人的精神的内向度在人的东方式的工具化和西方式的工具化的合力中为习俗所消解。我并不主张趋"最"的，因为那样会使精神和物质的天地单一化。倘说牡丹最美，天下的花便都去做牡丹，那花的世界也就结束了。倘说太阳最温暖光明，天下人便都去做精神的太阳，那羿射九日的故事大约在精神界又会重演了。孙（中山）先生的话自然是对的，不过，严（复）先生的话未必就不对。就中国当下的状况而言，我不担心从政、从商、从事"物质活动"方面会乏人的，我倒担心真正有耐心去做调治人的心灵工作的人太少，太无力量。"四个现代化"毕竟有官方在那里张扬，并因而有官、禄的吸引，可心灵呢？

——摘自 1988 年 11 月 25 日《致易宏伟》

33

写作和思维毕竟不同，有些灵思明觉的体悟很难用语言表达出来；老子说"道可道，非恒道"，魏晋士人谓"言不尽意"，都是切实的有感之论。但我仍赞同你更多地动笔。形诸文字后，把心灵的消息透露给了他人，可借此收到促动反省的回声。再者，动笔虽将许多心力付诸文句的推敲，却也会时时察觉思维的某些空白，而且尽管言不尽意，文字却也可给人留下言外之意的。

——摘自 1989 年 1 月 3 日《致李曙华》

34

科学的方法永远是"抽象"、"静观"、以对整体的人为切割为前提的，这可以说是科学对于活脱脱的整体世界的"原错"（如同在基督教的视界中人对于圆满、完整、尽善尽美的上帝有"原罪"一样）。科学进取（愈来愈高明的理论系统带来愈来愈丰沛的对象化成果）仿佛正是为着"赎"这个错的，但它永远抹不去"原错"的烙印，从一种对世界总体把握的理想状况看它总是错的。然而，有错的科学对人是有价值的——它错得有价值，因此，大约人类终究要找到它并且一经抓住它便再也不会抛弃它。

——摘自 1989 年 1 月 21 日《致李曙华》

35

事实上，当我们使用语言——属文或说话时，便在相当大程度上入了

"科学理性"的圈套（例如，当你说"树"时，你已经认可了这"静态"、"抽象"的概念的价值）。"禅"由此而提倡"不言之教"，提倡"心传"，这可见出它的高明，却也可见出它的迂痴。"禅宗"是中国化的佛家，虽诉诸棒喝却终于不能让人们（包括那些颇具顿悟功夫的禅师）放弃语言，只此一点，便看得出它的难堪。"禅定"对于一种心理氛围的陶养可能是必要的，但禅机的神秘化未始可取——尽管这种神秘化不无审美价值。

——摘自 1989 年 1 月 21 日《致李曙华》

36

价值系统的作用在于对处在这一文化圈中人的生命冲动（可与弗洛伊德之"力比多"参照理解）的制约，它把这生命冲动限制在一定程度上并引向一定的方向。从这个意义上讲，任何价值系统都有"禁欲"或"节欲"的效应。中国当代正经历着旧文化圈被突破、新文化圈再建立的过程，旧的突破是人的生命冲动的解放，新的重构是生命冲动的方向和幅度的再确定。值此价值转换之际，种种思想混乱和道德感失落乃至"人欲横流"或者正是不可免的。

——摘自 1989 年 1 月 21 日《致李曙华》

37

你现在所研究的课题同你原来的所学没有太大距离，这是一种优势。而我就不同了，一个水利工程不曾学完的人，现在却因着"文化"而要去弄《易经》、《老子》、《庄子》、儒家典籍，每每有力不从心之感。记得顺德兄常说我搞的是"政治"，其实这完全是因为中国一向拿哲学做政治的奴才所造成的印象。哲学牵系着一个民族的神经，它为民族文化提供价值坐标和方法论原则；中国的哲学是比自然科学和经济学、政治学、历史学、社会学等具体社会科学更落后的领域，因此，中国现在也只配有现在这种精神状态。你所做的大约是同知解理性相关涉的方法论方面的研究，我所做的却是偏于人文价值方面，愿我们相互勉励，为中国哲学的体面存在尽我们之所能。

一个滚在世俗中不能超拔的人，怕是同哲学无缘的。

——摘自 1989 年 1 月 31 日《致柳延延》

38

我这些年一直在忙，写了颇多的文字。似乎在追逐着一个时而向我发出诱惑的微笑的幽灵，然而回首静思，心头总有一种驱不走的孤寂感。我不知道这条路走下去会有怎样的归宿，只是在走罢了。或者陀思妥耶夫斯基说得对：人生有时会走到这样一条分界线上，不跨过去是一种遗憾，跨过去也许是更大的遗憾。

——摘自 1989 年 3 月 15 日《致王自贤》

39

人生有时候会很累的，但应当有承当它的勇气，走下去总会有路可寻的。中国的形象如何，这要看中国人的形象如何，尤其要看有着相当文化教养的中国知识分子的形象如何。中国的知识分子应当自重自爱。

——摘自 1989 年 3 月 15 日《致甄建均》

40

八七年之夏是您的人生的一次转折，这或者是命运对您的成全。您失去的是加于心灵的桎梏，而得到的是对本真的自由的不再有所顾忌的认取。把抽打自由的鞭子扬起来的人，原想把耻辱的烙印加给您的，结果反倒用留给他们自己的耻辱映衬了您所得到的自由人的殊誉。

——摘自 1989 年 4 月 3 日《致张显扬》

41

拙作《难题》（指《当代中国的文化难题》，刊于《哲学研究》1989 年第 2 期——编者注）刊出后，我细细看了两遍，觉得你对文章删正后的连缀大体可以说是天衣无缝的。唯第 15 页第 2 段中"在我看来，发展马克思的思想，正是我们这一代人的使命"一句，非我原文，您的意思重在"发展"二字，我完全理解，但看后会产生一种印象，似乎我们这一代人的"使命"仅仅在"马克思的思想"上。这样，与思想理论的多元发展的时代要求似略有所隔。

——摘自 1989 年 4 月 12 日《致刘奔》

42

我眼下又在彷徨，自己安顿不好自己的魂灵。譬如游泳，是以自由尽兴为好呢，还是如同一个运动员那样以创造纪录为好呢？——在学术上我常常这样自己问自己。也许我们终该弄出一套自己的哲学。最近常常有一种体系性的东西幻现在心灵的一动时，但我似乎既想接近它，又很怕接近它，完成它时，它或者正可以吃掉我。

——摘自 1989 年 4 月 23 日《致黄万盛》

43

当人被允许沉默时，那意味着一种相当的宽容，因为沉默同言说一样；当一种声音告诉人们不能这样，不能那样，不能……那"不能"再多，也还为"能"怎样留着总会不小的余地，而当人们被告诉只能怎样时，那才是没有余地的极致。

——摘自 1989 年 8 月 7 日《致李曙华》

44

这世间随处都是伪诈和虚饰，原是容不得"真"的，能在朋友那里感受到一种人的真情，我已经很满足了。既然一时无门可投，便只好苟且地挨在这里。……你和继宗先生暂不必为我作无谓的奔走，还是耐着性子过了这段过得特别慢的时间再说。我既是中国人，便多少会有些阿 Q 精神。我可以这样宽慰我："哪里有自我，哪里就有城堡。"

——摘自 1989 年 10 月 30 日《致李曙华》

45

少年时，梦幻般的想象中，天地是那么大。后来愈老大起来便愈懂了人生原是并无更多的路可供选择的。一个人只是在可供使用时，才被承认有价值，或者，一个人只是在把自己降低为一种工具时，才被认为有了做人的资格。于是智慧便只许留下一种品格——"照办"的品格。这是怎样的一种人生的逻辑！

——摘自 1989 年 11 月 22 日《致李继宗》

46

一诚降百诈，这是我的处世信念。这次你以坦诚（直言不讳）赢得主动，我很赞赏。我们是学人，原没有什么不可告天下的，话说透了，那些诡诈之徒反倒很难借隙施奸的。

最近先后收到武汉两位朋友寄来的"随感录"。……他们显然在追逐着"美"，却不知"美"的神主原在有意无意之间，倘追得紧了，那"美"反倒会慌得失色的——真正自忘于一种情致的人，是决不会有太多的措意的。

你也许根本不想扮演你在这一两个月来扮演的角色，但这不想扮演的扮演中便有了美感，有了人生的情境。显然，事先并不曾设想涂什么色彩的，但自然（而然）的色彩便是最好的色彩。奇，原只在无奇之中。一个真诚的人，只需去真诚地生活，他身后也许会无意中留下美的；先为自己预设一个有奇的故事，那反倒会因为缺少真诚，把有奇泯没于无奇了。

　　我的境况没有变化。他们没有更多的猎获，便想夸大现有的猎获，以渲染一种氛围，在这氛围中塑起他们的虚幻的高大。我可能要被"罢官"，这很难说是一种"失"，至少它会作为一件有趣的事丰富我的回忆。

——摘自 1989 年 11 月 24 日《致李孺义》

47

　　在中国，儒教在近现代的一再被批判，使它失去了以一种宇宙有机整体观规整社会、羁勒人心的效力，但它的以一种内在境界默默而持久地催动个人作向真、向善的自我陶炼的价值，却在那些真正的批判者身上得到实现。

——摘自 1990 年 1 月 27 日《致李孺义》

48

　　南普陀的钟还是那样不紧不慢地响着，用虔诚点燃的香火把佛祖挽留在凡佛之际的朦胧中，那些寂寞不下来的灵魂带着世俗的哀怨和期冀在这里小憩。似乎这地方于我并不相宜——出入佛学院的男女僧徒的楚楚袍服总掩不住生的无主和死的惶惑。

　　年青时读李白的《行路难》，很看重这诗的末两句："长风破浪会有时，直挂云帆济沧海。"现在再读《难》诗，方悟出这后二句不过是虚悬的无可奈何的自慰，真正的心境原在中间的几句："欲渡黄河冰塞川，将登太行雪满山"、"停杯投箸不得食，拔剑四顾心茫然"。——这"拔剑四顾心茫然"

差不多是为我现在而写的，我手中没有剑，只有一支同文字打交道的笔，然而它即使是把剑又能做些什么呢？

——摘自 1990 年 2 月 3 日《致李曙华》

49

留作一种纪念吧，我们有幸被嵌入了这段历史。创造灵感的被抹煞和国民品操的被败坏，或者是当代中国的最大损失，当这一切发生时，竟没有一点悲剧氛围，民族素质的落势由此可见一斑。

——摘自 1990 年 2 月 11 日《致胡建》

50

前不久，有一位朋友为我占卜，那真诚的友情是很可感人的，但我想灵魂的安顿还是要靠自己，只有软弱的人才把自己当有的心理承受推诿于冥冥中的上苍。对冥冥中是否真有一个做主宰的"他"（或"她"），我的态度是不必太执着于作肯定与否定的回答。我想即使"他"（或"她"）果然有的，我们也不要像常人那样去为自己的烦恼打扰"他"（或"她"）。也许人永远脱不开一种宗教情绪，我以为应当让这情绪去酝酿人格向上的圣洁境界，不应让它为更多的功利考虑所玷污。

——摘自 1990 年 2 月 11 日《致胡建》

51

鸦片战争到现在 150 年了，中国的危机依然存在着。形显于外的是经济，而深病于内的是心灵——同哲学和宗教关联着的信仰或终极性的价值认同。这个民族似乎失了魂灵，至少我这样的人，已经明显感受到精神的失重带来的心智的痛苦。

——摘自 1990 年 2 月 20 日《致刘奔》

52

我开始重新安顿自己的灵魂：思想者的难堪不在于被规定了更多的不能如何如何，而在于被指令只能如何如何；我须在这种难堪中，葆有我的独立人格，争得"声发自心，朕归于我"的权利。

——摘自 1990 年 2 月 20 日《致潘平》

53

我从来不会逢场作戏，却已完全没有了悲剧感，只是沉默着。还能做点什么？很茫然。

——摘自 1990 年 2 月 21 日《致陈晓明》

54

《周易》是中国的诸经之经，儒、道皆源于此。要了解今日中国，不可不了解昔日中国；要了解昔日中国，不可不了解"轴心时代"留给中国的知、情、意的大全——《周易》。

——摘自 1990 年 3 月 7 日《致林怡》

55

我的学术研究没有停，人生思索没有停。在荒诞的人世间，我为自己留住了这一片尚可供灵魂小憩的精神的净土。我自信，天无绝我之意，人的骚动着的心灵世界需要我。

——摘自 1990 年 9 月 18 日《致王贵友》

56

在这个已经被人们的种种巧智弄得很肮脏的人间世，一个真诚地直面人生的人大约总该为自己拓辟出一块足以安顿自己灵魂的精神的净土。

——摘自 1990 年 9 月 20 日《致陈同滨》

57

榕城偏在闽东一隅，非养学之地。心智在过重的市尘气味中沉滞得久了，便须逃出去略作喘息。

——摘自 1990 年 9 月 26 日《致郑启荣》

58

依我看，你是可以治哲学的。治哲学的人，一须拙真（别于巧智，巧智得小慧，拙真生大识量），二须有命运感（它唤起灵魂透彻处的人生悲情），三须冥心独运（这需要内在世界的玄澹、虚灵）。这三点，你似乎都有慧根，而且似乎刚从一层混沌的隔中透出来……治学这种事有时像游泳，得让自己陷在一种危境中，从挣扎中求奇诡的身手。

——摘自 1990 年 9 月 27 日《致李孺义》

59

我命系于天，我有我的精神宇宙——它为我的心智之光所照亮，这光是绝不会被尘世的邪恶蔽住的。……理论的时代高度未必注定只在西方人的头脑中延伸，我们当在这个古老的民族似乎弃绝了我们对她的拥抱的时节，为她的人文精神的振拔作一次不计成败的努力。

——摘自 1990 年 11 月 16 日《致胡建》

60

我有时写些向历史人物讨教的文字，其实却不过是在作自己的心灵酝酿：借着对值得诘难的人的诘难反问自己。文字（语言的一种形式）总是"方以智"的，有时会给人一种"理性"的外观，其实神思所向往的却是"圆而神"的不可强名的东西。为了捕住它，思想的路不便直进，只好宛转地圆过去。这点心曲只有向真识的朋友诉说。

——摘自 1990 年 11 月 27 日《致张志扬》

61

我心里明白，我终究是性情中人，而非事业中人。我成其为我的一切，不过在于一副真性情。在这个伪饰、表演过多的人间世，与人交往是件顶麻烦的事。想到苦涩处，生命的寂寞便告诉我：不能同近人交，便同远人交；不能同今人交，便同古人交；不能同人交，便同天地消息交。真正的交往应当是松开常俗的精神的神游。愿我在朋友的交往中能得到它。

——摘自 1990 年 11 月 27 日《致张志扬》

62

当经学（两汉）的庄严被亵渎，见于志业的智慧角逐（三国）弄得人们疲惫不堪时，向人生的究竟处问去的士人畅起与功名、伦节似乎毫不相干的玄风。后世的人们多责难那个时代的人清谈误国，其实玄论的"清谈"是在

"国"被名教的虚饰和英雄们智慧的滥用误了之后。"文"的桎梏的松开，使人返回"人"的本真的思索。……在这个意义上，儒道的原始精神都可说是我们这个民族的真正的瑰宝。魏晋玄风中人"越名教而任自然"，其所"越"的"名教"是乡愿化了的伦理，或使人精神"物化"的伦理，并非这些人不讲道德；其所"任"的"自然"是人的天情、天趣、天神，并非一任具形的肉体的自然欲望。玄学中人多有内在的虚灵世界，心光自照使他们有可能在这个虚灵世界发现死神和美神如何面对着人携手微笑。

——摘自 1991 年 1 月 10 日《致陈同滨》

63

马克思在中国是被人误解最多的人物，但为着多少消除这误解而去掘发他的灵思的真蕴，却要冒极大的学术风险和政治风险。你正在为之奔波的"丛书"是极有价值的，这价值中包含着学术的独立格局的争得。我相信真正的马克思研究已经准备着，或者说已经在以某种含蓄而深沉的方式开始，你所做的研究正是这历史必将承认的工作的一部分。

——摘自 1991 年 1 月 10 日《致侯才》

64

人生思考是一种"意义"的关切，你所说"人们只是选择自己所喜欢的'人生哲学'"是对的，可作补充的是：人既然总须在一种相应的"秩序"中实现自己，这"秩序"便不免涵淹了为某个时空的人们所大体认同着的"意义"。"秩序"也许是"意义"的对象化，它成全"意义"，也束扼"意义"（相成相乖），况且"人们"认同的"意义"同每个人采择的"意义"间会有相当复杂的关系。这是"人"与"文"的张力。

——摘自 1991 年 1 月 11 日《致雷颐》

65

我赞成你的说法："中国思想界现在最缺的是西方思想界中颇有影响的分析精神与实证精神。"同样，我也愿再作点补充。西方的分析思维是线型思维，因为分析所必要运用的概念不免都是抽象而得的。倘观照式认知的对象的本然状态是圆的话，愈来愈精密的分析恰似边数不断增多的正多边形，它可以愈来愈接近这个圆的圆周，却永远不可能曲尽其致（再短的线段也是直的，再短的圆的周边的一部分又总是弧形的），这是分析精神的局限。因此，即使是在纯认知领域，"方以智"的理性分析，也须辅之以"圆而神"的直觉、体悟或冥证。但中国，现在最缺的还是严密的分析精神，这是国人应当如你那样悉心体察的。

——摘自 1991 年 1 月 11 日《致雷颐》

66

"存在先于演化"与"演化先于存在"，不知是你对两种自然观的本质特征的概括，还是普里戈金氏的概括，我觉得既然有了先后之说，二者也许都有偏失。正如鸡—蛋、蛋—鸡的关系一样，二者看似相异却是相通的，只是逻辑链条从哪里截取的问题。……如果说经典自然观的基本表述是"存在先于演化"，我则主张新自然观（亦可说是普氏的）的基本表述应是："演化即存在"或"存在即演化"，或"即演化即存在"、"存在与演化不二"。

——摘自 1991 年 1 月 11 日《致李曙华》

67

我们这个时代的人，多是"实"了些，心的深处有虚灵世界的人不多。当然我说的"实"，并不是诚实之谓，可约略相当于俗话说的实惠。精神泥于物，终而使人"物化"（不是一般异化意义上的物化），是我们这个民族这几十年来的最大的不幸，尽管我们的"物"比起地球上的西方同类来要少得可怜。……从政治功利到肉体的功利，从政治学的"实"到生物学的"实"，这是当前这股"气功热"的主脉。

——摘自 1991 年 1 月 13 日《致王乾坤》

68

知识分子对社会的特殊贡献原在于两点，一是提供创造性的智慧，一是提供具有精神内向度（或对外部环境作独立的品评和批判的向度）的人格气象。人格的"驯服工具"化，是精神的内向度的掏空，它必致智慧的创造转型为伪诈和取巧。当然，人生价值的内在原则是自律原则，每个人最终应当自己为自己负责；正是在这个意义上，我们有理由提出所谓"振拔者的振拔"的祈求。

当此污世，一个人倘不愿逐流风之末，孤寂——透彻的孤寂——可能是难免的。

——摘自 1991 年 1 月 13 日《致易宏伟》

69

我的人生的路一直很曲折，我想这也许是造化的成全。在学界，有些人以其聪明治学，有些人以其智慧治学，我同另一些不多的人是在以自己的生命治学。

——摘自 1991 年 4 月 5 日《致李继宗》

70

既然做了知识分子，便当依知识分子的理念使自己更少些野气，而多些文雅。但现在智识界的人们却过于苟且而圆活了，这使得不能耐住良知催逼的人无法把自己规矩在成情饰礼的涵养中。精神界也许应当出形象更圆满的人物，但现在却需要武松、鲁智深式的直而不曲的人。我并非有意扮演什么角色，只是觉得学界无人才把自己的生命以一种近于偏颇的方式顶上去。我很感谢你对我的理解，我则愿我们都更能理解熊十力先生当年说过的话："当今之世，有谁能骂人，又有谁敢骂人。"

——摘自 1991 年 4 月 5 日《致李曙华》

71

在刚发走的一封信中，我同一位朋友讨论治学。我写了这样一些话："在学界，有人以聪明治学，有人以智慧治学，我却愿我的朋友们以生命治学。以聪明治学者，重在学术的功利效果；以智慧治学者，重在精神的创造；以生命治学者，重在治学中求得一种真切的心灵的安顿——创造落在第二义，功利当更在其次。""生命"二字是我从牟宗三先生那里借过来的，你很清楚这段话是我的治学祈向的自白，但也确是我所希望于我的朋友们的。你嘉勉我以"学子肝胆"，其实那也是你的自励。

我的那些文字已不值得反复去看。你从我对新儒家大师们的诘难中看出了我是"新儒家之骨"，这是对我的嘉许。我现在作着一种精神的努力，试图对"五四"主流知识分子和当代新儒家思潮作一种贯通的把握。这两种文化思潮的对峙是不言而喻的，但由对峙所产生的张力下，跃动的是在同一层级、同一深度上探索的心灵。正像西方近代那样，优秀的启蒙思想家无不产生于基督教的陶冶，中国"五四"主流知识分子（胡适、鲁迅、陈独秀等）在批判孔教教条时所表现的人格的真诚也都表明了儒文化对他们生命的泽润。

——摘自 1991 年 4 月 5 日《致李曙华》
※信中所引的那段话，出自 1991 年 4 月 5 日《致胡建》。

72

学术事业原需要心神以赴，奈何有时还须顾及学术之外的麻烦，这是学人治学的难堪，也是诚者做人的窘苦。

——摘自 1991 年 7 月 25 日《致刘奔》

73

贵刊是国内哲学界的最高刊物，而哲学又总系着民族文化的慧命，我愿贵刊对历史有所担待，以延一线学脉于未来。

——摘自 1991 年 7 月 25 日《致刘奔》

74

鸦片战争的炮声提醒中国人要致富致强，而取富强之道只有学习近代西方；第一次世界大战的炮声则提醒中国人，单是富强并不足以立国，更不足以立人。……康（有为）、梁（启超）、严（复）的心灵是复杂和痛苦的，但只有思想敏锐的中国人才能有这种复杂和痛苦。他们所找的出路未必就足以为后人所借鉴，但一般地因着他们后来的变化便斥责他们是"遗老遗少"，则是不公正的，亦是偏至而肤浅的。

科学是致富致强的手段，我们推崇科学，是因为科学可以使人类富足和强大，但人的自我创造还当有更深长的意味，那便是灵魂、人格的纯洁和高尚。我们面对的文化难题不是如何作非此即彼的选择，而是如何趋向德、福一致的更高境界中的人生。……由科学引领着的"富强"是向人的外在世界表达一种"人"的"权利"价值的，由情操引领着的"高尚"是向人的内在世界开示一种"人"的"境界"价值的。这便是我曾给你说过的人的"两种世界"。

——摘自 1992 年 2 月 17 日《致邓超》

75

永和：

　　榕城晤对，总嫌匆匆。或是缘几默默，许以后会有期。愿异乡的异客，随着初春姗姗的脚步，把握好新岁的种种可能中的又一次人生际遇。

　　小龙来过，他带给我你留下的一份不小的馈赠。我正在困窘中，这馈赠对于我的珍贵，更在于对一个孤峭的精神生命的润泽。在这个到处弥漫市尘气味的人间世，已经没有多少人祈向心灵的莹彻，但来自朋友的纯净的情谊，终于使我无法淡漠不知什么时候印在心底的人性美好的信念。

　　迂拙的书生从事寂寞的学术，正相当于以六根为戒的僧人的出家求法；你的这份馈赠就算是我的一次"化缘"所得吧，而你也因此无意做了我这个学界的游方僧的第一位"施主"。……

　　这信算是一个收条，容我衷心地说一声谢谢。

　　珍重！

黄克剑

1992 年 3 月 1 日

摘自 1992 年 3 月 1 日《致陈永和》

　　※所借 20 万日元十年后方归还。当时永和君坚辞，后虽勉强收下，但所收同样的数额已贬值许多。

76

　　北京握别，匆匆已近三月。在尊府与兄和李河君畅论学理的情境及在兄处感受到的那种人生的悲剧感，一直历历在心。兄是一位沉着、从容、心底宽厚的人，但家事乃至世事的不堪却时时骚扰着原本只是对于学术才真正投入的灵魂。这是一种人生体验，作为朋友，我谨愿你一如既往地把握好心中的存主，不要乱了方寸，也祝愿你的境况尽快有一个大的改变。

——摘自 1992 年 3 月 2 日《致刘奔》

77

我常累于那些貌似朋友的人，却又因此而累及真正的友人。对于前者，我须反省；关联到后者，我总有些不安。

——摘自 1992 年 4 月 12 日《致李曙华》

78

我在这几年里，更多地以同情的心境神交儒家，并不是"认识"上的原因，而是出于真切的生命体验。在赤裸裸的功利使愈来愈多的人变得虚伪而无耻时，我想跳到人生意义的另一端（人格、德行）作一种自我救赎的努力。这是不识时务的（即使时务中的"发扬民族优秀传统"的鼓噪也同我的心向毫不相干），但我相信历史。

——摘自 1992 年 4 月 15 日《致李孺义》

79

现在从商是一股潮流，许多人相信自己的智慧足以使他在紧张的角逐中立于不败之地。一个人的人生主动地位，先前更多的是从政治方面争取的，现在则诉诸实业或商务方面的经营。先前是政治功利一元化的价值取向，现在仍是功利一元化的取向，只是功利的承认除开权力又加上了财富。事实上，人的价值的折算已经开始用金钱，这在许多人那里早就被默许为天经地义。其实，从政治动物改作经济动物，却还只是"动物"，"动物"即使再强有力也并不能进到"人"的格局。……七十年前，当梁漱溟说"强未必良，弱未必恶"时，他自然是表达了一种生命的委屈，但也未始不可以说他是表达了一种生命的强度。这强度在于，他试图在"强"、"富"之外或之上寻求一种更值得看重的人生价值。"人道主义"的悲剧正像耶稣殉难的悲剧一样，它祈示着一种"人"的高度。它同喜剧化的功利不在一个层次上，当然也就有着不可比性。……在被"四个现代化"（工业、农业、国防、科技）诱发的功利价值一元化的当下，对社会作一种"人格"的提示也许更紧迫些。

——摘自 1992 年 5 月 19 日《致李孺义》

80

我以为讨论中国传统文化把握住下面两点大体不会错：一、中国传统文化不可能孕育出近现代意义上的科学，也不可能孕育出近现代意义上的民主。因此或可以说，中国在科学和政治体制方面的近现代化只能是次生型的，不可能是原生型的。二、中国传统文化在陶炼人的心灵（向"善"的祈向、审"美"的情趣等）方面，有其独到的可注意处。东方式的向"善"的祈向，辟出的是追求人格完善的别一蹊径，而初显于《诗经》、《楚辞》的审美情致影响到几千年来中国的色调清异的文学、艺术（主要是绘画）风格。你对第一点的把握是敏锐的；至于第二点，我相信你在研索更多的史料后会有自己更深彻的见解。

——摘自 1992 年 5 月 29 日《致邓超》

81

在中国治学，须同政治保持足够的距离，但时代感不可没有。这是一种必要的张力，保持了这个张力，也就保持了一种学术的生机。此外，财利方面的刺激也可能构成对学术的致命诱惑，学术——作为民族灵魂陶养和提撕的一个重要领域——要守住自己的本真，有时必须自甘清贫。但这样，治学便会分外寂寞。

——摘自 1992 年 7 月 2 日《致郑启荣》

82

我年青时一向不信从命运，现在年趋"知天命"时刻，回首前半生，颇多感怀。我觉得，倘有冥冥中的主宰者为我作安排，应当说，他（她）为我安排得并不坏。我留住了一份做人的衷愫，虽说境况时有困顿，却从不曾使我的灵魂下委。上月初，蓦地来了思乡的幽情，以至夜不能寐，半醒半梦中悠悠然回了一趟故里。……

——摘自 1992 年 7 月 4 日《致陈亚军》

83

我们同胞四人，大哥不幸早逝，你、我和三弟能聚首儿时生活过的地方一起去拜望冥中的母亲，这会永远使我感念。我已年逼五十，客处异乡常会思念故里，虢镇是我的出生地，又是我告别少年时代西走塞外的地方，每每想起总有一种异样的情愫。

——摘自 1992 年 12 月 28 日《致黄克国》

84

伦理学是必得要讲道德，亦即康德所谓实践理性的，讲道德是一种"学"，但讲道德的人倘能心口如一，所讲亦必是所行，这一行便是"道"了。道德须是"自律"，研寻伦理学最贵"道"、"学"不二或所谓"知"、"行"（践履）不二，它最能见出人的生命的底蕴。这几年来，我以为你在以你的人格追求和道德格范宣示了一种人间"伦理"，这治学不再只是"智慧"的创发，而可贵处已经是"生命"的担当了。

——摘自 1993 年 1 月 13 日《致肖雪慧》

85

八九年下半年以来是我人生的又一个低谷期，仿佛是学术生涯中不可没有的跌宕……这几年中，你是对我帮助最大的几个人之一，这份情谊润泽了我的困窘中的生命，成为我的真实生命的一部分，我会永远珍视它的。

——摘自 1993 年 2 月 11 日《致唐建福》

86

我尝谓知识当寓有智慧，而智慧当涵淹生命；知识若没有智慧烛照其中，即使再多，也只不过是外在的牵累；同样，智慧若没有生命隐帅其间而做智慧的主宰，那智慧之光也徒然是飘忽不定的鬼火萤照。反之亦然。知识的宇宙太小了，智慧便不足以安顿；智慧的向度过于偏狭了，生命也便不免于孤峭而单吊（形影相吊）。

——摘自 1993 年 2 月 17 日《致李曙华》

87

年轻时读孔门"死生有命，富贵在天"句，会很反感，觉得那态度太消极，且不免于宿命。现在却另有新悟，从中体会的是别一番滋味。儒教是"成德之教"，它不拒绝"幸福"（"福"）的获得，却也不孜孜于此；在圣贤的境界中，"生死"、"富贵"一类一概顺其"自然"（"天道"）了，他只把人格的高尚与否这一应由自己负责的问题留给自己。

——摘自 1993 年 2 月 17 日《致李曙华》

88

《易》是中国人的"灵性"之"元"。《易》最初是人向天人之际探询"吉凶祸福"的，这关乎人生的"幸福"取向，它在后来的阴阳家那里延承下来了。儒教以《易》为诸经之首，把人生的"高尚"（德行）取向从《易》的"象数"中引了出来而成就一套关于《易》的"义理"，《易传》即其大成。道家从《易》中衍出的是一种虚灵的人生"逍遥"原则（今人所谓"洒脱"即关联到此），"逍遥"不对"幸福"、"高尚"有所树立，但无论是"幸福"还是"高尚"，要成格局则少不了由"逍遥"来"遣相荡执"（"遣相荡执"是佛家语，属"般若智"，其意为不黏滞，不执泥，不为之牵累），因为不"逍遥"的"幸福"（即有执着的"幸福"，为"幸福"而"幸福"）不能算是真正的"幸福"，不"逍遥"的"高尚"（有执着的"高尚"，"高尚"的取向成为一种他律的命令强制）亦算不得真正的"高尚"。……总之，依我看，《易经》（不是《易传》）在中国人的灵性中，开出了三种智慧，一是人生价值的"高尚"向度，一是人生价值的"幸福"向度，一是人生价值的"逍遥"原则，这两"向度"一"原则"（"共法"）由儒家、阴阳家、道家代表着，阐说着。

——摘自 1993 年 2 月 17 日《致李曙华》

89

多数人的时尚性标准在于把更多的人变成单向度的接受型的人，前若干年的"阶级斗争"，现在的"下海"经商，都是一种时潮，心有存主的人可以"识"这个"时务"，但不必淹留其中。人应各有自己的生命格度，真正的自我成全是不委曲自己心灵，不失自己格度的一种奋争。

——摘自 1993 年 2 月 25 日《致肖雪慧》

90

　　哲学是关涉人生意义或趣向的学问，它的虚灵之光烛照人的内在和外在（亦即"对象化"）世界，却不滞泥于任何一种具象的事物——包括述说哲理的"名"、"言"本身。它以它的通灵不局的风致向一切有所悟识者发出会心的微笑，但非有相当慧根而又能时时回机向上的人，不足以同它照面，因此，它却也常常是寂寞的。人心皆有哲趣，正像人们通常说人心皆有诗意或人心皆有音乐的节律，但这样说，也不过在于提示人们说每张五音齐全的琴都可弹奏出"高山流水"，而事实上真能达到"高山流水"境地因此不负于琴者却千古难得觅着几人。自然，好的乐章，多数人总能多少有所领略，只是"知音"一定不多。

——摘自 1993 年 2 月 25 日《致权佳果》

91

　　我曾有一份撰写魏晋风度的大纲，其中涉及"三玄"的相互关系。就我的浅尝而言，"老"、"庄"确如你所说，今人（包括海外）就此所写文字值得留意的并不多。"老"、"庄"有对人的生命方向的一种根本指点，发现不了这一根本指点，学者们即使写的文字再多，也只在"老"、"庄"的门墙之外。《老子》、《庄子》看似智慧型的经典，却仍属于生命的学问。

——摘自 1993 年 5 月 27 日《致李孺义》

92

　　一个走出田园进了黄埔军校的人，由于历史的误会又早早地再回到田间，但现在他已经再也拿不动锄头了。农民的晚年是要指望子女的，我当尽力不负家父之所望。

——摘自 1993 年 11 月 18 日《致王自贤》

93

兄为人师，授人知识，启人智慧，且以身作则点化人之生命，值此功利时潮摇撼人心之际，确是不易。我愿你我兄弟共勉，在清贫、干净的人生中为天下、为后世留下一点正气。

——摘自 1993 年 11 月 18 日《致王自贤》

94

你和乾坤联手接下来的《楚魂》十集系列哲理艺术片，或值得着笔。只是不知道，你和乾坤有多大的运思的主动权。倘是命题作文，怕不那么好做。从你列给我的十集的标题看，前若干集颇能启迪一种悲壮慷慨之情，但至少后三集，似乎会给人一种喜剧效果。我担心你们会不自觉地在历史的"狮身"上弄出"人面"，而那或者正是"命题"的人的意向所在。

——摘自 1993 年 11 月 18 日《致李孺义》

95

做人是万事的根本，当然也是治学的根本。人的根器最重要的便是方寸间的良知，儒家所谓"大而化之之谓圣"要从这里说起，道家所谓"游心万化"、"独与天地精神往来"也要从这里说起，佛家所谓"见性成佛"、"佛心自在"还要从这里说起。良知提得住，常常有一种自觉，它会给人以极大的生命力；有了这生命力，灵思和智慧才会持久，才会源源不断地生出来。

——摘自 1993 年 12 月 9 日《致胡建》

96

北京此去，显然带有"闯"的意味。我已是年逼五十的人了，血气之刚已非昔日可比，到了这个份上尚不知归宿何在，每想到此心中的悲情之重便有不堪承受之感。但命运的路就这么窄，为了不死在福州，只好硬着头皮走了。

——摘自 1994 年 3 月 6 日《致李曙华》

97

我不愿品评功名、利禄场中的生死角逐，我只愿恪守我的学人的本分。学术中的创造是虚灵的，它在过分实利化了的世人那里显得迂远而一无所用，但民族精神的一线之脉却或者于此有所寄托。"出家人"便当是"出家人"的样子，做学人亦当做一个真正的学人。天若不丧斯文，我当以学体道；天若将丧斯文，我亦当以学殉道。这些似乎都是空话，但说给您这样的前辈、师友，是可以得到心灵的回声的。

——摘自 1994 年 3 月 15 日《致薛德震》

98

九零年后，我大体过着足不出户、自囚书斋的生活，出了几部书，读了更多的书。与社会似乎隔绝了，但人生的境界却比以前通透多了。

多年来，我痛感，倘学术的独立价值不被承认，而一味把学术处理为政治意识形态或其他时潮的工具，则中国的学术终不会有太大的希望。我有时念及贺师一生遭际，尤感中国学术之不幸。

——摘自 1994 年 4 月 7 日《致贺师母黄人道》

99

在我的文字中，也许兄可以想象到塞外的荒阔、大漠的尘雾、故乡的朦胧和江南山水的润泽；内容可能荡得很开，但收摄在一起，却不过是我自己的难以尽说的人生体验。我的心，兄或者是最了解的，看似常在一种不平中挣扎，却终是对这生我养我的父母之邦充满着深情。

——摘自 1994 年 4 月 16 日《致王自贤》

100

一般地说某个人是由某个时代造就的，当然并不算错，但在间接意义上谈造就可能比在直接意义上谈造就更确当些。因为我们也可以说某人是他自己造就了他自己——这自己造就自己便意味着他在他所处的时代里如何对待他的时代。历史对人的成全是间接的，追随时尚的人大多是没有创造力或委屈了自己的创造力的庸人。

——摘自 1994 年 4 月 23 日《致吴小龙》

101

学术的原则当是"自由"，而非"民主"（诚然学术的外在方面，诸如教授或院士资格之类的认可与确定当属例外）。无论是论文集的"编辑委员会"或杂志社的审稿人，对所审稿件只需看其是否有创意，可否成一家之言，其运思是否有内在扦格，此外至多亦可就文字的详略、引文的准确与否提出必要的建议或作一定的技术性处理，却万不可以审稿人的意见为规尺对撰稿者提出绳削之要求，亦绝不可以多数人的认同为定准对某一被视为异见的精神产品作所谓仲裁。

学术倘果真有仲裁，那只能是历史。

——摘自 1997 年 1 月 21 日《致李明辉》

102

治学的根柢原在于做人，否则著书立说便无异于通常人所说的"写文章"。如今是学术的失魂落魄时期，治学的人似乎并不少，但称这些人为"文人"可矣，他们的治学原只是功利逐求的一种方式。学不见道，终是未学，有些人写了许多文字，但仍是无知的，而这种无知的无可救药往往在于这些无知者的自以为有知。

——摘自 1997 年 1 月 21 日《致李孺义》

103

现实永远是这样：有多少大学，便有多少大学校长、副校长。不过，真正能被历史记住的校长、副校长，却总是寥寥可数。历史并不吝啬，但它所钟情的不是校长的名分，而是同教育的理念相应的教育家。

——摘自 1997 年 2 月 5 日《致朱崇实》

104

福建对于我构成一道沉重的心理背景，我在这里遭遇过难以书之于纸的无奈和难堪——诚然，我所说的不是闽地的山水自然，亦不是闽人的风情习尚。或者，这里有着命运的消息，去留的抉择只是凭了对这消息的敏感。

——摘自 1997 年 2 月 5 日《致朱崇实》

105

在当下的中国学术界，不能对学人的素质期待过高。多数学人虽在治学，却更大程度地牵累于世俗的功利。以治学而求功利，是学术的功利化。透不出功利算计的人最终与学术所涵养的生命超越的意味无缘，不可能在学术的正途上走出太远的路。真正处在审美状态中的人才有可能知道"美"之所以为"美"，真正有过良心发动的体验的人也才有可能多少悟识"良心"为何物。在境界修养与审美践履之外谈"善"、"美"，最多只是以巧智做"善"、"美"的语词游戏。今日中国学者有几人是"知行不二"者？治学的真切原须以做人的真切为底据，没有后一层真切，前一层真切是难以寄望的。这不是一个智思问题，而是一个践履问题。真正的学子，觉悟到了这一层，便当从自己做起。至于他人，倘能以心灵感通，则感通之；倘难以感通，则因任而等待之。道理进入了践履是真正的道理，道理外在于践履便只是智慧的游戏。从自己做起是真正重要的，剩下的是学缘，当顺其自然。

——摘自 1997 年 2 月 23 日《致胡建》

106

学术不受制于政治，即受制于资本，这种状况不改变，学术自身便无所谓尊严，但学术的独立价值的被认可又何其难哉，何其难哉！

——摘自 1997 年 3 月 10 日《致权佳果》

107

倘就个人说人生格局，我想那最重要的或在于忠实于自己。有了这一点，方可以说人格。倘就人类而说人生格局，便不得不去面对已经吞没了许多哲人的智慧的司芬克斯之谜。这是大话题，一下子难以尽述，但可能的收获当在"人"与"文"的张力中。把握这张力是艰难的，却是不无人生情趣的。

——摘自 1997 年 3 月 10 日《致权佳果》

108

鲁迅是其时代的产儿，但他所留下的思想遗产却有着恒在的价值。接受这份价值，重要的是心灵的感通。他启示给后人的那份人生真切感，是进入他的文字的管钥，以"真"趣"真"，才会真正对那灵魂的深度有所悟识。

——摘自 1997 年 3 月 11 日《致王乾坤》

109

一份有个性而格局不俗的报纸或刊物，必有自己的文字视野，而一个真正不为时潮之诱惑所动的思想者，亦必有自己的运思和撰稿风致。学缘往往就在两者的交合处，一切都当顺其自然。

——摘自 1997 年 3 月 11 日《致李秀龙》

110

无论境遇如何变，你我的性情一如三十多年前上中学时。这是一种人生的缘分，读你的信总会使我想起少年时的许多往事，亲切而朦胧，分外有一种温润感。家乡收成的丰歉，风气的移易，是我心中常常牵挂的，你在信中告知我的消息往往让我回味很久。先前是窒息人的性灵的"阶级斗争"，现在则是赤裸裸的利欲上的全民竞逐，却不知道待下个世纪到来时人们还能留下多少纯朴，留下多少赤子之心。"周原"、"渭水"，这古老而厚重的名称，不知还能守得住多少历史的庄严和先祖的神圣。

——摘自 1997 年 3 月 28 日《致王自贤》

111

"学"在汉语中的古义原是"觉",《说文解字》就有"敩,觉悟也"的说法。既然"学"的本原意味在于"觉",治学的功夫便不应更多地落在文字上。苏格拉底没有著述留下来,孔子也只是"述而不作",佛陀、耶稣都不是诉诸文字的人。到了后世,"学"的意味渐次转向认知(这在西方近代尤其突出),于是汗牛充栋的典籍出现了。老子谓"为学日益,为道日损",其所"损"诚然在于绝去"五色"、"五音"之类的根于情欲的牵累,也还在于摈斥发于巧智的文章典籍。

现在是文字泛滥的时代,同文字泛滥形成一种讥讽色调的是人们的良知愈来愈无所自察地退隐了。首要的问题是救住自己,这只能借重于反观自照的本心之明。

——摘自 1997 年 4 月 8 日《致李孺义》

112

"言"倘不流于表演,落为虚饰,亦未必不可以造于笔端,示于耳目。《圣经·新约》对言诠有"字句"与"精意"的分说,并谓那些最堪人们心神以赴的东西,"不是用墨写的,而是用永生神的灵写的,不是写在石版上,乃是写在心版上"。我想,这些话虽然说得"神"趣盎然,但对于终于不能不"写"的人仍有启示意义,它告诉我们应当如何"写","写"在哪里。

——摘自 1997 年 4 月 8 日《致李孺义》

113

学人自当卓然自立,但亦未始全然没有依傍。这可能依傍的不外良心、历史和友谊。良心是默无声息的，历史也并不总能向他的痴情者发出感性的微笑，唯学人间的难得的友谊是趣真的心灵最切近的慰藉。

——摘自 1997 年 4 月 11 日《致尤西林》

编后记

呈献给读者的这本书，是黄克剑先生关于教育、学术、人生的若干言论的辑录。

倘依流行的学科划分，先生可视为哲学界自成格局的一家，他经心致思于哲学迄今已逾三十五年了。不过，对民族文化之所趋乃至以西方文化为主导的世界文化既已陷入之危机的深重忧虑，也促使这位良知不能自溺的学者时时凝神于关涉灵魂安顿与改善的教育。因此，数十年学术与人生的求索，使他在渐次形成自己别具一格的哲学体系的同时，也渐次形成自己独特的教育视野，此即所谓"生命化教育"。本书"辑一"便是对先生倡导而逐渐流播开来的"生命化教育"理论的选编。"生命化教育"理论涉及"觉"、"个性"、"成全"、"公意"、"天职观念"、"范本引导"等诸多范畴，理致精微，义趣宏深，不过，倘概而言之，亦可如是喻其旨要："生命化教育"以尽人的生命的天赋为职志，尊重每个人的重心自在的生命；它重在对人的生命自觉的引导，承认每个人自己是生命的主宰，因而最终把自我教育——每个人都是自己最切近、最持久、最具直接责任的教育者——视为教育的中心环节。

先生首先是一位学人，学术对于他是全然与生命一体的。在先生看来，学术的尊严是一个民族的最后的体面，一个在当今几乎到处充斥功利筹谋的世界上治学的人，固然不可不把握好"权利"——尤其是非可让渡的"自由"权利——的分际，却也应自我督责于一个高尚的超功利的"境界"，以使向往那虚灵的真实之域的心灵有所栖居。他曾指出："知识若没有智慧烛照其中，即使再多，也只是外在的牵累；智慧若没有生命隐帅其间，那或可动人的智慧之光却也不过是飘忽不定的鬼火萤照。"由此，他主张学人当于学术投之以生命。"辑二"所收录的多是先生关于学术自觉、学人境界的言论。其中尤其值得注意的是第七节"一种生命化的研究方法"。以生命治学以留住"学"的那点真趣，依信守的道义做人以涵养"人"的那点真情，并由此无底止地趋近一种治学、做人意味上的虚灵而真实的"公意"，可谓先生的由学术探究而了悟人生真谛的成人之途，亦可谓先生的由人生践履而养润学术之根的问学之路。

　　先生的学问摄中西而通古今，千头万绪辐辏于其自创的价值形而上学。这种形而上学是从人的"自由"——人自己是自己的理由——说起的，它涉及"自由"的内向度与外向度，亦即"自由"的"无待"向度与"有待"向度，涉及"自由"内外两个向度上的诸多价值，及这些价值如何于人的生命自然处作一种取道"中庸"而至于超越当下经验的提升。将先前人们曾一再论究的"真"、"善"、"美"、"神圣"诸观念置于价值形而上学的坐标中，先生对这探之弥深的论题有了其高屋建瓴的裁度，亦因此对人之所以为人——康德所谓"人是什么"——有了别一种领悟与申解。"辑三"以"人"为主题，摘录了先生关于人、人生、人的生命情调的部分文字。前六节所重在于一种自出机杼的"人"、"美"、"真"、"善"、"神圣"诸论。第七节"人生与立志"由生命的大限申诫"向死而生"之趣旨以晓示人生的意义，所论尤为凝重。最后一节所重在于古今人物品题，读者既可由此鉴知学术史上若干可师法的楷模，亦可从中领会何所谓范本引导。

　　以上文字或摘自先生的论文、专著，或摘自先生的随笔、演讲录、访谈录。为了使读者对先生治学、做人的气象有更直观的把握，本书特从先生1985—1997年间的百余封书信中摘录了113则文字，将它们汇集在"做人是万事的根本"的标题之下，附录于正文之后。

　　这次有机会编选黄先生论教育、学术、人生的文字，须感谢华东师范大学出版社的朱永通先生，是他慷慨地把本属于他的机会让给了我。记得我十五年前第一次有幸读到先生的文字时，更多的是一种突然闯进了一个神秘、奇异、璀璨的王国的惊喜，现在再读先生的文字，尤其是读到有关教育危机、教育者的天职、学术独立、学人境界、学人立志这些话题时，时而感到沉重、忧虑、愤懑，时而引动一种敬畏、肃穆、神圣之感，时而油然而生一种振拔于尘垢的自勉自励之情。透过字词句读，我仿佛能触摸到一个因着人寰的太多不堪而痛苦不已的灵魂，这灵魂为了救住自己，也为了救住世风，一直在苦苦地寻问人生的究竟——问向古今之变，问向天人之际。

"治学的底蕴原在于境界。有人凭借聪明，有人诉诸智慧，我相信我投之于文字的是生命。"这是一位孤介学人痛切的心灵告白，但愿它能唤起学界若干朋辈的由衷的感动。

编者

2012 年岁末于福州小柳